Fundamente der Homöopathie
Hamish Boyd

Fundamente der Homöopathie

Basiswissen und Grundlagen

Dr. med. Hamish Boyd

Übersetzt von
Dr. med. Gerhardus Lang

Sonntag Verlag Stuttgart

Die Deutsche Bibliothek – CIP-Einheitsaufnahme

Boyd, Hamish:
Fundamente der Homöopathie : Basiswissen und Grundlagen / Hamish Boyd. Übers. von Gerhardus Lang. – Stuttgart : Sonntag, 1995
Einheitssacht.: Introduction to homoeopathic medicine ⟨dt.⟩

ISBN 3-87758-067-X

Titel der Originalausgabe: »Introduction to Homoeopathic Medicine« by Hamish Boyd.

Authorized translation from the 2nd English language edition published by Beaconsfield Publishers Ltd.

Aus dem Englischen übersetzt von:

Dr. med. Gerhardus Lang
Klinge 10
73087 Boll

ISBN 3-87758-067-X

Printed in Germany 1995
Gesamtherstellung: Pustet, Regensburg
(Grundschrift 9,5 / 10,5 Times System Linotype)

Inhaltsverzeichnis

IV. Margaret Tyler: Das Studium von Kent's Repertorium

V. Anhang

Vorwort zur 1. Auflage

Lange Jahre habe ich das Gefühl gehabt, daß wir ein Lehrbuch der homöopathischen Medizin haben sollten, welches sowohl die Prinzipien, als auch die Materia medica *in einem Band* enthält und welches den Vorgang der Fallaufnahme und die praktische Anwendung der Mittel beschreibt. Mit diesem Buch habe ich versucht, dieses Bedürfnis zu erfüllen.

Neben einigen Beispielen von Fallaufnahmen habe ich Patientenbeschreibungen und klinische Resultate sorgfältig vermieden, die ausgezeichnet in Büchern wie MARGARET TYLER's »Drug pictures« und MARGERY BLACKIE's »The patient not the cure«, sowie in den älteren Veröffentlichungen von KENT, CLARKE und NASH dargestellt sind. Dieses Buch soll kein Versuch sein, Skeptiker zu überzeugen oder zu bekehren, sondern es soll den interessierten Arzt in seinen Bemühungen, die prinzipiellen Grundlagen der Homöopathie zu verstehen, führen, und es soll ihm helfen, diese in die Praxis umzusetzen.

Trotz der enormen Fortschritte der Wissenschaft und ihrem Nutzen für das Verständnis der Funktionen des menschlichen Körpers, sowohl bei Gesundheit als auch bei Krankheit, haben doch viele den Eindruck, daß die **Heilkunst** weitgehend verschwunden sei. Das Unterdrücken und zum Verschwinden bringen von Symptomen bedeutet nicht unbedingt eine konstitutionelle Behandlung. Heilung eines Patienten bedeutet, daß man ihm das Gefühl des Wohlbefindens, sowohl in physischer und emotionaler als auch in geistiger Hinsicht zurückgibt, welches ihm erlaubt, wieder ganz an seinem Leben und an dem der Gemeinschaft, zu der er gehört, teil zu haben.

Viele Ärzte machen sich Sorgen über die Behandlung ihrer Patienten mit unseren derzeitigen Medikamenten. Andere Formen der Behandlung, wie z. B. Hypnose, Akupunktur, Kräuter, Osteopathie und Psychotherapie werden studiert, um noch weitere Möglichkeiten zu nutzen, die den Menschen helfen.

Homöopathische Medizin zieht immer mehr Aufmerksamkeit, sowohl bei Patienten als auch bei Ärzten auf sich, weil sie in ihr eine sichere und wirksame Form der Behandlung sehen, wobei die Person als Ganzes genommen wird, mit besonderer Rücksicht auf ihr persönliches Dasein. Sie ist kein Ersatz der konventionellen Medizin, sondern ein therapeutisches System, welches die Sicht des Arztes vergrößert und erweitert und das in vielen Situationen eine wirkliche Heilung möglich macht, die mit unseren gewöhnlichen Medikamenten nicht erreichbar scheint.

Ein guter homöopathischer Doktor sollte auch zuerst ein guter Arzt sein und danach ein kenntnisreicher Homöopath. Bei vielen Gelegenheiten wird Patient oder Arzt als »er« oder »ihn« genannt. Das geschieht nur aus Vereinfachungsgründen, denn in den meisten Fällen könnte genauso gut das weibliche Geschlecht genommen werden. Eine Auswahl an Fragen für Überlegungen und Diskussionen ist am Ende des Buches hinzugefügt worden. Sie sind zum größten Teil dem Fragenkatalog entnommen, der bei den Prüfungen der homöopathischen Fakultät verwendet wird. Ich hoffe, daß es anregt, weiteres zu lesen und Ärzten eine Hilfe gibt, die sich für eine homöopathische Prüfung vorbereiten. Ferner ist ein Glossar der homöopathischen Spezialausdrücke am Ende des Buches angeschlossen, das sich sicher zum Nachschlagen eignet.

Ich möchte hier noch einigen Persönlichkeiten meinen herzlichen Dank zum Ausdruck bringen, die mir bei der Verfassung dieses Buches geholfen haben: der jüngere Dr. D. J. Gibson, der mir die Erlaubnis gab, Teile seines Büchleins zu verwenden; Dr. Margery Blackie für alles das, was sie mich über Jahre durch ihre lebhaften Beschreibungen von Patienten und Mitteln gelehrt hat; Dr. R. A. F. Jack für seine Hilfe bei den Mitteln für Unfälle und Verletzungen; und Dr. R. G. Calcott für seine Hilfe bei den Augenmitteln.

Ich möchte ebenso meinen Dank denen zum Ausdruck bringen, die durch wertvolle Kommentare und Kritiken bei den früheren Stadien des Manuskriptes mitgeholfen haben; insbesondere Dr. Michael Jenkins, Dr. George Burns, Dr. Frank Johnson, Dr. Anne Clover, Dr. Muir Gray und Dr. Anne Bennet. Ebenso möchte ich Mrs. J. D. MacDonald für ihre Geduld bei dem immer wieder neuen Tippen und nochmaligen Tippen der Texte, wenn Veränderungen und neue Ideen hinzugefügt werden mußten; und John Churchill, meinen Verleger für seine Führung und seine Ermutigung bei der Vorbereitung dieses Buches. Ebenso sind wir in der Schuld bei dem *Scottish Homoeopathic Research and Education Trust* für die finanzielle Hilfe bei der Veröffentlichung.

Dr. med. Hamish Boyd, 1984

Vorwort zur 2. Auflage

In der zweiten Auflage habe ich den Umfang des Buches nicht wesentlich verändert. Trotzdem habe ich den Text vollständig verbessert, und zwar durch zahlreiche, wertvolle Vorschläge und Kritiken. In der Abteilung »Materia medica« habe ich die Arzneimittelbilder von *Carcinosin, Cimicifuga, Acidum phosphoricum, Kalium sulfuricum* und *Kalium phosphoricum* ergänzt. Ebenso habe ich die Gemütssymptome bei einer Zahl von Polychresten erweitert, indem ich einige Beobachtungen aus den Essenzen homöopathischer Arzneimittel von VITHOULKAS hinzugefügt habe, dem ich meinen Dank dafür aussprechen möchte, daß ich sie in dem Buch abdrucken durfte.

Das Kapitel über Forschungen wurde unter Mithilfe von Dr. DAVID TAYLOR REILLY überprüft, dem ich für seine Kenntnisse und seine Expertisen dankbar bin.

Als Ergänzung wurde TYLER's »Studium des Kentschen Repertoriums« hinzugefügt, von dem ich hoffe, daß es sich als nützlich erweist, ebenso wie einige weitere Bücher aus der Bibliographie.

Insbesondere möchte ich meinen Dank an folgende Persönlichkeiten zum Ausdruck bringen, die unverdrossen an der Aufwertung des ursprünglichen Buches mitgearbeitet haben, und deren durchdachte Vorschläge ich bei der Vorbereitung dieser neuen Auflage verwerten konnte: Dr. ALASTAIR JACK, Dr. DAVID JOHNSON, Dr. OLIVER KENNEDY, Mr. ROBERT NICHOLS, der jüngere Dr. ROBIN PINSENT und Ms. ANNE SAUNDERS.

Dr. med. Hamish Boyd, 1989

I.
Prinzipien
und Praxis
der Homöopathie

1. Was ist »Homöopathie«?

1.1 Definition

Homöopathie ist ein therapeutisches System zur Behandlung von Menschen und Tieren auf der Basis des *Ähnlichkeitsprinzips*. Das Wort »Homöopathie« leitet sich aus den griechischen Worten *»homoios«* und *»pathos«* ab, ersteres bedeutet »Ähnlich« und das letztere »Leiden«. Diese Definition führt zur zentralen Aussage der Homöopathie:

»Similia similibus curentur« »Ähnliches möge durch Ähnliches geheilt werden«

Was bedeutet das in Wirklichkeit?

1.2 Der gedankliche Grundansatz

1.2.1 Besonderheiten der Diagnose

In der konventionellen Medizin wird uns beigebracht, daß wir in Krankheitsdiagnosen oder pathologischen Zuständen denken, die als Ausdruck von Veränderungen der normalen physiologischen Zustände, als Folge von außen wirkender Faktoren z. B. Infektionen, Verletzungen oder Streß und ebenso in Erkrankungen, die durch Allergie oder sogar durch Autoimmunität entstehen.
Um solche Erkrankungen zu behandeln, versuchen wir Diagnosen zu stellen, die auf Symptomen und körperlichen Zeichen basieren. Sie versetzen uns in die Lage, eine Ursache zu finden, für die eine spezifische Behandlung möglich ist, oder wenn dieses nicht geht, die Beschwerden des Patienten durch symptomatische Maßnahmen zu behandeln.
Obwohl man im zunehmenden Maße versucht, bei der Behandlung das Gewicht mehr auf den Patienten als Ganzes zu legen, wird die Medizin tatsächlich in zunehmendem Maße zersplittert und spezialisiert, und es gibt nur sehr wenige Behandlungsarten, die den Patienten als Ganzes sehen.
Wenn wir unseren Patienten etwas näher betrachten, so finden wir zunächst die Krankheitssymptome, die den Arzt in die Lage versetzen, die Erkrankung zu benennen oder eine Diagnose zu erstellen. Diese

zerfallen in zahlreiche Kategorien, die mehr oder weniger gut definiert sind. Daneben gibt es aber noch eine Menge weiterer Symptome.
Diese ändern sich von Fall zu Fall und sind *einzigartig* bei dieser bestimmten Person. So können wir feststellen, daß kein einziger Fall, sogar bei so gut definierten Erkrankungen wie Pneumonie, einem anderen gleicht, und niemals sind zwei Individuen jemals absolut identisch. Mit anderen Worten, die Symptome und Zeichen werden durch die Reaktion des Patienten selbst unterschiedlich.
Wenn eine Pflanzentinktur, eine giftige Substanz oder ein »Mittel« in wiederholten Gaben einer Gruppe von gesunden Personen gegeben wird, so werden bestimmte Vergiftungssymptome und Zeichen hervorgerufen. Einige von ihnen sind bei vielen »Mitteln« gewöhnlich und einige wenige sind charakteristisch für dieses besondere »Mittel«. Durch sorgfältiges Aufzeichnen ist es nun möglich, einen Symptomenkomplex aufzubauen, der einzigartig für jedes »Mittel« ist. Dies ist unter dem Namen *»Prüfung«* bekannt.
Wenn nun der Symptomenkomplex, den der Patient bietet, mit dem Symptomenkomplex verglichen wird, der von dem »Mittel« hervorgerufen wurde, so werden sich viele Fälle finden, wo eine Ähnlichkeit – manchmal sogar eine außerordentlich starke – zwischen dem Patientensymptomenbild und dem Bild der Wirkungen irgendeines »Mittels« besteht, welches dasselbe bei gesunden Personen hervorgerufen hat.

> Die Basis der Homöopathie besteht darin, daß das erfolgreichste »Mittel« dasjenige sein wird, dessen gesamte Symptomatologie am deutlichsten dem Symptomenkomplex der in Frage stehenden kranken Person ähnelt. Das bedeutet: Ähnliches möge durch Ähnliches geheilt werden.

Ein einfaches Beispiel: Die Wirkungen beim Schälen einer Zwiebel sind sehr ähnlich den Symptomen eines akuten Schnupfens. Das Mittel, welches aus der Zwiebel hergestellt wird (der roten Zwiebel), wird dazu benutzt, eine bestimmte Sorte von Erkältungen zu behandeln, in denen die Symptome denen ähneln, die wir beim Zwiebelschälen kennenlernen.
Die Symptome und Zeichen einer akuten Arsenvergiftung sind sehr ähnlich den Symptomen, die wir bei bestimmten Fällen von Gastroenteritis finden. *Arsenicum* benutzt man nun zur Behandlung in solchen Fällen nicht deshalb, weil der Patient Arsen genommen hat, sondern weil die Symptome und Zeichen des Patienten denen ähneln, die man bei einer Arsenüberdosierung gefunden hat.

Immer dann, wenn wir eine kranke Person behandeln, indem wir eine Methode oder ein Mittel anwenden, welches ein ähnliches Bild bei einer anderen Person hervorrufen kann, wenden wir das *homöopathische Prinzip* an, auch wenn wir es unbewußt tun.
In der konventionellen Medizin verwenden wir Röntgenstrahlen und Radium, welche Krebs hervorrufen, um denselben zu behandeln. Wir verwenden Amphetamin bei überaktiven Kindern, obwohl es normalerweise ein Anregungsmittel ist.
Eine Reihe von Behandlungen für immunologische oder allergische Reaktionen sind abhängig vom Gebrauch von Gewebeprodukten oder von Seren, die von infizierten oder sensibilisierten Individuen gewonnen wurden, um vom Patienten eine Reaktion auf diese bestimmte Infektion oder das sensibilisierende Agens zu erhalten. Ist es nicht möglich, daß das Ähnlichkeitsgesetz (oder die Homöopathie) viel häufiger benutzt wird, als wir wirklich realisieren?

Homöopathische Arzneimittelfindung
Die folgende Skizze stellt die Schritte zur Auffindung des ähnlichen Mittels dar. Auf der einen Seite ist der Patient mit seiner klinischen Vorgeschichte, seinen *persönlichen Charakteristika* und seinem Temperament und auf der anderen Seite steht das *»Arzneimittelbild«* oder die Materia medica. Diese entsteht durch unsere Kenntnis der Toxikologie, der Symptome und Zeichen, die aus der Prüfung der Mittel an gesunden Personen stammen und den Symptomen, die der Materia medica als Ergebnis klinischer Beobachtungen und Erfahrungen, hinzugefügt wurden.
So ist das erste und grundlegende Prinzip der Homöopathie die Suche nach dem und der Gebrauch des ähnlichen Mittels.

Die Suche des ähnlichen Mittels	
(A) Das Symptomenbild	**(B) Das Arzneimittelbild**
• Physische Charakteristika • Lokale und allgemeine Symptome • Gemütszustand des Patienten	• Toxikologie • Prüfung • Erfahrung

Zur Anwendung homöopathischer Arzneimittel
Die andere und bestimmt noch wesentlich kontroverser diskutierte Frage ist der Gebrauch von Mitteln mit offensichtlich extrem geringen Mengen von Substanz. Man muß darauf hinweisen, daß der Gebrauch

von diesen sogenannten *»potenzierten«* Mitteln nur eine Fortführung der Methode ist, die HAHNEMANN durch Erfahrung gefunden hat und daß dieses nicht die eigentliche Homöopathie ist. Der Gebrauch des Ausdrucks »homöopathische« Dosis durch Doktoren und Wissenschaftler – gewöhnlich in einer verunglimpfenden und spöttischen Art, um eine unmöglich kleine Menge von irgendeinem Mittel zu bezeichnen – ist ein ganz ungenauer Gebrauch des Begriffs »homöopathisch«, der sich nämlich auf das Simileprinzip und nicht auf die Konzentration der Dosis bezieht. Die Methode der Mittelherstellung wird im Kapitel 6 beschrieben, wo man dann sehen kann, daß das potenzierte Mittel nicht nur eine sehr verdünnte Lösung ist, sondern ein nach wissenschaftlichen Methoden exakt hergestelltes Mittel.
Die homöopathische Praxis ist trotzdem nicht nur eine Frage der Anwendung von Mitteln gemäß dem Simileprinzip. Um dieses erfolgreich durchführen zu können, muß der homöopathische Arzt einen sehr differenzierten Zugang zu seinem Patienten entwickeln, bei dem er nicht nur versucht, eine Diagnose zu erstellen, sondern bei der er den Patienten als ein *Gesamtindividuum* studiert mit seiner oder ihrer besonderen Reaktion auf die verursachenden Faktoren der Erkrankung.
Im Verlauf des Medizinstudiums wird oftmals nicht genügend betont, daß die Symptome nicht nur ein Ergebnis von Kausalfaktoren, wie z. B. eines Traumas, einer Infektion, Mangelernährung oder eines emotionalen Stresses sind, sondern ebenso gut ein Ergebnis der Reaktion der patienteneigenen Zellen und Gewebeflüssigkeiten. Die Art, in der eine Person auf die äußeren Verursachungen reagiert, wird sich von Fall zu Fall in Abhängigkeit der physischen und geistigen Form des Individuums verschieden zeigen. Dies erklärt die rätselhafte Beobachtung, daß zwei Patienten mit der gleichen Diagnose in einer völlig verschiedenen Art und Weise reagieren, wo sogar der eine geheilt werden kann und der andere stirbt.

Über die Wirkungsweise homöopathischer Arzneimittel

Wie ein homöopathisches Mittel wirkt, ist bis heute noch nicht verständlich. Aber wir sollten uns immer daran erinnern, daß die Heilung des Patienten gleichermaßen vom körperlichen Abwehrmechanismus abhängt, wie von den Mitteln, die wir ihm geben, und das in den allermeisten Fällen. Wir wissen jetzt mehr über Immunität, Antikörper, hormonelle und autonome Antworten, aber wir wissen immer noch nicht, was das Wohlbefinden eines Menschen ausmacht. Behandlung sollte nicht nur in der Beseitigung von Symptomen bestehen, sondern in der vollständigen Wiederherstellung des physischen, geistigen und seelischen Wohlbefindens der Person.

Das Konzept, daß der Mittelreiz eine Antwort hervorruft, die das biologische Gleichgewicht wieder herstellt, scheint eine vernünftige Erklärung im Lichte klinischer Beobachtung. Dieser Stimulus kann in den niedrigen Potenzen pharmakologisch sein, aber er könnte ebenso gut auf andere Weise – möglicherweise elektromagnetisch in den höheren Dilutionen – wirken.

Hahnemann selbst betrachtete die Wirkung des Mittels als Ergebnis seiner Fähigkeit, eine künstliche Krankheit ähnlich der Krankheit des Patienten hervorrufen zu können. Diese künstliche Krankheit ruft eine Reaktion des Körpers hervor, die wiederum die Krankheit selber heilt. Der Reiz muß genau sein und die Antwort hängt vom anfänglichen Zustand des Körpers ab. Wenn der Körper empfindlich oder »krank« ist, so könnte durchaus ein kleiner Reiz wesentlich wirksamer sein als eine mächtige materielle Dosis.

Das Ziel der homöopathischen Behandlung ist nicht, Symptome in einer spezifischen Art und Weise hinwegzubringen oder zu unterdrücken, was wir oftmals in der konventionellen Medizin erreichen wollen, sondern man möchte das *vollständige Gleichgewicht des Organismus* wieder herstellen. Die Totalität der Symptome und ihr Verhältnis untereinander führen uns zur Wahl eines Mittels, welches als Stimulus für die Gesundung zu wirken in der Lage ist.

Das Überleben der Homöopathie während der letzten 180 Jahre – obwohl belächelt und bekämpft – kann als Beweis ihrer Wirksamkeit gelten, wenn sie der Hilfe kranker Menschen dient, auch wenn bis heute die wissenschaftliche Erklärung ihrer Wirkung fehlt.

2. Die Ursprünge der Homöopathie

2.1 Samuel Hahnemann (1755–1843)

Die Homöopathie wurde von Dr. Samuel Hahnemann entwickelt, er gab ihr eine wissenschaftliche Basis. Er wurde 1755 in Meissen geboren, sein Vater war Porzellanmaler. Es herrschten schlechte Zeiten, aber er sollte Arzt werden.
Mit 20 Jahren ging er mit nur ein paar Talern in der Tasche nach Leipzig. Aber er beherrschte acht Sprachen. So verdiente er sich sein Geld mit Unterrichten und dem Übersetzen von wissenschaftlichen Artikeln und war so in der Lage, für seinen eigenen Unterhalt zu sorgen, bis er mit dem Studium fertig war.
Er wurde dann bald berühmt und galt als einer der ausgezeichnetsten Ärzte in Deutschland. Trotz alledem sah er viele Fehler der damals praktizierten Medizin, und er hatte keine Angst, seine Ansicht darüber kund zu tun. Er sah, wie man die Irren mit körperlicher Züchtigung behandelte und schrieb: »Der Arzt, der die Verantwortung für derartig unglückliche Menschen hat, muß eine Haltung einnehmen können, die sowohl Respekt als auch Vertrauen einflößt.«
Die Überfüllung, der Dreck und der Mangel an frischer Luft in den Städten waren nach seiner Meinung die Ursache für Epidemien. Seine Pläne für Isolationskrankenhäuser, breitere Straßen und Häuser mit Gärten waren seiner Zeit voraus und entsprachen eher neuzeitlichen Ansichten.
Als er mit der Praxis begann, wurde er immer unzufriedener mit den Methoden seiner Zeit, den Aderlässen, Purgiermethoden und »Kanonenschlagverordnungen«.
Er sah, daß diese Methoden mehr Schlechtes als Gutes verursachten. Er entschied sich dahingehend, daß er nur noch wissenschaftliche Literatur übersetzte, obwohl das bedeutete, den Wohlstand aufzugeben und in Armut zu leben.
Man beauftragte ihn, Cullen's »Materia medica« ins Deutsche zu übersetzen. Nachdem er selbst früher einmal in einer sumpfigen Gegend praktiziert hatte, wußte Hahnemann, daß das Malariafieber mit Chinarinde behandelt werden konnte. Cullen verteidigte die alte Idee, daß die Wirkung der Chinarinde auf das Fieber auf ihrem tonisierenden Effekt auf den Magen beruhe: »Das stimmt nicht«, schrieb Hahnemann an Cullen.
Aus der praktischen Erfahrung wußte er, daß auch die stärkste Mixtur von Adstringenzien und Bitterstoffen keinerlei Wirkung auf das Fieber

zeigte, daß aber starker Kaffee, Pfeffer, Ignatiabohnen und Arsenik einen gewissen Effekt verursachten.
Cullen antwortete nicht, aber Hahnemann dachte weiter darüber nach, wie es denn wohl wirken würde, und entschied sich, selbst etwas Chinarinde einzunehmen.
Er war dann sehr erstaunt, daß sich bei ihm alle Symptome des Malariafiebers entwickelten, nur ohne das Fieber selbst. Die Symptome verschwanden, als er mit der Einnahme aufhörte.
Nach einiger Zeit versuchte er es nochmal mit sich und mit einem Mitglied seiner Familie. Alle produzierten die gleichen Symptome, lediglich unterschiedlich im Grad.
Das war ein eigentümliches Phänomen: ein Mittel, welches bei einer Krankheit wirksam war, bewirkte bei gesunden Personen die Symptome der Krankheit. Konnte es sein, daß hierauf eine natürliche Heilmethode beruhte, über die er gestolpert war?
Er vertiefte sich in die alte Literatur und fand bei Hippokrates und nach ihm bei Paracelsus, daß, wenn Substanzen bestimmte Symptome hervorbrachten, sie dieselben auch heilen würden.
Hahnemann begann nun mit seinem Lebenswerk. Er scharte eine Reihe von willfährigen Helfern um sich, denen er die Mittel gab und befragte sie täglich, ob sie irgendwelche bestimmten Empfindungen gehabt hatten.
Er nannte dies *»Prüfungen«* der Mittel.
Ein Mittel wurde einer Anzahl von »Prüfern« (gesunde Personen beiderlei Geschlechts) in wiederholten täglichen Gaben in kleiner Menge gegeben und bei späteren Versuchen auch mit den heutigen Potenzen – Lösungen, die einer serienmäßigen Verdünnung mit jeweiliger Verschüttelung zwischen jeder Verdünnungsstufe unterworfen werden.
Die Prüfer wurden angewiesen, in einem Tagebuch alle Symptome und Zeichen, die sie erfahren hatten, aufzuzeichnen, insbesondere die, die von ihren sonstigen normalen Empfindungen abwichen und auch Symptome, die eigentümlich und ungewöhnlich waren.
Ihre Berichte wurden diskutiert und durch weitere Fragen erweitert, bis eine ganze Menge der Symptome und Zeichen aufgezeichnet war, die dieses Mittel hervorrufen konnte.
Auf diese Weise baute er eine **Materia medica** auf, die aus den Symptomen bestand, die er experimentell bei gesunden Menschen hervorgerufen hatte. Diese Materia medica stellte eine umfangreiche Sammlung von genauen Beobachtungen dar.
Wenn diese nun bei einer kranken Person festgestellt wurden, so gaben sie die Indikation für das Heilmittel ab, welches homöopathisch gegeben, die Besserung bringen sollte und auch brachte. Mit dieser Materia

medica begann er erneut seine ärztliche Praxis, indem er das Mittel gab, welches Symptome hervorgerufen hatte, die der Krankheit ähnlich waren.
Belladonna hatte bei seiner Prüfung alle Zeichen und Symptome des *Scharlachfiebers* hervorgebracht und so gab er es bei einer Epidemie mit erstaunlichem Erfolg. Er fand auch heraus, daß er hier ein Prophylaktikum und ein Heilmittel in einem hatte: ein Kind in einer großen Familie, welches keinen Scharlach bekam, hatte vorher Belladonna aus irgendeinem anderen Grunde bekommen.
In der Praxis fand er nun heraus, daß sich die Symptome bei der Verabreichung von kleinen, aber materiellen Dosen des indizierten Mittels zunächst einmal verschlimmerten, bevor eine Besserung eintrat. Als er dann aber das Mittel verdünnte und verschüttelte, fand er, daß die Besserung ohne große Erstverschlimmerung eintrat.
Er nannte dieses »*Potenzierung*«. Dieser Prozeß wird im Kapitel 6 noch genau beschrieben.

2.2 Geburtsstunde und Frühzeit der Homöopathie

Nachdenkend, ableitend und experimentierend formulierte HAHNEMANN die Sicht und die Ergebnisse seiner Arbeiten in folgendem Bekenntnis:
»Ich glaube, daß ich ein Verfahren entdeckt habe, welches die praktische Medizin sicher machen wird und ihre Erfolge glänzend. Ich habe 15 Jahre gearbeitet, um meine Entdeckung zu prüfen – meine eigenen Erfahrungen und die Bestätigungen durch medizinische Berichte überzeugen mich, daß sie wahr ist. Ich lege dieses alles vor Sie, meine Kollegen, und ich beschwöre Sie im Namen der Wahrheit und im Interesse der Menschheit, alles aufrichtig und ohne Vorurteil zu prüfen.«
HAHNEMANN's medizinische Zeitgenossen reagierten mit bitteren Verleumdungen über seinen persönlichen Charakter, verächtlich und geringschätzig über das Verfahren, das er mitgeteilt hatte, ohne nur im geringsten daran zu denken, es zu überprüfen oder es einer Probe zu unterwerfen. Aber nachdem er selbst mit dem Wert seiner Entdeckung zufrieden war, kämpfte er den Rest seines Lebens gegen die Feinde aus der Ärzteschaft, wobei die Zahl seiner dankbaren Patienten ständig wuchs.
Im Jahre 1812, als die Überlebenden von Napoleons Rückzug aus Moskau durch Europa zogen, brachten sie die Geisel des Typhusfiebers mit sich. »Hahnemanns Ruhm war weit verbreitet und er brachte Heilun-

gen zustande, die unglaublich waren« (HARTMANN, 1814). Er heilte 180 Fälle ohne einen einzigen Todesfall.

18 Jahre später kam die Choleraepidemie über Europa und wieder wurde seine Hypothese unter Beweis gestellt.

Ein Schüler HAHNEMANN's hatte nur 6 Tote bei 154 Cholerapatienten. Von 1500 Patienten, die in der gleichen Stadt auf die orthodoxe Methode behandelt wurden, starben 55%.

Die Homöopathie breitete sich nach England aus, und von den dortigen Ärzten wurde der Versuch gemacht, ihre praktische Ausübung zu verbieten. Zu ihrer Rettung erschien 1854 eine Choleraepidemie. Als sie vorüber war, wurden die Ergebnisse der Behandlung verschiedener Krankenhäuser vor das Parlament gebracht. Glücklicherweise war ein homöopathischer Patient anwesend und fragte, warum die Ergebnisse der homöopathischen Krankenhäuser nicht eingeschlossen würden und verlangte, daß man sie herbeischaffte. Sie kamen mit einem Begleitbrief der staatlichen Aufsicht. Die Todesrate war hier 16,4% verglichen mit 51,8% der übrigen Hospitäler. (Diese Zahlen werden durch Aufzeichnungen des britischen Museums bestätigt.) Die Gesundheitsbehörde bestätigte, daß das wirklich alles richtige Cholerafälle gewesen seien und daß sie Fälle beobachtet hätte, die in anderen Hospitälern bestimmt gestorben wären. Der Inspektor beendete seinen Bericht mit der Wertung: »Wenn es Gott gefallen sollte, mich mit der Cholera heimzusuchen, so würde ich wünschen, daß ich in die Hände eines homöopathischen Arztes fallen würde.«

HAHNEMANN veröffentlichte, nachdem er seine neue Methode durchdacht hatte, ein Buch mit dem Titel **»Das Organon«**, in dem seine Gedanken aufgezeichnet sind. Er kam zu dem Schluß, daß im Menschen ein *Gleichgewichtsmechanismus* vorhanden sei, der ihn trotz aller Beanspruchungen des Lebens (psychisch, physisch und atmosphärisch) bei voller Gesundheit hielt, vorausgesetzt, daß diese Beanspruchungen nicht zu groß wären und zu lange anhielten, und daß der Gleichgewichtsmechanismus selbst, den er mit *»Lebenskraft«* bezeichnet hat, nicht beeinträchtigt war. Aber wenn der Streß zu groß wurde oder die Lebenskraft geschwächt, so folgten ungewöhnliche Zeichen, Empfindungen und Symptome. Diese waren dann die Sprache des kranken Körpers. Der kranke Körper konnte dann rasch in den ursprünglichen Zustand der Gesundheit zurückversetzt werden durch potenzierte Arzneien, von welchen man durch die Erfahrung herausgefunden hatte, daß sie eine ähnliche Krankheit in einem gesunden Körper erzeugen konnten.

Heute wird viel über Streß und die Ursachen der Krankheit gesprochen, aber es gibt keine klare Methode, um sie zu behandeln. Die Folgen psychischer Streßsituationen werden oftmals durch Psychiater und Sozialarbeiter behandelt. Bei HAHNEMANN sind die *Gemütssymptome*, d. h. diejenigen, die das Temperament, die Gemütsbewegungen, Gefühle und den Willen betreffen, die wichtigsten, die ihn zum richtigen Heilmittel führen.

HIPPOKRATES hatte bemerkt, daß Krankheiten durch Mittel behoben werden können, die in der Lage seien, ähnliche Symptome hervorzurufen. Aber es blieb HAHNEMANN vorbehalten, ungefähr 2000 Jahre später diese Tatsache selbst zu entdecken und durch die neue Methode des Versuchs an gesunden Menschen eine neue Heilmittellehre und neue Methoden der Behandlung zu entwickeln. Diese Methode wird seitdem in der ganzen Welt durch qualifizierte Praktiker ausgeübt.

Die Idee, daß man dem Körper dabei in seinen Bestrebungen helfen und ihn unterstützen kann, Unordnung und Disharmonie, die für die Krankheit verantwortlich sind, zu heilen, schien den Menschen von HAHNEMANN's Generation möglicherweise lächerlich und kaum der Beachtung wert. Aber heutzutage ist es bei unserem Wissen über Immunologie, Allergologie, Molekularbiologie und sogar der Atomphysik durchaus nicht mehr so absurd. Anscheinend ist sowohl die Zeit als auch der Fortschritt der Wissenschaft dabei, sich auf HAHNEMANN's Seite zu stellen.

Aber auch in anderer Hinsicht war HAHNEMANN's Denken seiner Zeit voraus. Er stellte die Theorie auf, daß Krankheit in den meisten Fällen nicht nur ein lokales, sondern ein *systemisches Geschehen* sei, daß lokale Symptome äußere, sichtbare Zeichen einer inneren Stoffwechselstörung seien, und daß viele sogenannte akute Erkrankungen nichts weiter waren, als der Ausbruch einer tiefsitzenden, chronischen Störung.

> Infolgedessen verlangte er, daß bei der Behandlung einer Krankheit die gesamte Person in Betracht zu ziehen sei und nicht nur die lokalen Erscheinungen der Störung.

Literatur

Haehl, Richard: Samuel Hahnemann. Sein Leben und Schaffen. Leipzig 1922

Köhler, Gerhard: Lehrbuch der Homöopathie, Band 1. Grundlagen und Anwendung. 6. Auflage, Hippokrates, Stuttgart 1993

3. Was bietet die Homöopathie?

3.1 Möglichkeiten homöopathischer Begleittherapie bei konventionell zu behandelnden Krankheiten

3.1.1 Allgemeine Anwendungsbereiche

Viele Leute denken, daß die homöopathische Behandlung die letzte Instanz für schwierige oder resistente, chronische Erkrankungen sei, wo schon viele andere Formen der Behandlung versucht worden sind. Aber tatsächlich hat die Homöopathie ein großes Betätigungsfeld, besonders in Erster Hilfe und bei akuten Erkrankungen. Viele chronische Krankheiten können sehr gebessert werden und fortgeschrittene Erkrankungen gemildert, oder es kann bei ihnen im begrenzten Umfang geholfen werden, z. B. bei Erkrankungen, wie schwere *rheumatische Arthritis* oder *Osteoarthritis*, Erkrankungen der motorischen *Nerven, multiple Sklerose, muskuläre Dystrophie, Leukämie*, bestimmte Formen von *Krebs* oder schwere *Geisteskrankheiten*.

Es hat durchaus einen Wert, diese mit homöopathischen Mitteln zu behandeln, wenn sie auf individueller Grundlage gewählt worden sind, indem sie das gesamte Symptomenbild des Patienten berücksichtigen, d. h. seine geistigen und körperlichen Charakteristika, so wie sie später beschrieben werden und nicht, indem man einfach die vorhandenen Lokalsymptome behandelt. Auf diese Weise kann die Krankheit gemildert werden, manchmal sogar gestoppt, und vor allem kann das Wohlbefinden des Patienten und seine Lebensqualität gebessert werden. Bei Krebserkrankungen kann man die Menge der Beruhigungs- und Schmerzmittel oft stark vermindern, und der Patient bleibt wach und bei Wohlbefinden, auch wenn der Ausgang der gleiche ist.

3.1.2 Primär chirurgisch zu heilende Erkrankungen

Die chirurgische Behandlung ist vor allem notwendig bei:

- Akuter Appendizitis
- Bestimmten entzündlichen Darmerkrankungen
- Behebung von angeborenen Fehlern
- Mechanischen Verletzungen
- Orthopädischen Problemen
- Steinen
- Verschlüssen
- Tumoren.

In manchen Fällen von *Magengeschwüren, Colitis, Gallenblasenentzündungen* und *Nierensteinen* kann ein homöopathisches Mittel *ohne* die Notwendigkeit eines chirurgischen Eingriffs Besserung verschaffen.
Nach einem chirurgischen Eingriff können einige Mittel helfen, damit der Patient sich rascher und schonender erholt:

- ▷ **Arnica**
- ▷ **Causticum**
- ▷ **Carbo vegetabilis**
- ▷ **Staphisagria**

3.1.3 Mangelzustände

Wenn der Patient eine Ersatztherapie mit *Eisen, Vitamin B 12, Thyroxin, Insulin* oder *Hormonen* benötigt, so bekommt er für die notwendige Behandlung mit einem konventionellen Mittel dasselbe in normaler Dosierung.
Bei schweren Herz- oder Nierenerkrankungen und bei biochemischem Ungleichgewicht wird gewöhnlich eine orthodoxe Behandlung notwendig sein, aber sie kann erfolgreich mit homöopathischen Mitteln unterstützt werden.

3.1.4 Schwere Infektionen

Bei aktiver Lungentuberkulose, Geschlechtskrankheiten, Meningitis und schweren Sepsisfällen wird der homöopathische Arzt den Gebrauch von Antibiotika neben den homöopathischen Mitteln befürworten. (Anmerkung des Übersetzers: Das gilt vor allem für Anfänger in der Homöopathie. Mit zunehmenden Kenntnissen können selbst schwerste Infektionen der oben genannten Art homöopathisch behandelt werden. Dies läßt sich durch eigene Erfahrungen und zahlreiche Berichte aus der Homöopathie-Literatur belegen.)

3.1.5 Erste Hilfe und Verletzungen

Bei der Arbeit im Krankenhaus wird man als junger Arzt oder Student den Eindruck gewinnen, daß wir viele Erkrankungen behandeln und daß wir manche dramatischen Dinge bewältigen können. Wenn wir dann aber wirklich auf das Feld der Allgemeinpraxis geraten, so zeigen sich uns eine ganze Reihe von Erkrankungen, die sehr schwierig zu behandeln sind – Allergien, Hauterkrankungen, Rheumatismus und Arthritis, Asthma, Migräne und natürlich das weite Feld der psychosomatischen Erkrankungen, ebenso wie all die Leute, die sich einfach nicht wohl fühlen.
Sowohl Laien als auch Ärztinnen und Ärzte sind in zunehmendem Maße über die Menge der Erkrankungen betroffen, die durch übermäßige

Medikamentenverordnung entstehen, ebenso über die Nebenwirkungen und Reaktionen, die bei empfindlichen Individuen auftreten. In der Allgemeinpraxis leidet nur ein geringer Prozentsatz von Patienten an eindeutig diagnostizierbaren Erkrankungen oder Leiden, die mit Erfolg durch die modernen Mittel behandelt werden können. Ärzte, die sich der Homöopathie zuwenden, sind oftmals Individualisten, die betroffen sind über die Menge von Beruhigungsmitteln, Tranquilizern, krampflösenden Mitteln oder Antibiotika, die sie verschreiben müssen, und die nun nach sichereren und wirksameren Wegen suchen, um ihren Patienten zu helfen.

Homöopathie ist keine Panazee, aber sie ist von unschätzbarem Wert, um zahlreiche Beschwerden behandeln zu können.

Dennoch gibt es eine Anzahl guter Mittel für Unfälle und Notfälle. Diese werden ausführlicher in Abteilung II, Kapitel 9, beschrieben. Die bekanntesten sind:

- ▷ **Aconitum**
- ▷ **Arnica**
- ▷ **Calendula**
- ▷ **Hypericum**
- ▷ **Ledum**
- ▷ **Rhus toxicodendron**

3.1.6 Akute Infektionen und Erkrankungen der Atemwege

Obwohl die Antibiotika die akuten bakteriellen Infektionen revolutioniert haben, ist doch das Problem der erworbenen Resistenz bei Organismen gut bekannt, und so überflutet ein anhaltender, von der pharmazeutischen Industrie ausgehender Strom neuer Antibiotika den Markt.

Nebenwirkungen können bei den meisten dieser Mittel auftreten, andere wiederum verursachen allergische Reaktionen bei empfindlichen Individuen. Die Darmflora wird gestört und Pilzinfektionen treten dabei auf. Antibiotika sollten mit Sorgfalt ausgesucht und nur bei absoluter Notwendigkeit verabreicht werden.

Homöopathische Mittel bringen viele Fälle von Halsschmerzen, Fieber, Husten und septischen Verletzungen ohne Anwendung von Antibiotika in Ordnung, indem sie den Organismus in seinem natürlichen Abwehrmechanismus anregen, um die Infektion zu bewältigen.

Besonders wertvoll sind sie bei **Kindern** mit *Brustinfektionen* oder *Tonsillitis*, bei denen ein Antibiotikum die akute Phase gebessert hat und danach Rückfälle innerhalb ein oder zwei Wochen auftreten. Sowohl Ärzte als auch Eltern sind oft betroffen von der Menge von Antibiotika, die manchmal bei Kindern angewandt werden. Sie entwickeln möglicherweise chronische Katarrhe, eine sekretorische Mittelohrentzündung, Taubheit oder laufende Ohren; ihre Polypen, Mandeln und Drüsen vergrößern sich und manchmal wird eine Operation notwendig.

Homöopathische Mittel können häufig den Katarrh bessern, die Gesundheit des Kindes deutlich anheben und alle diese Komplikationen vermeiden. Wie wir schon früher gesagt haben, muß ein Mittel für das individuelle Kind gesucht werden, welches auf der Totalität des Symptomenbildes und der Persönlichkeit beruht und nicht nur als lokales Mittel wirkt. Im Kapitel 20 wird unter den Kindermitteln eine Anzahl von Mitteln beschrieben, die für bestimmte Kindertypen passend sind, z. B.

- ▷ **Calcium carbonicum**
- ▷ **Pulsatilla**
- ▷ **Silicea**
- ▷ **Sulfur**

Bei diesen Kindern ist häufig viel eher Hausstaub oder Tierallergie die Ursache ihrer spastischen Bronchitis oder ihres Katarrhs als eine Infektion. Auch hier kann mit homöopathischen Zubereitungen der Allergene zusammen mit den passenden Vorbeugemaßnahmen gegen Hausstaubmilben geholfen werden.

Influenza

Bei dieser und bestimmten, ähnlichen Viruserkrankungen, die in der Tat durch die bekannten orthodoxen Mittel nicht beeinflußt werden, haben über Jahre hinweg die jeweils indizierten Mittel wie

- ▷ **Baptisia**
- ▷ **Eupatorium**
- ▷ **Gelsemium**
- ▷ **Pyrogenium**

ihre Wirksamkeit erwiesen. (Siehe Kapitel 12.)

Pneumonie

Sie war bereits erfolgreich durch die Homöopathie behandelt worden, lange bevor Antibiotika erfunden waren. Homöopathische Mittel sind immer noch wirksam, obwohl manchmal Antibiotika zusätzlich gegeben werden, z. B. bei schwachen Patienten oder bei schweren Infektionen (was bei einiger Erfahrung durchaus vermeidbar ist, Anm. d. Übers.).

Asthma

Hier ist ein sorgfältiges Studium notwendig, um die verursachenden Faktoren zu finden. Manche Patienten benötigen Inhalationen oder Zerstäuber oder in extremen Fällen Steroide, aber es gibt auch eine ganze Anzahl brauchbarer homöopathischer Akutmittel für Asthmaanfälle. Viel wichtiger ist es jedoch, daß der Patient zwischen den Anfällen mit einem konstitutionellen Mittel behandelt wird, welches seine Gesundheit bessern wird und damit die Häufigkeit und die Schwere der Anfälle vermindert, und in vielen Fällen wird es sie vollständig zum Verschwinden bringen.

3.1.7 Magen-Darmerkrankungen

Im Kapitel 14 wird eine Anzahl von Mitteln beschrieben, die *akute Durchfälle* und *Erbrechen* heilen oder erleichtern, ebenso *Dyspepsie, Magengeschwüre, Colitis* (insbesondere das irritable Colon und sogar einige Fälle von Colitis ulcerosa) und Hämorrhoiden. Es gibt wenige Spezialmittel in der Homöopathie und jeder Fall muß individualisiert werden, um das beste Mittel für diese bestimmte Situation zu finden. Das falsche Mittel wird nichts bewirken.

3.1.8 Rheumatismus und Arthritis

Diese Krankheitsgruppe ist eine der Hauptursachen für Arbeitsunfähigkeit und Verlust von Arbeitsstunden. Viele dieser Patienten haben keine offensichtlichen, pathologischen Veränderungen und klagen lediglich über Schmerzen und Steifigkeit, manchmal im Zusammenhang mit dem Wetter. Homöopathische Mittel werden diese heilen. Wo bereits fortgeschrittene Knochenveränderungen und Gelenkschäden da sind, besteht höchstens noch die Hoffnung für etwas Erleichterung und bessere Beweglichkeit. Aber auch hier kann Homöopathie viel erreichen. Man kann die Menge der Analgetika und Rheumatika vermindern und man kann häufig auch dann noch helfen, wenn der Patient die Mittel wegen der Nebenwirkungen und allergischen Reaktionen nicht verträgt. Gute Physiotherapie, Beschäftigungstherapie und gelegentlich Chirurgie sind ebenfalls wichtig (Kapitel 17).

3.1.9 Kopfschmerzen

Es ist wichtig, daß schwere, pathologische Veränderungen ausgeschlossen werden, z. B. Geschwülste oder arterielle Erkrankungen, wofür Neurochirurgie notwendig ist. Aber die meisten Kopfschmerzen sind die Folge von Migräne oder psychischem Streß und Druck. In der Homöopathie gibt es eine Reihe von akuten Kopfschmerzmitteln, die auf der *Basis ihrer Modalitäten* ausgesucht werden (Faktoren, die den Kopfschmerz verändern, z. B. Hitze, Kälte, Druck, Bewegung usw.). Sie sind in Kapitel 10 beschrieben.

Wie bei Asthma ist es aber noch wichtiger, daß der Patient zwischen den Attacken mit einem sorgfältig ausgesuchten Allgemeinmittel behandelt wird, welches auf dieses Individuum paßt. Auf diese Weise kann die Häufigkeit und Schwere der Anfälle vermindert und in vielen Fällen vollständige Heilung erreicht werden.

3.1.10 Hautkrankheiten

Es ist wichtig, daß man zwischen den äußeren Ursachen von Hauterkrankungen, wie z. B. Krätze oder Läusen unterscheidet, die durch eine lokale Behandlung gebessert werden, und Ekzemen, Dermatitis und Psoriasis. Diese sind oft Hautmanifestationen eines darunterliegenden Problems, entweder als Folge von Vererbung, Allergie oder emotionalem Streß. Hier wird der Homöopath eher den Patienten als die Haut behandeln und wird nur ein Minimum an äußeren Mitteln anwenden, insbesondere bei Steroiden. Die Anschauung, daß nach der Unterdrükkung einer Hauterkrankung tiefer liegende interne Erkrankungen entstehen, wird an anderer Stelle (S. 64 u. S. 65) behandelt. Viele Ärzte haben beobachtet, daß ein Ekzem oder eine Dermatitis anscheinend nach örtlicher Anwendung verschwand, aber in Wirklichkeit nur unterdrückt wurde und dann Asthma oder Magensymptome folgten. Mittel für Windpocken und Gürtelrose werden in der Rubrik »Haut« behandelt. **Rhus toxicodendron** und **Ranunculus bulbosus** helfen häufig sehr rasch, indem sie die brennenden Schmerzen bessern und eine rasche Heilung herbeiführen (Kapitel 16).

3.1.11 Urogenitalerkrankungen

Obwohl ein großer oder eingeklemmter Nierenstein möglicherweise einen operativen Eingriff notwendig macht, wird trotzdem **Berberis** den Schmerz einer Nierenkolik häufig zum Verschwinden bringen und die Passage des Steines fördern. Auch eine akute Zystitis mag gelegentlich Antibiotika notwendig machen, besonders bei jüngeren Patienten, bei denen eine nachgewiesene bakterielle Entzündung vorliegt, aber Mittel wie

- ▷ **Cantharis**
- ▷ **Causticum**
- ▷ **Terebinthina**

sind oft das einzige, was vonnöten ist.

Das Problem der immer wieder auftretenden *Blasenentzündungen* oder *chronischen Infektionen* ist in der Praxis recht schwierig und hier ist oft das homöopathische Mittel für den Patienten oder eine Darmnosode wie **Sycotic Co** sehr wertvoll. Wenn man in dieser Weise therapiert, wird sich die Anwendung von immer wiederholten Antibiotikagaben reduzieren und bei manchen Patienten die Rückfälle überhaupt zum Verschwinden bringen.

Es gibt dann eine ganze Anzahl von Medikamenten für die Behandlung von *Fluor vaginalis, Dysmenorrhoe* und Symptomen der *Menopause*, aber diese sollten für den einzelnen Patienten auf der Grundlage der allgemeinen und der Geist- und Gemütssymptome bestimmt werden, nicht nur nach den lokalen Beschwerden oder dem Ausfluß. Wenn einmal ein großes *Myom* oder eine *Ovarialzyste* vorhanden ist oder wenn ein offensichtlicher Vorfall besteht, so wird man um den chirurgischen Eingriff nicht herumkommen (Kapitel 15).

3.1.12 Herz- und Kreislauferkrankungen

Wenn ein Patient *Herzunregelmäßigkeiten* oder einen erheblichen *Herzfehler* hat, so werden Medikamente wie Digitoxin oder Diuretika notwendig sein, ebenso wie bei *akuten Herzinfarkten* die Intensivmedizin gefragt ist; aber es gibt eine ganze Menge wertvoller Mittel in der Homöopathie für Angina pectoris und Herzerkrankungen, wie z. B.

▷ **Cactus grandiflorus**
▷ **Carbo vegetabilis**
▷ **Crataegus**
▷ **Lachesis.**

Patienten mit *Hypertonie* sollte immer ein Mittel gegeben werden, welches auf ihrer Gesamtsymptomatologie basiert, ebenso organbezogene homöopathische Mittel, bevor man zu Diuretika, Betablockern oder anderen Antihypertonika greift, besonders bei älteren Patienten. In Fällen von *Schlaganfall* können Mittel wie **Arnica, Opium** und **Gelsemium** manchmal bemerkenswerte Besserungen bringen (Kapitel 13).

3.1.13 Psychosomatische Erkrankungen und Angstzustände

In der Allgemeinpraxis gibt es eine große Anzahl von Patienten, bei denen Streßerkrankungen vorliegen sowie emotionale Störungen oder Beziehungsprobleme. Diese verursachen viele nervliche Symptome oder sogar physische Veränderungen. Dabei ist es wichtig, die dahinterstehenden Ursachen der Ängste und Streßfaktoren des Patienten zu finden, was mit vorsichtiger Befragung und durch Zuhören geschehen kann. Wenn man hierbei helfen und das Problem lösen konnte, so kann ein homöopathisches Mittel zusätzlich noch von großem Nutzen sein, um den Patienten wieder zu Wohlbefinden und Gesundheit zu bringen. Man wird sehen, daß die homöopathische Methode der Fallaufnahme mit ihrer Genauigkeit und ihrer besonderen Gewichtung der emotionalen Symptome eine wertvolle psychologische Rolle spielt, um die Gesundheit wieder zu erlangen. Allerdings sollte dies ohnehin ein Teil der Anamneseerhebung sein, soweit es eben die Zeit erlaubt. Obwohl durchaus ein Bewußtsein für die Notwendigkeit einer Präventivmedizin besteht und ebenso eine positive Haltung gegenüber der Gesundheit (als entgegengesetzt der Krankheit), so gibt es doch häufig kein orthodoxes Mittel, welches man anwenden kann, bevor nicht pathologische Veränderungen begonnen haben. Homöopathische Mittel dagegen können bereits bei Krankheiten in ihren *Frühstadien* angewandt werden, und verhindern dadurch möglicherweise die Entwicklung von ernsteren Krankheiten.

3.1.14 Schlußbemerkung

Es konnte hier in diesem Überblick nur eine kurze Zusammenfassung der möglichen Anwendungsgebiete der Homöopathie gegeben werden. Es gibt fast keine Situation, in der ein homöopathisches Mittel nicht in irgendeiner Weise hilfreich sein kann. Einschränkungen können sich vielleicht ergeben, wenn der Patient unter dem Einfluß einer intensiven Medikation mit mehreren wirksamen konventionellen Mitteln steht.
Der homöopathische Arzt sucht immer nach einem noch wirksameren Mittel und einem noch besseren Verständnis seines Patienten und seiner persönlichen Bedürfnisse.

> Jeder Patient ist ein individuelles Problem in seiner eigenen, einzigartigen Persönlichkeit und Reaktion und nicht nur ein »Fall von Bronchitis oder Colitis«.

Es ist durchaus möglich, Homöopathie mit konventioneller Medizin in vielen Fällen zu kombinieren, aber mit wachsender Erfahrung wird der Doktor bei sich selbst feststellen, daß er immer weniger diese palliativen Mittel benötigt und immer häufiger Homöopathie anwendet mit der Befriedigung, daß man den Patienten wirklich in seinem Sinne heilt.

> Es muß allerdings noch einmal ganz deutlich gesagt werden, daß die Homöopathie nicht darin besteht, konventionelle Mittel in einer nicht adäquaten Dosierung anzuwenden. Wenn ein konventionelles Mittel – ein Analgetikum, Sedativum, Antibiotikum oder Herzmittel – von einem homöopathischen Arzt angewandt wird, so wird es in der korrekten, orthodoxen Dosierung angewandt. Nur homöopathische Potenzen werden in ihrer speziellen, präparierten Verdünnung verordnet.

In Teil II sind die Mittel nach Körperbereichen geordnet, mit einer Beschreibung der *Leitsymptome* für jedes Mittel, auf die hin es im wesentlichen verschrieben wird. Viele Ärzte werden feststellen, daß dies ein guter Ausgangspunkt ist, um homöopathisch zu behandeln, bis sie das Konzept der Mittel für »den Menschen« und nicht für »die Krankheit« begriffen haben.

4. Die Materia medica

4.1 Spezielle homöopathische Wesensmerkmale

4.1.1 Die Arzneimittelprüfung

Im Kapitel 2 wurde bereits die *»Prüfung«* homöopathischer Mittel angesprochen. Hierbei geht es um die Methode, die bei Anwendung von wiederholten kleinen Dosen bei gesunden Versuchspersonen auftretenden Symptome und Zeichen von mehr oder weniger großer Toxizität systematisch zu sammeln und aufzuzeichnen. Diese »Prüfungen« erfolgen über viele Jahre hinweg. Eine vielfältige Anzahl von Substanzen kam dabei zum Einsatz. So wurden Tinkturen von

- Metallen
- Pflanzen
- Salzen
- Schlangen- und Spinnengiften
- und sogar synthetische

»geprüft« und ihre Symptome gesammelt und dokumentiert. Zudem wurden alle jeweiligen Erkenntnisse aus der Toxikologie einer jeden Substanz zugeordnet.

Es wurde sogar eine dritte Gruppe von Symptomen und Zeichen berücksichtigt, die bei einem beachtlichen Anteil von Patienten (also bereits Erkrankten) mithilfe eines bestimmten Mittels Besserung und Heilung erkennen ließen.

Aus diesen drei Gruppen erwächst die detaillierte Materia medica, wie sie vom homöopathischen Arzt benutzt wird. Sie bilden zusammen den Symptomenkomplex, der für ein Mittel *charakteristisch* ist. (Siehe S. 22)

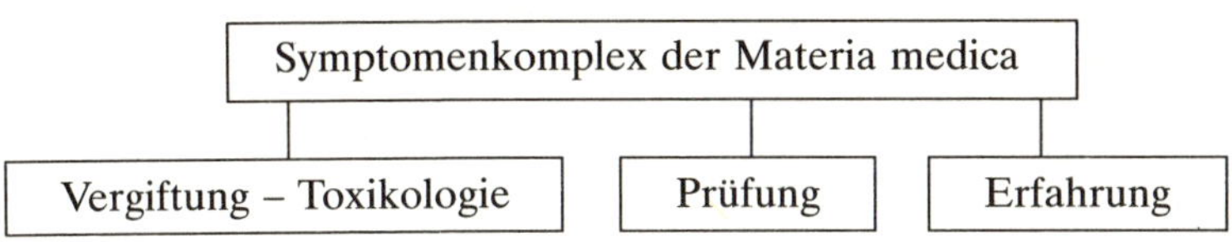

Zu diesen Tatsachenaufzeichnungen kommt hinzu, daß bestimmte Beobachtungen die Ärzte in die Lage versetzt haben, bestimmte *Charakteristika* im Erscheinungsbild und Temperament mit der *Wirksamkeit* bestimmter Mittel zu verbinden. Dieses macht es möglich, ein passendes Mittel für den Patienten zu finden, indem man sein gesamtes physisches und geistig-seelisches Verhalten zusätzlich zu der genauen Analyse seiner Symptome mit in Rechnung stellt.

Eine Arznei hat eine bestimmte chemische Zusammensetzung, hat bestimmte Wirkungen auf die Physiologie und Pathologie des Körpers und wird zu einem bestimmten Zweck oder für eine bestimmte Krankheit benutzt. Zudem hat jedes Mittel auch Nebenwirkungen und toxische Reaktionen und genau das ist es, was der homöopathische Arzt bemerkt und dann als Teil seiner Materia medica mit benutzt.
Die meisten Mittel, die in der Homöopathie benutzt werden, stammen aus natürlich vorkommenden Substanzen – *ganzen* Pflanzen, Mineralien, Salzen – und nicht aus einzelnen Auszügen oder ausgesuchten synthetischen Produkten. Das bedeutet nicht, daß nicht auch ein »rein« synthetisches Mittel in der Homöopathie angewandt werden kann, aber eine »Prüfung« ist jedesmal neu durchzuführen, um das »Arzneimittelbild« dieser Substanz aufzeigen zu können. Das ist der Grund, weshalb wir den lateinischen Namen für ein Mittel beibehalten, z. B. »Natrium muriaticum«, anstatt es »Natriumchlorid« zu nennen, welches ein chemisch vollständig reines Mittel bedeuten würde. Der Ursprung von Natrium muriaticum ist in der Pharmakopöe beschrieben, und das Mittel mit diesem Namen ist in der ganzen Welt in jeder Sprache wiederzufinden.

4.1.2 Das Arzneimittelbild

Jedes Mittel enthält in der Materia medica eine Beschreibung aller Symptome und Zeichen, die mit ihm zusammenhängen, geordnet nach den Körperregionen. Sie variieren von offensichtlich geringen Symptomen bis zu schweren toxischen Erscheinungen, wobei der Grad der Genauigkeit vom Text abhängt.

4.1.2.1 Charakteristische Symptome

Grundsätzlich sind die nachfolgenden Gruppen zu unterscheiden:
- Allgemeinsymptome
- Geist- und Gemütssymptome
- Lokale Symptome.

Einer der charakteristischen Züge bei der homöopathischen Materia medica ist der Einschluß von **Modalitäten** der Symptome.

> Modalitäten sind Umstände, die ein Symptom qualifizieren.

Dazu zählt bsplw. die *Art* des Schmerzes oder alles, was jeweils *bessert* oder *verschlimmert*, wie

- Bewegung, Ruhe
- Feuchtigkeit
- Hitze, Kälte
- Tageszeit.

Zusätzlich zu den *lokalen Symptomen* stellen wir fest, daß es *Allgemeinsymptome* gibt, die den Patienten als Ganzes betreffen. Sodann beobachten wir *Geist- und Gemütssymptome*, die einen Bezug zum Temperament und zu den Emotionen und Gefühlen haben.

Wenn man ein Mittel studiert, so ist es wichtig, daß man möglichst viel von den charakteristischen Zügen eines solchen Mittels ins Gedächtnis aufnimmt, auch die Organe, die von ihm befallen werden, und man muß sehen, ob irgendeine bestimmte Art von Symptomen sich durch die verschiedensten Gebiete hindurchzieht. Z. B. finden wir bei **Bryonia** deutliche Trockenheit und Verschlimmerung durch Bewegung, was bei vielen Lokalsymptomen auftritt, oder krampfartige Schmerzen bei **Cuprum** oder stechende Schmerzen bei **Kalium carbonicum**.

Beispiele hervorstechender Merkmale bei bestimmten Mitteln:

Mittel	Merkmale
Aconitum	Plötzlicher Beginn, extreme Ruhelosigkeit, starke Angst, intensiver Durst
Belladonna	Hellrotes Gesicht, springender Puls, brennend-heiße Haut, glänzende Augen mit stark erweiterten Pupillen, aggressiver Typ des Deliriums
Sulfur	Weit verbreitet Brennen, Kreislaufstörungen, deutliche Unverträglichkeit von Hitze

Eine ähnliche Zusammensetzung von Symptomen kann auch bei den Patienten gefunden werden, und die genauen Einzelheiten werden im nächsten Kapitel der Anamneseerhebung erklärt. Der Vergleich dieser beiden Symptomengruppen des Patienten und des Mittels stellt das eigentliche Wesen der homöopathischen Behandlung dar; mit anderen Worten, es handelt sich um die *Selektion des ähnlichen Mittels*.

4.1.2.1 Repertorisieren anhand von Nachschlagewerken

Da es nun eine riesige Anzahl von Mitteln und Symptomen gibt, haben die homöopathischen Ärzte Verzeichnisse oder auch »Repertorien« entwickelt. Diese registrieren, welche Mittel bei den verschiedenen Symptomen vorhanden sind, und sie bezeichnen auch ihre Wichtigkeit. Die bekanntesten Repertorien sind die von KENT, BOENNINGHAUSEN, BOERICKE und CLARKE und neuerdings auch das »Synthetische Repertorium" von BARTHEL und KLUNKER. Karteirepertorien sind von KISHORE, BROUSALLIAN und FLURY in Gebrauch (in Deutschland noch von LEERS und VAN DER LIETH). Die Informationen vieler dieser Repertorien sind in Computern gespeichert mit der Absicht, die Mittelbestimmung zu vereinfachen. In Deutschland sind zahlreiche Computerrepertorien in Gebrauch, von denen »MacRepertory« mit seinem Complete Repertory wohl das bedeutendste ist.

Um ein Repertorium benutzen zu können, ist es notwendig, die *Krankengeschichte* sehr sorgfältig aufzunehmen, ferner die hervorstechendsten *Symptome* herauszusuchen und diese zusammen mit ihren *Modalitäten* dann unter der Region aufzusuchen, die davon betroffen ist, z. B. Allgemeines, Gemüt, Extremitäten, Magen, Husten, Blase etc.

Hier wird man dann Symptome finden, wie sie der Patient mit seinen eigenen Worten geschildert hat und dahinter dann die ganze Anzahl von Mitteln in verschiedenen Druckarten. Die *Mittel mit Fettdruck* sind die wichtigsten, auf die man besonders achten muß. Wenn man dann alle Symptome durchstudiert, so wird man feststellen, daß bestimmte Mittel stärker hervortreten, und diese sollten danach in der Materia medica studiert werden, um dadurch das passendste Mittel zu finden. Eine Beschreibung, wie man KENT's Repertorium am besten studiert, wird im Anhang gegeben.

Während es sowieso schon einen Vorteil bringt, wenn man weiß, woher ein Mittel stammt, so ist die Kenntnis im Hinblick auf die Behandlung auch hilfreich, daß Mittel in Gruppen zerfallen – *botanische, chemische, biologische* –, und daß Angehörige einer solchen Gruppe oftmals komplementär in ihrer Wirksamkeit sind. Sie folgen in der Anwendung oft gut aufeinander und steigern auf diese Weise ihre Wirkung.

Das heißt natürlich nicht, daß sie auswechselbar sind, denn normalerweise ist nur ein einziges Mittel dasjenige, welches den Bedürfnissen des Patienten entspricht. Aber ein Glied einer Gruppe kann möglicherweise gleichsinnig mit dem anderen wirksam werden, und manchmal ist es einfach notwendig, mehr als nur ein Mittel nacheinander zu geben, um den gewünschten Erfolg zu erzielen.

Demnach ist es durchaus wertvoll, die Pharmakologie eines Mittels und seine Herkunft zu studieren. Es hat Beziehungen zu bestimmten Geweben, Organen oder Körperregionen, was leichter verständlich macht, daß bestimmte Symptome zu diesem Mittel gehören. Die Kenntnis dieser Gewebs- oder Organbeziehungen ist ebenso bei der Anwendung von Wichtigkeit. Z. B. sind folgende Beziehungen bekannt:

Mittel	*Bezugsregion*
Arnica	Gewebe, verletzte
Belladonna	ZNS
Cantharis	Uro-Genital-System
Chelidonium	Leber, Gallenblase
Hypericum	Nervengewebe
Jodum	Schilddrüse
Rhus toxicodendron	Bewegungsapparat
Ruta graveolens	Periost
Sepia	Beckenorgane, weibliche

Wenn man diese Gewebebeziehungen kennt, so kommen immer eines oder mehrere Mittel in Frage, und die können dann anhand der weiteren Züge des individuellen Falles studiert werden, ob sie passen.
Homöopathie untersucht und behandelt das Individuum als Ganzes. Das individuelle Mittel muß in der gleichen Weise verstanden und gekannt werden. Das Mittelbild muß als Ganzes mit seinen eigenen individuellen Zügen verstanden sein, und zwar so genau, daß man es sofort wieder erkennt, wenn sein Gegenbild bei der erkrankten Person auftritt. Dieses kann man nur durch ständiges Studieren lernen, zusammen mit immer neuen Beobachtungen.

4.1.3 Literatur

Empfehlungen zu »Arzneimittelbilder«

Allen, H. C.: Leitsymptome wichtiger Mittel, 3. Aufl. Burgdorf, Göttingen 1992

Boericke, W.: Handbuch der homöopathischen Materia medica. Haug, Heidelberg 1992

Clarke, J. H.: Der Neue Clarke, Stefanovic, Bielefeld 1990

Gibson, D.: Studies of Homoeopathic Remedies. Beaconsfield Publishers, Beaconsfield 1987

Hahnemann, S.: Reine Arzneimittellehre. 5. Nachdruck. Haug, Heidelberg 1991

Kent, J. T.: Kents Arzneimittelbilder. 8. Aufl. 1. Nachdruck. Haug, Heidelberg 1991

Mezger, J.: Gesichtete Homöopathische Arzneimittellehre. 10. Aufl. Haug, Heidelberg 1993

Stauffer, K.: Klinische Homöopathische Arzneimittellehre. 11. Aufl. Sonntag, Stuttgart 1993

Repertorien

Barthel, H.; Klunker, W.: Synthetisches Repertorium. 3 Bände. 4. Aufl. Haug, Heidelberg 1992

Boenninghausen, C. v.: Repertorium der Homöopathischen Arzneien. 1990

Kent, J. T.: Kents Repertorium der homöopathischen Arzneimittel. 3 Bände. Haug, Heidelberg 1993

Kent, J. T.: Repertorium der homöopathischen Arzneimittellehre. 4. Aufl. Hippokrates, Stuttgart 1986

Künzli, Jost von Fimmelsberg; Barthel, M.: Kents Repertorium Generale. 3. Aufl. Barthel, Berg 1992

Sonstiges

Leers, Hans: Kartenrepertorium

Van der Lieth: Kartenrepertorium

Computerrepertorium »MacRepertory«

5. Fallaufnahme und Diagnose

5.1 Besonderheiten der homöopathischen Anamnese

In vieler Beziehung ist die Fallaufnahme des homöopathischen Arztes von der seiner orthodoxen Kollegen verschieden. Er muß nicht nur eine Diagnose in der üblichen Weise stellen soweit es möglich ist, sondern er muß in der gleichen Zeit auch noch an ein passendes homöopathisches Mittel denken, welches auf der eigentümlichen, charakteristischen Reaktion des Patienten und seinem Symptomenbild gründet.
Genaue und mühevolle Aufnahme der *Vorgeschichte* ist die Hauptsache des homöopathischen Zugangs. Nur auf diese Weise bekommt man die überaus wichtigen Einzelheiten der besonderen Krankheit, die individuellen Charakteristika des besonderen Patienten heraus, auf die es bei der Suche nach dem ähnlichen Mittel ankommt.
An erster Stelle muß man sich jede Mühe geben, um herauszubekommen, was tatsächlich los ist, was im Körper der erkrankten Person nicht in Ordnung ist: Welche Organe erkrankt, welche Funktionen gestört und welche Gewebe geschädigt oder in Unordnung sind.
Dazu muß man die entsprechenden Fragen stellen, und die Antworten – soweit man sie bekommt – mögen zunächst einmal eine chirurgische, diätetische, unterstützende oder substituierende Behandlung notwendig machen. Es muß immer eine Diagnose gestellt werden, soweit es eben möglich ist. Und trotzdem muß man immer im Bewußtsein haben, daß das Risiko besteht, daß man zu sehr von einem Teil gefangen genommen wird und das Gesamte vernachlässigt.
Die Kenntnis der zugrunde liegenden Pathologie, die uns noch zusätzlich auf die Notwendigkeit chirurgischer oder anderer Hilfsmaßnahmen hinweisen kann, ist dem Homöopathen deshalb hilfreich, weil er bestimmte *»Gewebsaffinitäten«* kennt (Kapitel 4). Die Beziehung bestimmter Mittel zu bestimmten Organen oder Geweben ist möglicherweise signifikant für die Therapie, wenn man weiß, daß diese Organe oder Gewebe am Krankheitsprozeß beteiligt sind.
Eine sorgfältige körperliche Untersuchung muß nach Aufnahme der Krankengeschichte immer durchgeführt werden. Alle Möglichkeiten der modernen Diagnosetechniken sollten genutzt werden, wenn sie wirklich wichtig erscheinen und von lebenswichtigem Interesse für den Patienten sind.

5.2 Methodik der Fallaufnahme

5.2.1 Die akute Fallaufnahme

Im Falle einer akuten Erkrankung sollte der Arzt versuchen, einige *hervorstechende Symptome* und Zeichen, die der Patient bietet, herauszusuchen, deren *Modalitäten* zu studieren und im weiteren die Erscheinung und die *unmittelbaren Gemütssymptome* des Patienten in Rechnung stellen, insbesondere solche, die sich von des Patienten gewöhnlichem Temperament deutlich unterscheiden. Das wird einem noch klar werden, wenn man die Materia medica in ihrer Beziehung zur akuten Erkrankung studiert. Z. B. Symptome wie Ruhelosigkeit, Furcht, Reizbarkeit bei einem normalerweise ruhigen Individuum, Verlangen nach Gesellschaft oder Wunsch alleine zu sein, Durstlosigkeit bei Fieber, ferner die Modalitäten des Hustens oder des Schmerzes, ermöglichen rasch die Wahl des Mittels mit einem Minimum an Fragen.
Bei kleinen Kindern sind die Beobachtungen der Mutter oder der Erzieherin von ganz besonderem Wert.

Aufnahme-Schema

Beschwerden

Symptome	*Modalitäten*	*Zeichen*
• Schmerzen, Husten • Übelkeit, Diarrhoe	• Was verschlimmert? • Was bessert? • Bewegung, Druck • Wärme, Kälte	• Charakter des Hustens • Konsistenz von Sputum, Stuhl, Erbrochenem

Erscheinungsbild

- Rötung, Blässe, Schweiß, Delirium
- Hautausschläge
- Aussehen der Zunge
- Durst oder Durstlosigkeit
- Fieber – Beginn, Zeiten der Verschlimmerung

Temperament

- Schläfrig, ruhelos, ängstlich, gereizt
- Verlangen nach Gesellschaft

- Möchte lieber allein sein
- Änderung gegenüber Normalzustand
- Klinische Untersuchung.

5.2.2 Fallaufnahme bei chronischen Erkrankungen

5.2.2.1 Die Beschwerden und ihre aktuelle Vorgeschichte

Zunächst muß man auf die besonderen Symptome achten, über die der Patient jetzt klagt, sowohl in bezug auf die jetzige Erkrankung als auch in bezug auf die übrigen Beschwerden. Die letzteren werden meist vom Patienten als nicht so wichtig erachtet, aber sie sind möglicherweise wichtige Hinweise für die Mittelwahl.

5.2.2.2 Frühere Vorgeschichte

Es ist natürlich wichtig, ob Krankheiten wie *Asthma, Ekzem, Heuschnupfen, Rheuma, Pleuritis, Nierenerkrankungen, Tuberkulose* oder *Geschlechtserkrankungen* oder vorangegangene *Operationen* vorgekommen sind. Gingen Verletzungen voraus, so kann das für den homöopathischen Arzt eine Indikation für **Arnica** darstellen. Eine schwere Reaktion auf *Pockenimpfung* indiziert möglicherweise **Thuja**, oder wenn sich jemand nach *Masern* nie mehr erholt hat, so ist vielleicht **Morbillinum** nötig.

5.2.2.3 Familienvorgeschichte

Das Wissen über Krankheiten der Eltern oder Kinder kann hilfreich sein, nicht nur wegen sogenannter Erbkrankheiten, sondern weil bei der Vorgeschichte von Krebs oder Tuberkulose **Carcinosin** oder **Tuberculinum** indiziert sein können.

Wenn wir die Einzelheiten der Beschwerden des Patienten kennengelernt haben, ferner seine jetzige Vorgeschichte und die der zurückliegenden Vergangenheit und auch die Familienvorgeschichte, so müssen wir jetzt Einzelheiten herausbekommen, die uns mehr über den Patienten selbst unterrichten, über seine Reaktionen und sein Temperament. Diese können nach gewissen Hauptmerkmalen eingeteilt werden.

5.2.2.4 Beginn und Verlauf der Krankheit

Ein plötzlicher Beginn und eine rasche Entwicklung weisen auf **Aconitum** oder **Belladonna** hin. Langsamer Beginn und gradweise Verschlimmerung verweisen auf **Bryonia, Gelsemium** oder **Pulsatilla**.

Die Untersuchung muß *jede mögliche* Verursachung der Erkrankung einbeziehen, ob sie nun kürzer zurückliegt oder schon länger her ist. Der *ätiologische Faktor* kann von großer Wichtigkeit für die Bestimmung des Mittels sein.

Wenn z. B. die Erkrankung rasch nach heftiger, trockener Kälte eingetreten ist, so denken wir an **Aconitum, Hepar sulfuris** oder **Causticum**; eine Erkrankung, bei der man sich erkältet hat, wenn man erhitzt war, oder wenn man vom Regen durchnäßt wurde, läßt einen an **Dulcamara** denken; Beschwerden nach Schlafmangel weisen auf **Cocculus** hin; bei einer Schädelverletzung in der Vorgeschichte – auch wenn sie weit zurückliegt – ist an **Natrium sulfuricum** oder **Arnica** zu denken. **Aconitum** kann auch dann angezeigt sein, wenn die Krankheit nach einem Schreck oder Schock begonnen hat.
Dann muß der *Charakter der Schmerzen* und anderer Symptome erforscht werden, die Art der Schmerzen, der Ort, die Erstreckung, die Schwere und allem voran die zugehörigen *Modalitäten*.

5.2.2.5 Die Modalitäten

> Eine Modalität qualifiziert ein Symptom und macht es häufig möglich, die Wahl zwischen zwei stark indizierten Mitteln zu treffen.

Die wichtigsten Modalitätengruppen:

Wärmemodalitäten	zeigen die Reaktion auf Wärme und Kälte. Wärme kann verschlimmern oder bessern. Kälte ebenso. Diese Wirkungen sind für bestimmte Mittel sehr charakteristisch.
Wettermodalitäten	Insbesondere die Wirkungen von Wetterwechseln, Nässe, Wind, Gewitter, Luftverhältnisse (bsplw. Seeluft) sind gewichtig.
Physische Modalitäten	z. B. Wirkungen von Ruhe, Körperhaltung, aktiver oder passiver Bewegung, Anstrengung, Stöße, Rütteln etc.
Zeitmodalitäten	bezeichnen die Besserung oder Verschlimmerung von Symptomen zu bestimmten Zeiten des Tages oder der Jahreszeit.

Die Sonderform der »Seitenbeziehung«
Manchmal kommt noch ein weiterer Aspekt in Betracht, nämlich die Seitenbeziehung. So passiert es, daß viele Mittel eine bestimmte Beziehung ihrer Symptome hauptsächlich zur rechten oder linken Körperseite haben oder sich in einer charakteristischen Weise ausbreiten.

Beispiele:

Symptom tritt rechtsseitig auf und erstreckt sich dann nach links ——▶ **Lycopodium**

Symptom beginnt linksseitig und erstreckt sich dann nach rechts ——▶ **Lachesis**

Symptome wechseln von einer Seite zur anderen (hin und her) ——▶ **Lac caninum**

Schmerzen, die in zentraler Richtung die Extremitäten hinaufschießen ——▶ **Hypericum**

Schmerzen, die die Gliedmaßen abwärts schießen ——▶ **Kalmia**

Schmerzen, die in alle Richtungen ausstrahlen ——▶ **Dioscorea**

5.2.2.6 Körperliche Charakteristika

Sowohl Prüfungen als auch klinische Erfahrungen haben gezeigt, daß es eine *enge Beziehung* zwischen Mitteln und hervorstechenden körperlichen Zügen gibt – *Temperament, Erscheinung, Benehmen, Farbe, Besonderheiten der Haare, Haut, Absonderungen, Bewegung, Haltung, Sprache und Geruch*.
Solche hervorstechenden Züge werden von einem Beobachter, der seine Materia medica kennt, sofort mit bestimmten Mitteln, die die gleichen Züge aufzeigen, in Verbindung gebracht.

Repräsentative Beispiele:

- Der straffe, gepflegte, genaue **Arsenicumpatient**, unfähig, sich zu entspannen und der auch im Schlaf Haltung bewahrt.
- Der blasse, dickliche, rundliche, phlegmatische, frostige **Calciumpatient**.
- Der hochgewachsene, empfindliche, rothaarige **Phosphorpatient**, der unruhig und von nervöser Ängstlichkeit ist, stets darauf bedacht, einem zu helfen und genaue Antworten auf unsere Fragen zu geben.
- Der gebeugt daherkommende, fast ungekämmte, rothaarige, geschwätzige, von sich selbst überzeugte, warmblütige **Sulfurpatient**.

Obwohl diese charakteristischen Züge einem manchmal hilfreich bei der Mittelsuche sein können, muß man trotzdem darauf hinweisen, daß nicht jede straffe, gepflegte Person Arsenicum ist und daß nicht jeder rothaarige Patient Phosphor benötigt. Dieses sind lediglich *zusätzliche Hilfsmittel* bei der *Mittelwahl*.

5.2.2.7 Körperliche Allgemeinsymptome

Diese betreffen den Menschen als Ganzes und können Züge sein, die den Patienten auch bei vollkommener Gesundheit hervorheben. Trotzdem sind Züge, die vom normalen Verhalten des Patienten abweichen, signifikanter und sollten aufgezeichnet werden. Beschwerden, die durch Baden, Nässe, Druck, Reiben, Erschütterung, Stuhlgang hervorgerufen werden, können bei der Mittelwahl nützlich sein.

A. Temperatur

Hier geht es um die Beobachtung, wie sich die Temperatur auf den Patienten als Ganzes auswirkt.

Nux vomica-Typen bsplw. sind außerordentlich frostig und hocken im Winter am Ofen. **Pulsatillapersonen** dagegen mögen heißes Wetter überhaupt nicht und fühlen sich in einer heißen, muffigen Atmosphäre unwohl, haben starkes Luftverlangen und möchten die Fenster weit offen haben, fühlen sich im Bett zu warm und werfen die Decken weg, aber fangen dann bald wieder an zu frieren und ziehen sich die Decken wieder über. Man stelle sich vor: Jemand friert und trotzdem ist ihm eine muffige Atmosphäre unangenehm (besser an frischer Luft).

Ein anderer kann Hitze im allgemeinen schlecht vertragen, aber hat dagegen eine Besserung durch lokale Anwendung derselben – z. B. **Lycopodium**, dem Wärme auf den Magen oder bei Rheumatismus hilft, aber Hitze im allgemeinen verschlimmert; **Secale**, welches Wärme bei Kopfschmerzen oder Neuralgien verlangt, aber allgemein durch Hitze verschlimmert wird oder **Phosphor**, welches Verschlimmerung durch Kälte hat, aber kalte Getränke, kalte Anwendungen oder kalte Luft bei Kopfschmerzen verlangt.

B. Wetter

Dieses Charakteristikum haben wir zwar schon unter den »Modalitäten« kennengelernt, es kann jedoch auch den Patienten in seiner Ganzheit betreffen, dann wird es ein Allgemeinsymptom. Die Fragestellung lautet: Fühlt sich der Erkrankte besser bei Feuchtigkeit, in der Kälte, bei Frost, Wind, Sturm und Gewitter oder an der See?

Bei Rheumatismus erwarten wir bsplw., daß eine Verschlimmerung durch Wetterwechsel stattfindet und zwar an den Gelenken oder den

Muskeln sowie im Gesamtbefinden des Patienten. Bleibt diese Verschlimmerung aus, so ist dies etwas Besonderes und Charakteristisches und erlaubt es, bestimmte Mittel auszuschließen. Beispiele:

Wetterwechsel beeinflußt Rheumatismus nicht

- **Dulcamara**
- **Nux moschata**
- **Phosphorus**
- **Ranunculus bulbosus**
- **Rhododendron**
- **Rhus toxicodendron**
- **Silicea**
- **Tuberculinum**

Diese Mittel kommen nicht in Betracht.

Nasses Wetter verschlimmert Rheumatismus nicht

- **Calcium carbonicum**
- **Natrium carbonicum**
- **Ruta**
- **Mercurius**
- **Natrium sulfuricum**

Diese Mittel lassen sich für diesen Fall ausschließen.

Die Abwesenheit besonderer Symptome, die ein Mittel sehr deutlich charakterisieren, läßt sich allerdings nicht dazu benutzen, ein Mittel auszuschließen. Das trifft jedoch mit einiger Sicherheit zu, wenn starke Allgemeinsymptome, die das Mittel charakterisieren, nicht vorhanden sind.

C. Schweiß

Schwitzt der Patient und wenn, dann wo – am Kopf, Fuß oder Körper? Kopfschweiß nachts mit nassem Kopfkissen läßt an **Calcium carbonicum** denken. Wundmachender Fußschweiß kann **Silicea** indizieren. Allgemeine Nachtschweiße möglicherweise **Tuberculinum**, und besonders dann, wenn sie ohne Erleichterung sind, **Mercurius**. Manchmal sind die Abfolgen bei Frost, Fieber und Schweiß signifikant.

D. Zeit

Viele Patienten scheinen eine *Verschlimmerung* ihrer Symptome zu *bestimmten Zeiten* zu erleiden. Dies kann sowohl tagsüber als auch während der Nacht auftreten. Tritt die Verschlimmerung stets zur gleichen Zeit auf, so ist dies eine spezifische Indikation, um das korrekte Mittel herauszusuchen. So können sich bsplw. Husten oder Fieber abends verschlechtern und der Patient fühlt sich allgemein zu dieser Zeit schlechter. Einige gut bekannte Verschlimmerungen:

Zeit	Mittel
01^{00}–02^{00}	**Arsenicum album**
03^{00}–04^{00}	**Kalium carbonicum**
Morgens	**Chelidonium** **Natrium muriaticum** **Nux vomica**
16^{00}–20^{00}	**Lycopodium**
Abends	**Belladonna** **Pulsatilla**

Periodische Wiederkehr von Symptomen ist möglicherweise signifikant bei Erkrankungen, bei denen periodische Beschwerden nicht charakteristisch für die Pathologie selber sind (also weniger aussagefähig bsplw. bei Malaria). »Jeden 2. Tag« läßt an **Chininum sulfuricum** oder **Lycopodium** denken; »alle zwei Wochen« an **Arsenicum album** oder **Lachesis**.

E. Lage und Körperhaltung

Diese Einflüsse als Ganzes gelten als Allgemeinsymptom. Verschlimmerung

- durch Stehen bei **Sulfur** oder **Valeriana**
- durch Knien bei **Sepia**
- durch Liegen auf der rechten Seite bei **Mercurius**
- durch Liegen auf der linken Seite bei gleichzeitiger Verschlimmerung der Kopfsysteme bei **Phosphorus**

F. Empfindlichkeiten

Der Patient gibt Empfindlichkeiten gegen Licht, Gerüche (Übelkeit beim Geruch von kochenden Speisen oder Gedanken daran) an oder wird seekrank.

G. Nahrungsmittel – Verlangen und Abneigung

Diese sind nur dann von Wert, wenn sie *sehr starke* Verlangen oder Abneigungen darstellen und nicht durch Gebote, Gewohnheit, Religion oder andere Faktoren beeinflußt werden.

Hilfreich ist gewöhnlich Verlangen nach oder Abneigung gegen *Süßigkeiten*, insbesondere *Zucker, Salz, stark gewürzte Speisen, Eier, Fett,*

Milch, Fisch. Diese muß man von Nahrungsmitteln unterscheiden, die nicht bekommen, obwohl man Verlangen danach hat.
Besonderheiten des Appetits sind mit bestimmten Mitteln verbunden. **»Natrium muriaticum-Personen«** sind sprichwörtlich hungrig, sie essen herzhaft, aber bleiben dünn. Bestimmte Mittel, insbesondere **Phosphor** und **Sulfur**, zeigen kurz vor Mittag Gefühle von Leersein, die nach etwas zu essen verlangen. **»Lycopodiummenschen«** haben sehr ausgefallene Verlangen; sie haben z. B. Hunger bald nach dem Essen, oder sie fühlen sich schon nach wenigen Bissen voll. Verlangen nach Dingen wie Kalk oder Kohle lassen an **Calcium carbonicum** denken.
Nahrungsmittelverlangen und Abneigungen variieren erheblich zwischen den Menschen. **»Lycopodiummenschen«** haben eine starke Vorliebe für heiße Mahlzeiten und Getränke. Andererseits mögen **»Phosphortypen«** stark gewürzte Speisen, kalte Mahlzeiten und sogar eiskalte Getränke. Ein Verlangen nach Salz weist stark auf **Natrium muriaticum**.
Nahrungsmittelunverträglichkeiten gibt es viele, und wenn sie bei jemandem sehr deutlich sind, so haben sie möglicherweise ihr Gegenstück bei einem oder mehreren der Mittel. Wenn man diese Züge mit anderen des Falles zusammenrechnet, so helfen alle diese persönlichen Besonderheiten dabei, das Mittel herauszufinden, das am besten paßt, weil es das Ähnlichste in mehreren Beziehungen ist.
Durst ist ein weiterer Aspekt von Wichtigkeit. Einige Mittel, insbesondere **Apis, Gelsemium** und **Pulsatilla** zeigen Durstlosigkeit in Situationen, bei denen Durst erwartet wird, z. B. bei hohem Fieber. **Natrium muriaticum**-Patienten sind gewöhnlich sehr durstig.
Verlangen nach häufigen, kleinen Schlucken Wasser weist auf **Arsenicum album** hin. Ein Verlangen nach großen Mengen in langen Intervallen auf **Bryonia**. Starker Durst mit wenig Appetit auf **Sulfur**. Ein allgemeines Besserungsgefühl oder eine Verschlimmerung durch Essen oder die Wirkung von Essen auf andere Körperteile als den Magen, z. B. eine Besserung der Gliedmaßen durch Essen **(Natrium carbonicum, Kalium bichromicum)** kann als Allgemeinsymptom klassifiziert werden.

H. Schlaf

Die Art des Schlafes, Körperhaltung im Schlaf, die Art der Träume können von Wert sein. Manche Patienten liegen stundenlang wach, andere schlafen und erwachen dann um 1 Uhr **(Arsenicum album)** oder von 3–4 Uhr **(Kalium carbonicum). »Pulsatillakinder«** schlafen oft mit den Händen über dem Kopf. Die Knie-Ellenbogen-Lage weist auf **Phosphor** oder **Medorrhinum** hin. Ein **»Lachesispatient«** kann nicht auf der linken Seite schlafen, weil dann sein Herz zu stark schlägt. Träume treten immer wieder in der gleichen Weise auf oder sind sehr deutlich –

Feuer, Tod, Flucht etc. Im Repertorium findet man dann oft Mittel, die diese hervorstechenden Symptome haben. Manche Mittel haben das Symptom »Besserung durch Schlaf« **(Phosphor, Sepia)** oder »Verschlimmerung durch Schlaf« **(Lachesis, Sulfur)** oder Verschlimmerung durch Schlafmangel **(Cocculus)**.

I. Mensesbeschwerden

Der Einfluß der Periode auf das Wohlbefinden der Patientin als Ganzes ist ein Allgemeinsymptom, z. B. schlimmer vor und gebessert durch das Auftreten der Menses, oder schlimmer während und nach der Menses. Variationen im Erscheinungsbild der Menses, im Typus der Schmerzen und Absonderungen sind besondere Symptome, aber *allgemeine Unregelmäßigkeiten, reichlicher* oder *spärlicher Fluß* können als *Allgemeinsymptome* klassifiziert werden.

Veränderungen im Sexualverlangen können von Wichtigkeit sein und zwar sowohl Erhöhung als auch Verlust der Libido, Verlangen nach Selbstbefriedigung, Impotenz oder Frigidität.

5.2.2.8 Geist- und Gemütssymptome

> Bei der Wahl des korrekten homöopathischen Mittels rangieren diese Symptome an erster Stelle.

Die Persönlichkeit des Patienten, sein Temperament und seine psychischen Züge können bis zu einem gewissen Grad durch *Beobachtung* festgestellt werden. Durch *Fragen* wird man dann noch Folgendes herausbekommen:

Furcht, Befinden in der Höhe oder in geschlossenen Räumen, Gewandtheit oder das Gegenteil, Reizbarkeit, Weinerlichkeit, Verlangen nach oder Abneigung gegen Trost oder Gesellschaft, eine Tendenz sich aufzuregen oder sehr stark durch Erwartung erregt zu werden, Empfindlichkeit gegen Geräusche, ebenso Hobbies und Interessen.

Wie immer, so ist auch hier die *Abweichung vom normalen Zustand* am wichtigsten – in welcher Art sich der Patient von seinem gewöhnlichen Zustand unterscheidet. Es gibt drei Gruppen von Geist- und Gemütssymptomen, die beim Patienten studiert werden müssen und in der Reihenfolge ihrer Wichtigkeit sind es diejenigen, die den Willen, das Verstehen und das Gedächtnis betreffen.

Der Wille

Dieser Abschnitt beinhaltet Symptome wie Streitsucht, Ärger, Reizbarkeit, Weinerlichkeit, Haß (auch auf die Angehörigen), Furchtsamkeit,

Abneigung gegen Mitleid, Neigung zu fluchen sowie Widersprüchlichkeit, Feigheit, Eifersucht, Mißtrauen, Geschwätzigkeit, Gleichgültigkeit, Traurigkeit. Beschwerden durch Ärger, Kummer, schlechte Nachrichten, Liebe, Freude, Vorwürfe oder Empfindlichkeiten, sexuelle Exzesse.

Diese Gruppe ist von höchster Wichtigkeit für die Anamnese.

Verstehen
Täuschungen, Wahnvorstellungen, Halluzinationen, Illusionen, Delirium, Verlust des Sinnes für Größenverhältnisse, Hellsichtigkeit, Stumpfheit, schwieriges oder übermäßig leichtes Verständnis, Erregung, geistiges Unvermögen, Beschwerden von geistiger Überanstrengung.

Gedächtnis
Zerstreutheit, Fehler beim Antworten, Fehler beim Sprechen und Schreiben, Sprache durcheinander.

5.2.2.9 Charakteristika im Geist- und Gemütsbereich

Heutzutage wird die Wichtigkeit des psychogenen Aspektes bei Erkrankungen immer mehr gesehen. Von Anfang an hat die Homöopathie die Bedeutung der geistigen, insbesondere der emotionalen Züge, in der Krankengeschichte hervorgehoben. Viele Mittel haben einen intimen Bezug zu hervorstechenden psychischen Symptomen.

Beispiele:
- Die äußerste Apathie und Gleichgültigkeit von **Sepia**.
- Die Eifersucht von **Lachesis**.
- Das unergründliche Selbstmordverlangen von **Aurum metallicum**.
- Die ermüdende, geschäftige Genauigkeit von **Arsenicum**.
- Die nervöse Ängstlichkeit vor einer Prüfung von **Argentum nitricum**.
- Die gemütsmäßige Instabilität von **Ignatia**.
- Die verächtliche Überheblichkeit von **Platina**.
- Die Tränenfülle und Wechselhaftigkeit von **Pulsatilla**.
- Die unerträgliche Reizbarkeit von **Chamomilla**.

Die ganze Weite der Geist- und Gemütshaltungen, Empfindungen und besonders der eigentümlichen Empfindungen, die bei den verschiedenen Mitteln aufgezeichnet wurden, geben genaue Hinweise für ihre Anwendung.
Im Laufe der Zeit und bei mehr Erfahrung wird der Arzt lernen, daß er viele Aspekte eines Patienten in bezug auf Temperament und der

Persönlichkeit nur durch Beobachtung dessen lernen kann, wie er oder sie auf die Fragen antwortet, wie er sich benimmt oder wie seine Manieren zu Hause oder im Sprechzimmer sind, ohne überhaupt spezielle Fragen stellen zu müssen. Er kann dann schon fühlen, ob das jemand ist, der aus sich heraus geht, also extrovertiert ist oder nur sehr zurückhaltende Antworten gibt. Er kann sehen, ob er zu Tränen neigt oder leicht beleidigt ist, ob er reizbar oder genau ist, und kann sich auf diese Weise ein Bild von der Persönlichkeit des Patienten bilden und von dem ausgehend, welches Mittel auf ihn passen könnte.

5.2.2.10 Sonderliche Symptome

Diese sind Symptome, die bestimmte Teile betreffen und die man vielleicht schon in der Vorgeschichte erfaßt hat. Man muß dann allerdings in bezug auf diese sonderlichen Symptome oft noch die Modalitäten erfragen, d. h. die Faktoren, die das Symptom qualifizieren, so wie es auf Seite 48 beschrieben ist.

5.2.2.11 Gewöhnliche Symptome

Symptomen dieser Art begegnen wir bei vielerlei Krankheiten und bei zahlreichen Patienten. Für die Mittelwahl sind sie zumeist wenig aussagefähig. In Verbindung mit charakteristischen Modalitäten kann jedoch auch das gewöhnliche Symptom einen gewissen Stellenwert erhalten.
Beispiele:
Frieren im Bett, vorzeitiger Harnabgang, Stuhlgang, Menses, Eßverhalten, Schwäche beim Essen, vor einem Sturm oder nach dem Stuhlgang. Das Fieberfrösteln von **Pulsatilla**, das sich in der Nähe eines Feuers noch verschlimmert, zählt hierzu. Auch die spezielle Lokalisation eines gewöhnlichen Symptoms gibt Aufschlüsse, bsplw. der scharfe Schmerz im unteren Winkel des rechten Schulterblatts, der auf **Chelidonium** hinweist.
Treten zwei gewöhnliche Erscheinungsformen parallel auf, dann werden sie gleichfalls für die Anamnese interessant. Treten Schnupfen und Polyurie zusammen auf, läßt sich an **Calcium carbonicum** denken.

5.2.2.12 Auffallende, sonderliche, ungewöhnliche und eigenheitliche Symptome nach § 153 des Organon

Mit diesen Begriffen beschreibt die homöopathische Literatur *unerklärliche Reaktionen*.
Beispiele: Asthma bessert sich durch Hinlegen; das Schlucken von Flüssigkeit macht Probleme, die Aufnahme fester Nahrung dagegen nicht; Symptome, die ausstrahlen oder in ihrer Intensität an bestimmte Zeiten gebunden sind.
Alle ungewöhnlichen Symptome, insbesondere diejenigen, die sich mit

den geltenden pathologischen Termini nicht begründen lassen, die aber dennoch individuell für den Patienten charakteristisch sind, erfüllen die Anforderungen des § 153. Symptome dieser Art *qualifizieren sich* in besonderer Weise *für die Arzneimittelwahl* und überlagern häufig andere Symptome.

5.2.2.13 Zusammenfassung

Für die Fallaufnahme chronischer Erkrankungen empfiehlt sich das nachfolgende Schema:

VORGESCHICHTE

Beschwerden und aktuelle Vorgeschichte

- Details von besonderen Symptomen, Modalitäten und Beginn, insbesondere wenn in irgendeiner Weise ungewöhnlich, eigenheitlich und sonderlich.

Zurückliegende Vorgeschichte

- Besondere Beachtung von Infektionskrankheiten, Verletzungen, Impfungen oder nicht vollständiger Wiederherstellung nach Krankheiten.

Familienvorgeschichte

- Vorkommen von Tbc, Krebs, Gefäßerkrankungen, Allergien

Soziale Vorgeschichte

- Alkohol
- Rauchen
- Wohnverhältnisse
- Ehe
- Umgebung

Körperliche Untersuchung

- Erscheinungsbild, Farbe, Benehmen
- Genaue Untersuchung der Systeme, Anordnung notwendiger Folgeuntersuchungen

HOMÖOPATHISCHE VORGESCHICHTE

Allgemeinsymptome

- Reaktionen auf Hitze, Kälte, Feuchtigkeit, Frost, Gewitter, Seeluft

- *Schweißbildung:* Lokalisation, Charakter
- *Verschlimmerung, Besserung:* Zeit, Lage

Nahrungsmittel

- *Appetit:* Besserung oder Verschlimmerung durch Essen, Verlangen und Abneigung gegenüber Nahrungsmitteln, die nicht bekommen sowie Süßigkeiten, Salz, Fett, Gewürze, scharf Gewürztes, Eier, Fisch, Zucker, Milch, Essig
- *Durst:* Heiß, kalt, viel, wenig

Schlaf

- Schlaflage, Träume
- Besser oder schlimmer durch Schlaf

Mensessymptome

- *Allgemein:* Verschlimmerung oder Besserung vor, während oder nach
- *Speziell:* Symptome der Absonderung, Reizung etc.

Geist- und Gemütssymptome

- Diese gehören zu den wichtigsten Kriterien bei der Wahl des Arzneimittels.

Wille:

- Gelassen
- Ärgerlich
- Reizbar
- Erwartungsangst
- Empfindlich
- Hartnäckig
- Grob
- Weinerlich (besser oder schlimmer durch Mitleid)
- Gesellig, zurückgezogen oder schweigsam
- Schlechte Laune
- Empfindlich gegen Geräusch

- Depressiv
- Eifersucht
- Genauigkeit
- Mißtrauen
- Schuldgefühle
- Geschwätzigkeit
- Gleichgültigkeit
- Traurigkeit

Ängste:

- Dunkelheit
- Alleinsein
- Menge
- Offene Plätze
- Höhe
- Versagen

- Gewitter
- Zukunft
- Geschlossene Räume
- Tod
- Krankheit

Beschwerden von:
- Ärger
- Ermahnung
- Schlechten Nachrichten
- Geistiger Anstrengung
- Freude
- Sexuellen Exzessen
- Zurückweisung
- Kummer
- Liebe

Verstehen:
- Täuschungen
- Schwieriges Verständnis
- Mentale Schwäche
- Wahnvorstellungen
- Halluzinationen
- Verlust des Sinnes für Proportionen

Gedächtnis:
- Abwesend
- Fehler beim Sprechen, Antworten oder Schreiben

Eigentümliche Symptome (§ 153)

In Beziehung zu Körperteilen und Organen. Diese werden bis zu einem gewissen Grade bereits in der gegenwärtigen Krankengeschichte zur Sprache gekommen sein. Dabei ist die Bedeutung der Modalitäten zu berücksichtigen.
Klassisches »*Kopf-zu-Fuß*«-Schema nach Hahnemann:
- Kopf
- Augen
- Ohren
- Nase
- Hals
- Gesicht
- Mund
- Atmung
- Magen
- Abdomen
- Rektum
- Urogenitalsystem
- Rücken
- Extremitäten
- Haut

5.2.3 Literatur

Blackie, Margery: Lebendige Homöopathie. Sonntag, München 1990

Blackie, Margery: The Patient and not the Cure.

Gawlik, Willibald: Arzneimittelbild und Persönlichkeitsportrait. Hippokrates, Stuttgart 1990

Hahnemann, Samuel: Organon der Heilkunst, Neubearb. der 6. Auflage, Haug, Heidelberg 1992

Hahnemann, Samuel: Arzneimittelbild und Persönlichkeitsportrait. Hippokrates, Stuttgart 1990

Köhler, Gerhard: Lehrbuch der Homöopathie. 2 Bände. 6. bzw. 3. Aufl. Hippokrates, Stuttgart 1994

Tyler, Margret L.: Homöopathische Arzneimittelbilder. Burgdorf, Göttingen 1993

5.3 Besonderheiten der homöopathischen Diagnose

5.3.1 Beobachtung als Hilfsmittel der Mittelwahl

Während man beim Patienten die Krankengeschichte aufnimmt, was am besten ohne jede Unterbrechung erfolgen sollte, kann man gewisse Beobachtungen machen, die einem oft die Wahl des Arzneimittels sehr erleichtern.

Körperhaltung
Ein Patient, der sehr stramm und aufgerichtet auf der Stuhlkante sitzt, läßt einen an **Arsenicum album** denken.
Einer, der sich in den Sessel fallen läßt und sich in der ganzen Länge ausstreckt, dabei sogar vergißt, den Hut abzunehmen, läßt an **Sulfur** denken.
Einer, der dasitzt und mit den Händen ringt, ist möglicherweise **Ignatia** oder **Phosphorus**.
Jemand der sich ständig bewegt, besonders die Füße, erinnert einen an **Zincum metallicum**.

Manieren
Erregung weist auf **Phosphorus** hin; Apathie auf **Sepia**; wenn offensichtlich Tränen unterdrückt werden, auf **Natrium muriaticum**; Hochmütigkeit und Geringschätzigkeit auf **Platina**.

Gesichtsfarbe
Ein hellrotes Gesicht weist auf **Belladonna** hin; rascher Farbwechsel auf **Ignatia**, Blässe der Lippen, der Ohren und Finger indiziert **Calcium carbonicum**.

Ausdruck
Ein erschrockener, panikartiger Blick weist auf **Aconitum** hin; ein verstohlener Glanz im Auge auf **Lachesis**, ein schüchterner, blöder Ausdruck deutet auf **Barium carbonicum**; eine tiefe Falte über der Nasenwurzel ist typisch für **Lycopodium**.

Haare
Trockene, glanzlose Haare lassen an mehrere Mittel denken, unter ihnen **Medorrhinum** und **Psorinum**. Glattes, gut frisiertes Haar weist auf **Arsenicum album** hin; Alopecia areata läßt an **Phosphorus** denken; auffällig rote Lippen weisen auf **Tuberculinum** hin.

Sprache
Diese ist insbesondere einer Betrachtung wert. Ein großer Redefluß, ziemlich unzusammenhängend vorgetragen, von einem Gegenstand zum

nächsten springend, weist auf **Lachesis** hin; angeberische Redeweise mit dem Anspruch, der einzige im Besitz der Wahrheit zu sein, in der Art des Clubnarren, läßt einen stark an **Sulfur** denken; Schlagfertigkeit in der Antwort, wobei vielleicht etwas Verzögerung auf der Suche nach Genauigkeit vorhanden ist, weist auf **Phosphor** hin.

Kleidung
Wenn jemand sehr sauber und modisch gekleidet ist, denkt man an **Arsenicum album**; wenn im Gegenteil einer schmutzig und ungekämmt ist, weist das eher auf **Sulfur** hin.

Geruch
Ein übler Körpergeruch läßt an **Mercurius** oder **Psorinum** denken; ein saurer Geruch der Absonderungen oder des Stuhls an **Calcium carbonicum**; ein übler leichenartiger Geruch an **Baptisia**; ein besonders fauliger Geruch an **Carbo vegetabilis** oder **Psorinum**.
Die jetzt erwähnten Mittel sind nur ein paar wenige Beispiele aus der Materia medica (siehe ebenso Seiten 57ff.).

5.3.1.1 Primäre Auswahlkriterien

Nach Aufnahme der Krankengeschichte und Untersuchung des Patienten hat der Behandler verschiedene Grundmöglichkeiten der Mittel-Verordnung:

- Ein *spezielles Mittel* (bsplw. Arnica für Unfallfolgen, Berberis bei Nierenkolik). Sonstiges Allgemeines oder Geist-Gemüthaftes des Falles wird nicht berücksichtigt.
- Ein *lokales oder Organmittel*. Dieses ist normalerweise auf der Pathologie des Falles oder auf lokale Beschwerden begründet und verlangt für seine Auswahl Modalitäten der Symptome. Gewöhnlich wird man es in niedriger Potenz 2 × täglich über längere Zeit verordnen.
- Ein *grundlegendes oder konstitutionelles Mittel*. Diese Verordnung ist das Ergebnis einer vollständigen Herstellung des Krankheitsbildes, das auf der vorher beschriebenen Fallaufnahme aufbaut.
- *Nach »Schlüsselsymptomen«*. Das Verfahren eignet sich für die stark frequentierte Praxis. Man wählt drei oder vier charakteristische, hervorstechende Symptome, die sehr deutlich mit einem Mittel übereinstimmen.

5.3.2 Konstitutionstyp, Konstitutionsmittel und grundlegendes Mittel

5.3.2.1 Begriffsklärung

Diese Ausdrücke können Anfänger in der Homöopathie verwirren und tatsächlich benutzen selbst viele erfahrene Homöopathen diese Ausdrücke in sehr unterschiedlicher Weise.

Professor DORCSI und GERHARD KÖHLER beschreiben **Konstitution** als das sowohl ererbte als auch das erworbene psychische, emotionale und intellektuelle Erscheinungsbild einer Person.
Es stellt sich durch die Art, die grundlegenden emotionellen und intellektuellen Neigungen und die Art dar, in der das Individuum auf innere und äußere Streßfaktoren reagiert. Dispositionen und Diathesen entwikkeln sich auf der Basis verschiedener Krankheitspotentiale, die in der Konstitution begründet sind. In neuerer Zeit haben einige Ärzte, insbesondere Professor EIZAYAGA begonnen, mit dem Begriff Konstitution das *normale Erscheinungsbild der Person* zu beschreiben. Sie verordnen ein **konstitutionelles Mittel** auf der Basis dieses Normalbildes, und zwar als prophylaktisches Mittel, um die Resistenz zu erhöhen.
Bei der Behandlung von Erkrankungen selbst benutzen sie das **»grundlegende« Mittel**. Dieses basiert auf dem Gesamterscheinungsbild aller Symptome, insbesondere auf Veränderungen gegenüber dem Normalzustand und beinhaltet sowohl die pathologischen Symptome als auch die Allgemein- und Geist-Gemütssymptome. In manchen Situationen ist das konstitutionelle und grundlegende Mittel ein und dasselbe, in anderen sind sie unterschiedlich. Bei chronischen Erkrankungen müssen wir deshalb noch etwas weiter über das gegenwärtige Symptomenbild hinwegschauen und die früheren Wirkungen von Vererbung, vorangegangenen Erkrankungen und Umwelteinflüssen mit einbeziehen.
Wir haben bereits darüber gesprochen, daß insbesondere bei chronischen Erkrankungen der Blick auf den ganzen Patienten – wo immer möglich – notwendig ist. Daß es nötig ist, Symptome zu suchen, die nicht nur seine jetzigen Beschwerden und den speziellen Teil seines Körpers betreffen, sondern ebenso seine allgemeinen Reaktionen auf Wetter und Nahrungsmittel, ebenso das Aufsuchen seiner Gemütssymptome. Auf diese Weise benutzen wir die *Totalität der Symptome*, um ein Mittel zu finden. In der Nachfolge von HAHNEMANN haben andere Homöopathen, insbesondere KENT in Amerika und MARGARET TYLER in England ein weitergehendes Konzept eingeführt. Es war der Gedanke, daß Menschen mit bestimmtem Körperbau, Teint oder Erscheinungsbild, mit besonderen, hervorragenden Charakteristika ihres Benehmens oder der Art sich zu geben, weiterhin mit einem bestimmten Temperament anscheinend zu bestimmten **»Polychresten«** (spezielle, häufig benutzte Mittel mit einem weiten Spektrum klinischer Symptome) Beziehung haben.
So haben sie gelernt, zusätzlich zur Aufnahme jetzt bestehender Symptome, ihre Patienten als individuelle Erscheinungsformen eines bestimmten Typus zu beobachten und zu sehen. So haben wir bereits

Bemerkungen über *Arsen-*, *Sulfur-* und *Pulsatilla-Typen* gemacht. So wurde das Mittel oft auf Grund des Patiententypus gefunden. Das kann man besonders bei BORLAND's Darstellung der Kindertypen, wie sie in Kapitel 20.2.2 beschrieben werden, feststellen. Das Konzept der **konstitutionellen Typen** ist ein Teil der homöopathischen Praxis geworden, obwohl es tatsächlich keine original-HAHNEMANN'sche Idee ist.

5.3.2.2 Von der Diagnose zum Konstitutionsmittel

Die Verordnung nach konstitutionellen Gesichtspunkten ist besonders in den frühen Stadien einer Erkrankung von Wert und insbesondere nach einer akuten Phase. Damit kann man die Widerstandskraft des Patienten festigen, seinen Gesundheitszustand bessern und ihn vor Rückfällen schützen, z. B. bei Migräne oder Asthma. Bei chronischen Erkrankungen, wo die Hauptbeschwerden pathologischer Art sind, z. B. bei schwerer Rheumaarthritis, können wir ein konstitutionelles Mittel verordnen, indem wir die gesamte Persönlichkeit des Patienten betrachten mit seinen Ängsten und Empfindungen, seinen emotionalen Reaktionen gegenüber Menschen und Umgebung und genauso seine pathologischen Symptome. Dadurch wird nicht die grundlegende Persönlichkeit des Patienten geändert, aber seine Gesundheit gebessert und gleichzeitig häufig seine Schmerzen, seine Steifigkeit und Beweglichkeit.

FOUBISTER (British Homoeopathic Journal, 1963) sagt: »Obwohl bestimmte Polychreste gute Ergebnisse erzielen, wenn man sie entsprechenden konstitutionellen Typen verabreicht, so können doch viele Patienten nicht in dieser Weise klassifiziert werden. Es gibt nur einige wenige dieser Mittel, und es ist eine Gefahr, daß Unerfahrene versuchen, Patienten in Typen einzuteilen, als Bestandteil ihrer Suche nach dem Mittel, welches die Totalität der Symptome abdecken soll. Wenn man die Totalität der Symptome wirklich deckt, kann das richtige Mittel fast immer gefunden werden. Wenn es dann passiert, daß der Patient gleichzeitig einer bekannten Gruppe oder einem Typus zugeordnet werden kann, wenn man seine Verordnung trifft, so kann dies eine zusätzliche Indikation sein, aber sie ist durchaus nicht notwendig.«

> Es ist allemal ein großes Risiko, wenn wir unsere Verordnungen auf die wenigen, gut bekannten Polychreste beschränken und dabei versäumen, die vielen anderen Mittel zu gebrauchen, bei denen ein ebenso klares Mittelbild vorliegt, die aber nicht mit irgendwelchen Typen zusammengebracht werden können.

Das konstitutionelle Bild eines Patienten ist möglicherweise die normale Persönlichkeit des Patienten, aber bei der Erkrankung kann es sich manchmal sehr ändern, und ein völlig anderes Bild liegt vor. Die Symptome und Reaktionen zur Zeit der Verordnung sind diejenigen, die uns die Mittelwahl ermöglichen, insbesondere dann, wenn sie vom normalen Befinden abweichen.

In der *konventionellen Medizin* achten wir darauf, daß die Leute einer bestimmten Gruppe zugehörig sind – *Blutgruppen, Gewebsgruppen, Somatotypen*. Bestimmte Gruppen mögen für bestimmte Krankheiten veranlagt sein und bestimmte Empfindlichkeiten besitzen. Daher besteht auch kein Grund abzulehnen, daß bestimmte Gruppen von Patienten besser auf bestimmte homöopathische Mittel ansprechen.

In jedem Fall ist unser Ziel dasselbe – nämlich eine Besserung der Gesundheit zu erzielen und das Wohlbefinden herzustellen. Um eine wirkliche Heilung bei chronischen Erkrankungen zu bewirken, braucht man diese weit- und tief-wirkenden Mittel unbedingt – ein Verschreiben nach lokalen Gesichtspunkten wird gewöhnlich nur palliativ wirken.

5.3.3 Chronische Krankheiten – die hohe Kunst der Diagnose

5.3.3.1 Aspekte der Homöopathie

Krankheiten können weitgehend in chronische und akute Krankheiten eingeteilt werden. Eine wirklich akute Erkrankung ist nicht tief sitzend und kann mit einem gut gewählten, homöopathischen Mittel vollständig geheilt werden oder sie heilt sogar dank eigener Heilkräfte des Patienten von selbst. Manche akute Erkrankungen scheinen rückfällig zu sein, und das kann daher rühren, daß es in Wirklichkeit keine akuten Krankheiten als solche sind, sondern akute Erscheinungsbilder einer darunter liegenden chronischen Erkrankung. Diese werden sich nicht nur mit einem einzigen Mittel in Ordnung bringen lassen, sondern benötigen oft mehrere Mittel nacheinander, oft ein grundlegendes Mittel, welches auf das akute gut folgt.

Chronische Krankheiten sind das Ergebnis vieler Faktoren in des Patienten Vorgeschichte, inbegriffen die vererbten Veranlagungen, ebenso der Einfluß von Erkrankungen bei Eltern oder Großeltern. Wir kennen heute die Bedeutung der genetischen Vererbung, und auch die Wirkung einer Erkrankung auf das Kind während der Schwangerschaft. HAHNEMANN hob hervor, daß viele chronische Erkrankungen auf Grund von Unterdrückungen vorangegangener Erkrankungen entstanden sind und besonders Unterdrückungen von Hauterkrankungen oder anderen oberflächlichen Leiden, die durch die lokalen Anwendungen und Medikamente nicht wirklich geheilt wurden, sondern nur unterdrückt und dadurch zu tiefer sitzenden Erkrankungen geführt haben. Viele Homöopathen sind der Überzeugung, daß ein Ekzem – mit Kortikoiden unterdrückt – Asthma hervorrufen kann, d. h. daß eine mehr oberflächliche Erkrankung durch eine tiefer sitzende ersetzt wird und daß Heilung nur dann eintreten kann, wenn eine Erkrankung wieder an die Oberfläche gebracht wird. Das ist z. B. dann der Fall, wenn der Patient sich besser fühlt, wenn ein Ausfluß oder ein Schweiß erscheint – und so ist es auch bei dem Ekzem-Asthma-Syndrom, daß nämlich das homöopathische Mittel, wenn es gut gewählt ist, das Asthma bessert und daß das Ekzem zunächst einmal schlechter wird. Die weitere Behandlung wird dann auch die Hauterscheinungen heilen. (Dies wird in Kapitel 7 als »Richtung der Heilung« beschrieben.)

Hahnemanns Psora-Lehre

Dieses Konzept einer chronischen Erkrankung als Ergebnis der Unterdrückung insbesondere von Hautleiden, nannte HAHNEMANN **»miasmatisch«**. Ist es nicht möglich, daß wir nach Jahren – sogar bis in unsere heutigen Tage – jetzt eine Legion chronischer Erkrankungen als Ergebnis bestimmter Formen der Behandlung vor uns haben? Gewiß doch, wir sehen heute eine Unmenge chronischer Erkrankungen, arterielle und Herzerkrankungen, Arthritis, Krebs und psychiatrische Fälle. Das ließe sich durchaus unserer Fähigkeit zuerkennen, daß wir akute Erkrankungen behandeln können und daß dadurch die Menschen länger leben, aber können wir dies nicht auch der Vergiftung der Nahrung, der Atmosphäre und möglicherweise bestimmten Behandlungen zuschreiben? Dies ist ein erschreckender Gedanke.
Man war auch der Überzeugung, daß chronische Erkrankungen tatsächlich von zwei Geschlechtskrankheiten herrührten, nämlich von Syphilis und Gonorrhoe, die im letzten Jahrhundert sehr weit verbreitet waren und die durch keinerlei Mittel beherrscht werden konnten, auch nicht durch die moderne Therapie. Sie haben uns ebenso eine Legion chronischer Erkrankungen hinterlassen, nicht nur das Uro-Genital-System betreffend, sondern ebenso Gelenke, Arterien, Nervensystem und psychiatrische Erkrankungen. Sie haben möglicherweise auch Vererbungsspuren hinterlassen, indem sie ein großes Feld pathologischer Erscheinungen verursachen, die man ihnen nicht klar zuordnet. Wir wissen heute durchaus, daß andere Infektionskrankheiten wie *Diphtherie, Masern, Scharlach, Tuberkulose, Thyphus, Malaria, Wochenbettfieber, Amöbiasis* ebenso wie *Pockenimpfung* zu chronischen Gesundheitsstörungen führen können.

Die Nosoden
Dieses Konzept von *Kausalfaktoren* bei chronischen Erkrankungen ist von besonderem Wert für den homöopathischen Arzt. Er hat in seiner Materia medica insbesondere Mittel für diese Art von Erkrankungen, die ihm oft helfen, einen Patienten von seiner chronischen Krankheit zu heilen.

> »Nosoden« sind Mittel, die aus Krankheitsprodukten und aus Kulturen von speziellen Organismen gewonnen werden und die durch den Prozeß der Verdünnung und Zerteilung, wie es im Kapitel 6 beschrieben wird, ihre Toxizität verloren haben und nur ihre Fähigkeit behielten, zu antidotieren und die Wiederherstellungskraft in den körperlichen Geweben anzuregen.

Die Behandlung von Allergien in der orthodoxen Medizin ähnelt diesem Verfahren. Homöopathische Zubereitungen der Allergene zu diesem Zweck sind ebenfalls vorhanden und erweisen sich als wirksam.

Schlußbemerkung
Diese Beschreibung der Fallaufnahme erscheint zunächst furchtbar schwierig für jemanden, der in der Homöopathie neu ist. Das Gesamtbild benötigt möglicherweise eine gewisse Anzahl von Sitzungen, um es ganz aufbauen zu können, aber die Kenntnis, die der Allgemeinpraktiker von der Familie und der Umgebung seines Patienten hat, wird ihm sehr dabei helfen, die Zeit, die er für die aktuelle Fallaufnahme benötigt, zu verringern. Jeder Arzt wird seine Art von Fallaufnahme modifizieren, entsprechend den Umständen und als Ergebnis seiner Erfahrung, und jeder wird zum Schluß seine eigene Methode entwickeln. Bei chronischen Erkrankungen wird sich diese sorgfältige Suche nach dem korrekten Mittel durch seine Ergebnisse rechtfertigen, die nicht so leicht durch andere Formen der Behandlung erreichbar sind.

5.4 Fallberichte

Um das Verfahren bei der Fallaufnahme ein wenig zu illustrieren, habe ich einige wenige Fallgeschichten aufgeführt, nicht, weil diese nun sehr dramatisch sind, obwohl allen Patienten, bis auf zweien, beachtlich geholfen werden konnte. Sie beschreiben die Schritte bei der Fallaufnahme und die Art von Zusammenfassung, die man machen kann, insbesondere der Allgemein- und Geist-Gemütssymptome.

Es ist interessant, daß die drei Patienten mit Dermatitis alle verschiedene Mittel notwendig machten, die auf ihren Allgemein- und Geist-Gemütssymptomen basierten.

Verwendete Zeichen:
Bei der Fallaufnahme werden die Zeichen > und < benutzt. Diese bezeichnen die Modalitäten eines Symptoms und bedeuten in der homöopathischen Literatur:

> Besser durch oder erleichtert von
< Schlimmer durch oder verschlimmert von

Beispiel:

Schmerzen erleichtert durch (>) Hitze, Druck, Bewegung.
Schmerzen schlimmer durch (<) Kälte, Druck, Ruhe.

Korrekte Mittelverordnung:
Beim Verordnen folgt dem Namen des Arzneimittels die verlangte Potenz (siehe Kapitel 6) und danach die Nummer der einzelnen Gaben wie Lycopodium 30C/3 oder Pulsatilla 10M/3.
Im deutschsprachigen Raum werden diese Bezeichnungen anders gehandhabt. Hier heißt es richtig:

Lycopodium C30
3 × täglich 5 Tropfen/Globuli
oder **Pulsatilla C10 000**
3 × täglich 1 Globulum

(Verordnungen dieser Art werden »im Ernstfall« so präzise wohl niemals getroffen werden. Anm. des Übersetzers.)

5.4.1 Fall 1: Brustschmerzen

Beschwerden
Schmerzen und Engigkeitsgefühl in der Brust seit 2 Jahren. Nervöse Symptome.

Jetzige Vorgeschichte
Vor 5 Jahren wurde die linke Brust abgenommen mit anschließender Bestrahlung, die eine gewisse Fibrose verursachte. Seit zwei Jahren Schmerzen und Engigkeitsgefühl in der Brust, < beim Aufwärtsgehen oder Treppensteigen. Dabei bestand auch Atemlosigkeit mit einem Gefühl von Flattern. Nervöse Symptome. Kann sich nicht konzentrieren, ist betrübt durch den Tod ihrer Mutter, die 2 Jahre vorher an Krebs gestorben war – sie hatte eine starke Bindung an sie. Nahm Tranquilizer und Antidepressiva bis vor 6 Monaten. Sie nimmt die Dinge hin, wenn sie sich nicht durchsetzen kann, ist müde, reizbar und weint beim Erzählen. Ruhelos, zappelig und depressiv morgens. Mag keine Gesell-

schaft und behält ihre Gefühle zurück. Von Geräuschen leicht erschreckt, fühlt sich in ihrem jetzigen Haus unglücklich.

Frühere Vorgeschichte
Appendektomie.

Familienvorgeschichte
Ehemann hat Bronchitis – neigt zu Depressionen.
Keine Familie.
Vater lebt – wohnt bei der anderen Tochter.
Mutter starb vor zwei Jahren an Krebs.

Soziale Vorgeschichte
Nichtraucher. Lebt in einer Sozialwohnung.

Homöopathische Vorgeschichte
Allgemeinsymptome: < durch Extreme von Kälte und Hitze.
Schlaf: wenig.
Appetit: mäßig.
– Verlangen: einfaches Essen, Eier, Käse, kein Durst.
– Abneigung: Sauer Eingemachtes, Fett.
Stuhlgang regelmäßig: etwas spastische Darmbeschwerden und Hämorrhoiden. Häufiges Urinieren.
Menses: Mit 40 Jahren Menopause durch Röntgenbestrahlung.
Libido verloren, was sie in Hinblick auf ihren Ehemann bekümmert.

Geist und Gemüt:
Gemütssymptome wurden bereits in der Vorgeschichte, soweit sie hervorragend waren, genannt.
Dunkelhaarige Frau von mittlerer Größe. Narbe linke Brust in Ordnung und rechte Brust normal.

Behandlung
Mit der Vorgeschichte des Kummers über den Tod ihrer Mutter, ihre Abneigung gegen Gesellschaft, dem Mitleid und ihrer Neigung zum Weinen und ihre Gefühle zurückzuhalten, war **Natrium muriaticum** indiziert.
Es bestanden keine deutlichen Nahrungsmittelverlangen oder Wetterreaktionen. Das Mittel erleichterte Brustschmerzen und Flattern und brachte ihre emotionalen Reaktionen innerhalb von vier Wochen wieder in einen normalen Zustand. Das Mittel wurde nach 2 Monaten und nochmals nach 5 Monaten wiederholt.

5.4.2 Fall 2: Colitis ulcerosa (Mann)

Herr R. M., 26 Jahre

Diagnose
Colitis ulcerosa

Jetzige Krankengeschichte
Seit mehreren Jahren Colitis ulcerosa. Vor 5 Jahren wurde ein Bariumkontrasteinlauf und eine Sigmoidoskopie vorgenommen. Sucht regelmäßig das Hospital auf. Anfallsweise Diarrhoe und Verstopfung – zur Zeit täglich 2mal Stuhlgang mit etwas Blut und Schleim. Keine starken Schmerzen, Gewicht konstant. Hat Angst, die Medikamente weg zu lassen. Hatte Einläufe mit Prednisolon, danach mit Sulfasalcine 8 × tgl., z. Zt. 4 × tgl. Codeinum phosphoricum bei durchfälligem Stuhl.

Frühere Vorgeschichte
Im Alter von 7 Jahren von einem Mann angegriffen worden (Notzucht?).
Vor zwei Jahren schwerer Autounfall.

Familienvorgeschichte
Ehefrau lebt und ist gesund; ein Sohn.
Mutter lebt und ist gesund.
Vater hat Magengeschwüre.

Soziale Vorgeschichte
Nichtraucher.
Eigenes Geschäft als Elektriker. War relativ unglücklich während seiner Lehrzeit.
Schmächtiger Mann mit blauen Augen, gesunde Gesichtsfarbe mit einer Narbe im Gesicht durch Autounfall. Zunge sauber, keine Empfindlichkeit des Bauches.

Homöopathische Vorgeschichte
Allgemeinsymptome
Liebt Wärme, aber fühlt sich in einer stickigen Atmosphäre unwohl.
Fußschweiß, ziemlich warm.
Appetit: Gut – Diät mit viel Eiweiß und wenig Ballaststoffen
– Verlangen: Süß, Fleisch, ißt Gemüse flüssig, kalte Milch.
– Abneigung: Curry, zu viel Fett.
Schlaf: Normal.

Geist und Gemüt
Ein »scheuer« Mann, ängstlich, Erwartungsangst.
In einem Wohnwagen wohnen oder sein Haus wechseln – das beküm-

mert ihn. Gelegentlich schlechte Laune – aber nicht sehr reizbar. Nicht weinerlich oder schreckhaft. Ziemlich sorgfältig.
Angst vor geschlossenen Plätzen, Höhen. Wenn er sich etwas vorgenommen hat, so möchte er es auch gerne hinter sich bringen.
Ein ängstlicher Mann mit Colitis, der Erwartungsängste hat; Verlangen nach süßer Nahrung.

Behandlung
Es wurde verordnet:

Lycopodium C30
3 × täglich

Er hatte weiterhin etwas Stuhldrang und Blut und Schleim. Es wurde ihm

Mercurius corrosivus D6
2 × täglich, 2 Monate

gegeben, danach nochmals **Lycopodium C30** im Abstand von 4 Monaten. Nach 6 Monaten war er sehr viel besser mit normalen Stühlen ohne Blut und Schleim, nur noch gelegentlich Sulfursalacin. Nach einem Jahr konnte der Patient alle Medikationen weglassen. Es ging ihm sehr gut.

5.4.3 Fall 3: Migräne

Frau, A., 40 Jahre

Erkrankung
Migräne seit 4 Jahren

Jetzige Vorgeschichte
Die Migräne begann, wenn sie unter Streß war.
Sie arbeitete im Geschäft ihres Ehemannes, pflegte ihre Schwiegermutter, die starb und ihre eigene Mutter, die krank war. Vor zwei Wochen hatte sie einen Umzug.
Die Kopfschmerzen waren in den letzten 18 Monaten schlimmer geworden, sie traten häufiger auf – jetzt fast jede Woche und dauerten 3–5 Tage.
Gelegentlich Punkte vor den Augen. Die Schmerzen setzten sich über dem linken Auge fest; sie muß sich dann hinlegen und erbricht.
Folgende Untersuchungen wurden gemacht: Röntgen des Schädels, Blutuntersuchungen etc. Nur eine leichte Anämie. Sie hatte bereits mehrere konventionelle Migränemittel genommen, die ihr bei ihren Anfällen bis zu einem gewissen Grade halfen, ihr aber nicht besonders gut bekamen. Manchmal hatte sie auch eine Injektion nötig.

Frühere Vorgeschichte
Schielen des linken Auges als Kind.

Appendektomie mit 36 Jahren.
Keine Allergien bekannt.

Familienvorgeschichte
Ehemann lebt und ist gesund.
Zwei Töchter, sind beide gesund.
Die Mutter lebt und ist gesund. Ist 72 Jahre.
Der Vater starb mit 61 – Herzinfarkt.
Der Zwillingsbruder starb an Leukämie.
Keinerlei Migräne in der Familie.

Soziale Vorgeschichte
Lebt zu Hause mit dem Ehemann und den beiden Töchtern.
Zur Zeit keine Arbeit.
Nichtraucherin.

Homöopathische Vorgeschichte
Allgemeinsymptome
Wetter o. B.
Feuchtigkeit o. B.
< überfüllte Zimmer oder extreme Hitze.
Verlangen nach frischer Luft.
Hat ungern enge Dinge am Hals.
Keine Schweißbildung.
Schlaf: Normalerweise gut. Zeitweise wacht sie um 5 Uhr mit Herzklopfen auf.
Appetit: Gut. Sie hat versucht, Käse und Schokolade wegen ihrer Migräne wegzulassen.
– Verlangen: Süßigkeiten, Schmackhaftes.
– Abneigung: Fett.
Kein Durst, Verlangen nach heißen Getränken.
Übrige Organbereiche o. B.
Menses: Regelmäßig, manchmal Rückenschmerzen am 1. Tag.

Geist und Gemüt
Gewöhnlich gefällig – Erwartungsängste, aber zur Zeit nicht so sehr. Schüchterne Person. Obwohl sie ziemlich gesellig ist, geht sie nicht viel aus. Gefühlvoll, weint leicht. Weiß nicht recht, ob sie Mitleid mag.
Teilt ihre Kümmernisse mit.
Sehr sorgfältig.
Angst vor Höhen und vor ihren Kopfschmerzen.

Behandlung
Pulsatilla war angezeigt durch ihre Abneigung gegen Hitze und warme

Räume, ihr Verlangen nach süßer Nahrung und ihrer schüchternen, gefühlvollen Persönlichkeit.
Die Patientin erhielt

Pulsatilla C30
3mal

zusammen mit **Bryonia** für die akuten Kopfschmerzen, was Besserung brachte. Sie besserte sich fortlaufend, nahm eine Ganztagsarbeit auf und hatte nie mehr schwere Kopfschmerzen. Die leichteren Kopfschmerzen nahmen nach und nach ab, und sie mußte einmal Pulsatilla nach 6 Monaten wiederholen und war danach gesund.

5.4.4 Fall 4: Heiserkeit, Kopfschmerzen

Frau M., 56 Jahre

Beschwerden
Heiserkeit, Kopfschmerzen, Druck in den Nebenhöhlen, postnasale Schleimabsonderung.

Jetzige Vorgeschichte
Sie ist eine gelernte Sängerin und ihre Stimme bleibt anhaltend heiser. Sie ist auch nervös und weinerlich seit ihr Mann vor 5 Jahren starb. Sie weint jeden Tag und hat das Gefühl eines Klumpens im Hals.
Man gab ihr Antibiotika und abschwellende Nasentropfen mit nur geringer Besserung.

Frühere Vorgeschichte
Im Alter von 13–16 hatte sie Diabetes, der durch Diät behoben wurde. Bandscheibenbeschwerden durch Manipulationen besser.

Familienvorgeschichte
2 × verheiratet. Vom ersten Ehemann geschieden. Der zweite Ehemann starb an disseminiertem Lupus erythematodes und Herzanfällen.
Eine Tochter, lebt und ist gesund – verheiratet.

Soziale Vorgeschichte
Lebt alleine. Nichtraucher.
Singt im Chor und Opernchor.
Eine dünne Frau mit leicht gerötetem Hals. Normaler Blutdruck.

Homöopathische Vorgeschichte
Allgemeinsymptome:
< große Hitze, aber ebenso < Kälte. Einige Hitzewallungen.
Appetit: Anfälle von nervösem Essen.

– Verlangen: Leckereien.
– Abneigung: Sauer Eingelegtes, Fett, Eier, Zeitweise Durst.
Etwas Sodbrennen, Verdauung regelmäßig.
Blase: Nykturie 2mal.
Menses: Hörte auf nach des Mannes Tod vor 5 Jahren.
Schlaf: Gut.

Geist und Gemüt
Normalerweise glücklich, aber jetzt weint sie fast alle Tage.
Ängstlich, bekümmert, redet ziemlich viel. Sie ist sehr gesellig – ziemlich sentimental, aber sie sagt, daß sie kein Mitleid erwartet.
Liebevoll.
Ziemlich sorgfältig. Empfindlich gegen Gerüche und Rauch.
Angst vor dem Sterben. Geräusche stören sie.
Hier haben wir eine Dame vor uns, die viel mit Schnupfen und Nebenhöhlenproblemen zu tun hat, mit Verlust ihrer Stimme. Sie ist nervös und emotional erregt seit dem Tod ihres Ehemannes, allein, liebevoll und weint häufig. Keine deutlichen Nahrungsmittelverlangen, obwohl sie leicht friert, mag sie große Wärme nicht.

Behandlung
Das Mittel der Wahl war

Pulsatilla C10 000
3 ×

Sechs Wochen später berichtet sie, daß sie sich in jeder Beziehung besser fühle. Die Atmung ist nun leichter, der Auswurf kann leichter hochgebracht werden, die Kopfschmerzen haben sich gebessert. Sie kann wieder klar singen und, obwohl sie immer noch etwas traurig ist, fühlt sie sich gemütsmäßig wesentlich gebessert.

5.4.5 Fall 5: Colitis ulcerosa (Frau)

Frau S., 44 Jahre

Diagnose
Colitis ulcerosa.

Jetzige Vorgeschichte
Seit drei Jahren Colitis ulcerosa. War vor 1½ Jahren im Krankenhaus, wo die Erkrankung diagnostiziert wurde. Sie bekam Sulfosalazin/Prednisolen-Einläufe, was 6 Monate Besserung brachte und dann zu einem Rückfall führte, mit Gewichtsverlust und Depression. Vor drei Monaten hatte sie mehr Blutungen und im letzten Monat bekam sie täglich 10 mg Prednisolon- und Kortikosteroideinläufe. Sie hatte etwas Angst, es mit

der Homöopathie zu versuchen, um zu sehen, ob sie ihre Medikation damit reduzieren könnte.

Frühere Vorgeschichte
Neigung zu Diarrhoe bei Erregung.
Vor 6 Jahren hatte sie einen Anfall von Schwäche im rechten Arm und rechten Bein, wobei man an eine mögliche MS dachte. Sie bekam Corticosteroide und besserte sich. Es besteht immer noch eine leichte Schwäche.

Familienvorgeschichte
Ehemann hat Tuberculose – sie hat viel Sorgen mit ihm.

Homöopathische Vorgeschichte
Allgemeinsymptome
Fröstelige Person mit heißen Händen und Füßen im Bett. Fuß und Handschweiß.
Appetit:
– Verlangen: Leckereien, Eier.
– Abneigung: Fett, Salz, Soßen.
Menses: Regelmäßig.

Geist und Gemüt
Gesellige Person, weinerlich, mitleidig, durch Trost gebessert.
Unordentlich, leicht erschrocken, voller Kummer, leicht erregt.
Angst vor Gewitter.
Alpträume vom Sterben.
Eine empfindliche, aus sich herausgehende Person, unordentlich, gefühlvoll. > durch Trost mit Angst vor Gewittern und Träumen. Fröstelig, Verlangen nach Leckereien, Durst nach kalten Getränken, Colitisvorgeschichte mit Blutungen.

Behandlung
Dieses Bild ließ an Phosphorus denken. Wir verordneten

Phosphorus C30
3 ×

Fortschreitende Besserung danach, graduelle Verminderung der Cortisondosis, das nach 3 Monaten vollständig weggelassen werden konnte. **Phosphorus** wurde nach 8 Monaten wiederholt. Zwei Jahre später leichter Rückfall nach Antibiotikagabe wegen einer Halsinfektion.
Verordnet wurde

Nosode Gärtner C30
3 ×

als entsprechender Darmnosode (siehe Kapitel 21.1).

Bericht drei Jahre später: Keine weiteren Rückfälle, sehr gut, keine weitere Medikation.

5.4.6 Fall 6: Hautausschlag (Mann)

Herr R., 42 Jahre

Beschwerden
Dieser Mann war ein Ingenieur, arbeitete mit synthetischen Ölen und kam wegen eines Ausschlags an Händen und Füßen, der seit 4 Monaten bestand und nach einem häuslichen Streit aufgetreten war.
Seit 9 Monaten war er arbeitslos.
Seine Handflächen und Sohlen waren mit kleinen, juckenden Blasen bedeckt, die aufbrachen und Feuchtigkeit absonderten.
Er hatte Corticosteroidsalben und Diazepam genommen.

Frühere Vorgeschichte
Nihil.

Familienvorgeschichte
Die Frau ist in psychiatrischer Behandlung. Sie hatte Schulden gemacht. Eine Tochter.

Soziale Vorgeschichte
Raucht 40 Zigaretten pro Tag. Trinkt etwas Bier. Spielt Tennis und Badminton.

Homöopathische Vorgeschichte
Allgemeinsymptome:
> Wärme. < Kälte.
Appetit: Gut.
– Verlangen: Sauer Eingelegtes. Salz, Süßigkeiten, etwas Fett, Käse, Eier.
Schlaf: Gut.
Übrige Systeme: Nihil.

Geist und Gemüt
Sorgen.
Reizbar – aber es dauert lange, bis er einen Wutanfall bekommt. Gewissenhaft, Erwartungsangst.
Sorgfältig und genau. Ist gerne beschäftigt, ist frustriert, wenn er nicht arbeiten kann.
Kann auch durchaus Gefühle haben.
Ein großer, grauhaariger Mann.
Ein frostiger Patient, der gutschmeckende, salzige Nahrung mag, der sorgfältig in seinen Gewohnheiten ist, aber reizbar und frustriert.

Behandlung
Es wurde verordnet

Nux vomica C30

Nach 10 Tagen waren seine Fußsohlen und Handflächen gebessert und weniger feucht und juckten nicht mehr so. Er schaffte es, wieder Arbeit zu bekommen.
Nach ungefähr einem Monat waren seine Hände fast vollständig in Ordnung und er hatte mit einer kirchlichen Arbeit begonnen.

5.4.7 Fall 7: Hautausschlag (Frau)

Frau E., 60 Jahre

Beschwerden, jetzige Vorgeschichte
Trockene, rissige Hautausschläge an beiden Händen und Handgelenken sowie Flecken an den Händen seit mehreren Jahren.
Schnupfen mit verstopfter Nase und Geruchsverlust.
Nervös, erregbar und weinerlich.
Pflegte ihre Schwiegermutter acht Jahre lang. Sie starb letztes Jahr und sie vermißt sie. Sie vermißt ebenso ihren Job als Theater-Sanitäterin.

Frühere Vorgeschichte
Schnupfen und Niesen nach Aufenthalt in USA.

Familienvorgeschichte
Ehemann lebt und ist gesund.
Zwei Kinder, sind beide verheiratet. Sie hatte hohen Blutdruck während der zweiten Schwangerschaft.
Die Mutter hatte eine Schilddrüsenoperation – sie starb an Pneumonie mit 82.
Der Vater starb am Schlaganfall mit 79.

Soziale Vorgeschichte
Lebt mit ihrem Ehemann.
Raucht 20 Zigaretten pro Tag.

Homöopathische Vorgeschichte
Allgemeinsymptome
< Wärme. > Kälte.
Appetit: Gut.
– Verlangen: Leckereien, Salz.
– Abneigungen: Süßigkeiten, sauer Eingelegtes.
Durst auf Wasser und Kaffee.
Stuhlgang regelmäßig
Schnupfen und Niesen.

Rückenschmerzen von einer Bandscheibe – zur Zeit gebessert.
Menses: Menopause mit 52 Jahren
Schlaf: Erwacht früh – kann schlecht aufstehen.

Geist und Gemüt
Nervös, leicht erschreckt, Erwartungsängste.
Weinerlich – < durch Mitleid.
Normalerweise mag sie Menschen, aber momentan kann man sie nicht dazu bringen, in Geschäfte zu gehen.
Reizbar, aber eher ruhelos und ungeduldig. Durchschnittlich ordentlich.
Keine Ängste.
Sie hatte ihre Schwiegermutter jahrelang gepflegt, und sie empfand sie als sehr fordernd, worüber sie sich ärgerte, obwohl dieses im Moment nicht so schlimm ist.
Eine hellhaarige, dicke, ziemlich übergewichtige Dame mit leichtem Zittern. Keine Schilddrüsenvergrößerung.
RR 220/115
Trockene Hautausschläge an Händen, Handgelenken und am Rücken, verdickte Nägel.

Behandlung
Bei der Vorgeschichte mit etwas Ärger, Nervosität, erschreckt durch Geräusche, Weinen, < durch Mitleid, zusammen mit < Hitze, nach Salz und einem Hautausschlag möglicherweise nervösen Ursprungs, wurde

Natrium muriaticum C30

gegeben.
Das Mittel half ihr im Gefühlsbereich, ihr RR sank in den nächsten paar Monaten auf 170/90 und die Hände heilten vollständig innerhalb von drei Monaten ab. Sie hat dann noch einige andere Mittel wegen Rheumatismus und anderer Beschwerden bekommen, aber ihre Hände blieben in Ordnung.

5.4.8 Fall 8: Hautausschlag (Jugendlicher)

Peter, 16 Jahre

Beschwerden
Der junge Mann hatte einen feuchten, juckenden Hautausschlag an beiden Händen, der schon drei Jahre dauerte. Vor ungefähr zwei Jahren hatte die Mutter die Familie verlassen und seine Haut wurde schlimmer. Er hatte Corticoidsalben verwendet, die nur vorübergehend halfen.

Frühere Vorgeschichte
Beinoperation.
Zeitweise etwas Asthma – Allergie gegen Katzen, Erdbeeren und Öl.

Homöopathische Vorgeschichte
Allgemeinsymptome
Mag Wärme gern aber hat keine deutliche Hitze-, Kälte- oder Wetterverschlimmerung.
Appetit: Gut.
– Verlangen: Die meisten Nahrungsmittel, Süßigkeiten, Fett, Milch.
Stuhlgang normal
Schlaf gut.

Geist und Gemüt
Recht gesellig. Neigung zu Traurigkeit, ist etwas gefühlvoll und hat Angst vor der Dunkelheit. Nicht reizbar.
Relativ unordentlich. Künstlerisch, malt gerne.

Behandlung
Aufgrund der Hautausschläge, Verlangen nach Fett und süßer Nahrung und seinem geselligen, unordentlichen Wesen wurde ihm

Sulfur C12
und dann
Sulfur C30

verschrieben.
Die Haut besserte sich bereits nach der ersten Gabe und ein leichter Rückfall wurde dann auf eine C30-Gabe gebessert.

5.4.9 Fall 9: Husten und Erkältung

Mark, 3½ Jahre

Beschwerden
Ein typischer, ambulanter Kinderfall ist dieser Junge mit immer wieder auftretendem Husten und Erkältungskrankheiten.
Er hat immer wieder Husten und Erkältungen seit seiner Babyzeit, siebenmal im Winter. Zunächst bekam er immer einen Schnupfen und dann einen Husten, trocken und schmerzhaft, danach Fieber, und bekam dann gewöhnlich Antibiotika und das so oft, daß sein Arzt und die Mutter sich darüber Sorgen machten.

Frühere Vorgeschichte
Kein Ekzem oder andere Erkrankungen.

Familienvorgeschichte
Nihil.
Ein hellhaariger Junge mit großen Pupillen.

Homöopathische Vorgeschichte
Allgemeinsymptome
Warmer Typ.
Appetit:
– Verlangen: Süß, Käse, Soße, Butter.
Durst auf Wasser.

Geist und Gemüt
Ein geselliger, ziemlich wilder Junge mit launischen Anfällen.

Behandlung
Ein warmes, geselliges Kind mit Durst und Verlangen nach gut schmeckendem Essen, Süßigkeiten und Butter verlangt nach Sulfur. Das wurde als

Sulfur C30

gegeben.
Danach besserte sich seine ganze Gesundheit außerordentlich. Erkältungen und Husten verschwanden.

5.4.10 Fall 10: Bronchitis

Grace, 7 Jahre

Beschwerden
Eine Bronchitis alle 6 Wochen während der letzten 9 Monate, der letzte Anfall war vor 2 Wochen. Viel Antibiotika.

Frühere Vorgeschichte
Immer wieder auftretende, pfeifende Atmung seit dem 9. Lebensmonat. Vor zwei Jahren akutes Asthma – wurde in der Allergieklinik behandelt und man fand Empfindlichkeit gegen Gras, Pollen und Hausstaub, aber nicht gegen Tiere. Es wurden Injektionen gegeben mit leichter Besserung. Die Anfälle beginnen mit Schnupfen, danach Niesen, dann Halsweh, dann pfeifende Atmung und dann Husten mit grünem Sputum. Keine Änderung an der See.

Familienvorgeschichte
Mutter und Vater gesund.
Großvater hatte Asthma.
Ein blondes, schlankes Mädchen mit langen Augenwimpern und dunkelblauen Augen. Kleine Tonsillen, keine Drüsenschwellungen. Lungenuntersuchung o. B.

Homöopathische Vorgeschichte
Allgemeinsymptome
Unverträglichkeit von Wärme; Nacken- und Fußschweiß.

Appetit:
– Verlangen: Zwiebeln, Käse, Eier.
Ziemlich viel *Durst* auf kalte Milch oder kaltes Wasser.

Geist und Gemüt
Gut erzogenes Mädchen, schüchtern, aber hat Freunde.
Freundlich. Weinerlich, wenn sie krank ist.
Ein bißchen dickköpfig, aber nicht ängstlich.

Behandlung
Das Bild, das sie bietet, ähnelt Phosphor oder Pulsatilla, aber im Hinblick darauf, daß sie durch Hitze verschlimmert wurde und ziemlich weinerlich ist, wurde ihr

Pulsatilla C30

gegeben.
Sechs Wochen später berichtete die Mutter, daß sie auf die Mittelgabe einen Haufen gelben Schleims hochgehustet habe und es ihr danach wesentlich besser ging. Sie aß gut und hatte nie mehr Erkältungen.

5.4.11 Problemfall einer Diarrhoe

Abgesehen von offensichtlich unheilbaren Krankheiten, wo die meisten lediglich eine Linderung erwarten können und eine leichte Besserung der Symptome, gibt es einige Patienten, bei denen jegliche Form von Behandlung erfolglos ist, und das ist die große Gruppe von *neurotischen Patienten*, deren Symptome ständig wechseln. Es gibt auch einige Patienten, die auch nach homöopathischen Mitteln keine Besserung zeigen, obwohl man nach gut gewählten Symptomen verordnet hat. Manche scheinen tatsächlich auf Homöopathie nicht anzusprechen. Manchmal hat aber auch der Arzt nicht das richtige Mittel oder die richtige Potenz gewählt oder er hat nicht die wirklich relevanten Symptome gefunden, und das führt dann zu enttäuschenden Ergebnissen. Die Kunst der Anamneseerhebung und der Gewichtung der Symptome ist keineswegs einfach.
Manche Ärzte scheinen dafür eine intuitive Gabe zu haben.
Es folgen jetzt zwei Fallgeschichten, wo anscheinend gut indizierte Mittel nicht geholfen haben. Diese Erfahrung sollte nicht dahin führen, daß der Arzt es aufgibt. Er sollte eher angeregt werden, noch mehr zu leisten, den Fall immer wieder zu studieren oder ihn noch einmal ganz frisch aufzunehmen.

Frl. D., 43 Jahre

Beschwerden
Diarrhoe 2-3mal täglich alle drei Wochen seit dem 16. Lebensjahr.

Jetzige Vorgeschichte
Periodisch auftretende Anfälle von kolikartigen Schmerzen, denen Durchfall folgt, mit brennendem, gelbem Schleim von einem Tag Dauer alle zwei bis drei Wochen. Ebenso Schmerzen im Epigastrium mit Sodbrennen und saurem Aufstoßen, gewöhnlich durch Essen gebessert und < bei leerem Magen, > durch warme Getränke. < vor der Menses. Sinusitis und gelegentlich Migräne. MDP vor 10 Jahren zeigte leichte Zwölffingerdarmreizung, aber Kolonkontraströntgen war negativ. Behandlung mit Propanthelinbromid, Antazida, Chlordiazepoxid. Neigung zu Reisekrankheit.

Frühere Vorgeschichte
Lungentuberkulose mit Kaverne mit 23 Jahren mit Chemotherapie und Phrenikusdurchtrennung.
Vor 18 Jahren Laparotomie mit Appendektomie, aber keine Abdominaltuberkulose.

Familienvorgeschichte
Mutter Arthritis, 83.
Vater 92, im psychogeriatrischen Krankenhaus.
Zwei Brüder gestorben, der eine an Tuberkulose.

Soziale Vorgeschichte
Lebt bei ihren Eltern.
Arbeitet als Krankenschwester.
Nichtraucherin.

Homöopathische Vorgeschichte
Allgemeinsymptome
> durch Wärme, friert gewöhnlich. Hände und Füße sind kalt.
Magen: Wenig Appetit. Verlangen nach gewürzten Speisen, aber < durch Gebratenes, durch schwere Speisen, Süßigkeiten und Früchte.
Schlaf: Gut. Lebhafte Träume.
Nase: Sinusitis, grüner Katarrh.
Menses: Regelmäßig, aber spärlich, Dysmenorrhoe, ziemlich schlimm vor und während der ersten zwei Tage der Periode.

Geist und Gemüt
Gesellig. > durch Gesellschaft, verlangt nach Zuwendung.
Etwas reizbar.
Nicht sehr traurig oder ängstlich.
Empfindlich, aber weint zur Zeit nicht viel.
Keine Ängste.
Ziemlich ordentlich. Liebt Musik.

Sie hat keinen besonderen Streß, außer dem bei der Arbeit und mit ihrem alten Vater. Sie hatte keine unglückliche Liebe und scheint nicht besonders ängstlich zu sein. Röntgenuntersuchung des Darmes zeigt ein ziemlich glattes Colon descendens mit fehlenden Haustrierungen. Kein Verdacht auf Neoplasma. MDP zeigt teilweise Volvulus des Magens, aber sonst keine Abnormitäten in Duodenum oder Dünndarm.

Behandlung
Während der letzten 15 Monate wurde diese Dame regelmäßig in monatlichen Intervallen untersucht und bekam eine ganze Reihe von Mitteln. Zur Zeit scheint es ihr etwas besser zu gehen. Sie sieht besser aus und hat keinen Gewichtsverlust mehr, aber weiterhin Magenschmerzen und kolikartige Anfälle mit brennenden, gelben Stühlen, zwei bis drei Tage lang, alle drei Wochen.
Mittel, die gegeben wurden:
Tuberculinum bovinum, Graphites, Nosode Gärtner, Phosphorus, Sulfur, Nux vomica, Aloe in C30 und ebenso niedrige Potenzen von **Podophyllum, Mercurius corrosivus** und **Colocynthis** für die Koliken.
Sie bekam auch Kleie und eine milch- und weizenfreie Diät.

5.4.12 Problemfall einer Psoriasis

Charles, 8 Jahre

Beschwerden
Psoriasis seit dem 3. Lebensjahr

Jetzige Vorgeschichte
Die Psoriasis begann am Skrotum und bedeckte dann große Teile des Körpers, der Arme, der Beine, der Kopfhaut oberhalb der Ohren. Große schuppige Plaques, juckend und trocken; die Kopfhaut hat eine dicke Schuppenschicht. Er war im Krankenhaus und bekam extensive lokale Anwendungen, meistens Corticosteroidsalben, die vorübergehend halfen. Sonst bessert es sich gewöhnlich an der See und an der Sonne. < nach Windpocken.

Frühere Vorgeschichte
Masern, Windpocken, Mumps, Impfungen mit Dreifach- und Polioimpfstoff ohne Beschwerden.
Pneumonie mit 2 Jahren.
Tonsillektomie mit 6 Jahren.

Familienvorgeschichte
Mutter: Hat Migräne
Vater: gesund

Zwei Brüder und eine Schwester sind gesund.
Zwei seiner Onkel hatten Psoriasis.

Soziale Vorgeschichte
Mittelklassenfamilie, keine finanziellen Probleme. Der Vater scheint sehr übermächtig und stark.
Ein dunkelhaariger schlanker Junge, mit verstopfter Nase und Warzen an den Händen.

Homöopathische Vorgeschichte
Allgemeinsymptome
Warmes Kind. Schweiß an Kopf und Füßen.
Appetit: Gut. Er ißt viel, aber bleibt dünn.
– Verlangen: Süß, schmackhafte Speisen, Soße, Eier, Milch, Salz.
– Abneigung: Fett.
Stuhlgang regelmäßig.

Geist und Gemüt
Gesellig, heller Junge; liebt ältere Leute.
Nicht sehr auffällig; manchmal Launen; leicht gelangweilt. In der Schule stört er manchmal und schwatzt.
Keine Ängste, nicht sehr sauber, nicht weinerlich.
Liebt Wechsel und neue Dinge.
Mittel, die gegeben wurden:
Tuberculinum C30 brachte leichte Besserung und die Warzen verschwanden rasch.
Seine Haut schien ziemlich besser zu werden, besonders die Beine, und zwar nach Sulfur und Phosphorus. Sehr deutliche Besserung nach **Nosode Morgan Co C30**.
Die Nase blieb ziemlich verstopft, und Bacillinum und Thuja wurden ohne Wirkung gegeben. Die Kopfhaut blieb schlecht. **Sulfur** und dann **Morgan Co** und **Graphites** wurden wiederholt, alles in der **C30**. Einzeldosen in monatlichen Abständen.
Die Haut wurde dann stetig schlechter und er wurde wieder im Krankenhaus behandelt.
Er wurde depressiv, schwierig in der Schule, ruhelos und rebellisch. Medorrhinum, Sulfur und Staphisagria wurden versucht. Er ging dann nach Israel in eine Spezialklinik mit Bädern im toten Meer und Einreibungen der Kopfhaut mit Salz, was ihm eine gewisse Besserung brachte.

Behandlung
Nach seiner Rückkehr wurde ihm im Hinblick auf die Besserung durch Salz **Natrium muriaticum** gegeben. Danach war er zwar etwas glücklicher, aber die Haut blieb sein Problem.

Hauterkrankungen, die sich an der See bessern, reagieren oft gut auf **Medorrhinum**, aber dieses Mittel half hier nicht. Möglicherweise wurden die Mittel auch zu oft gewechselt, obwohl immer 4–6 Wochen Zwischenraum vorhanden war. Möglicherweise waren auch die Potenzen nicht die richtigen. Man hat schon Fälle von Psoriasis gesehen, die sich sehr deutlich durch Homöopathie gebessert haben und manche sogar vollständig geheilt wurden. Bei manchen Patienten wirken anscheinend gut indizierte Mittel überhaupt nicht. Eine rätselhafte Erkrankung!

6. Die Herstellung homöopathischer Arzneimittel

6.1 Allgemeine Vorschriften

Homöopathische Mittel können aus jeder Substanz hergestellt werden, die entweder eine toxische Wirkung auf den Körper hat oder die in ihm eine Reaktion hervorruft. Mittel werden aus Pflanzen, Salzen, Metallen, Schlangen- und Spinnengiften und sogar aus synthetischen Medikamenten hergestellt, ebenso aus Krankheitsgeweben und -produkten (Nosoden).

Die Technik, die der homöopathische Apotheker anwendet, wird mit großer Genauigkeit in HAHNEMANNS »Reiner Arzneimittellehre« und in seinen »Chronischen Krankheiten« beschrieben. In Deutschland ist das *Homöopathische Arzneibuch* (HAB) maßgeblich für die industrielle Herstellung homöopathischer Arzneimittel. Allerdings hat es kritische Stimmen gegeben, die nachgewiesen haben, daß die Vorschriften des HAB von denen HAHNEMANNS abweichen, indem Konzessionen an die industrielle Herstellung gemacht wurden. Deshalb sind einzelne Hersteller dazu übergegangen, ihre Arzneimittel genau nach HAHNEMANNS Vorschriften herzustellen.

Im Falle unlöslicher Substanzen wird ein Teil der Substanz und neun oder 99 Teile eines neutralen Mediums, nämlich Milchzucker, in einem Mörser trituriert, gewöhnlich in drei verschiedenen Portionen. Ein Teil dieser Trituration wird erneut mit neun oder 99 Teilen Milchzucker trituriert. Nach drei aufeinander folgenden Triturationen kann dieses Material mit einem flüssigen Medium aufgelöst werden und danach ist die Technik die gleiche, wie weiter unten für die Tinkturen beschrieben.

(In HAHNEMANNS ursprünglicher Vorschrift hat er nach seinen letzten Angaben vorgeschrieben, daß alle Mittel, auch diejenigen, die ohne weiteres in Dilutionen produzierbar sind, zunächst einmal über die ersten drei Stadien hin mit Milchzucker trituriert werden müssen, bevor man von ihnen Dilutionen anfertigt. Dieses Vorgehen erscheint insofern von großer Wichtigkeit, als die von ihm zuletzt entwickelten LM-Potenzen alle in dieser Weise hergestellt werden müssen.)

Homöopathische Mittel können wir sowohl in der Urtinktur verwenden als auch verdünnt, sowohl für lokale, als auch für orale Medikation. Andererseits können sie auch durch die Technik der *fortlaufenden Dilution* und *Verschüttelung* hergestellt werden. Diese Lösungen sind als *»Potenzen«* bekannt und zwar wegen der offensichtlichen Zunahme der Heilwirkung mit fortschreitender Potenzierung.

6.2 Homöopathische Potenzen

Es gibt zwei Arten der Potenzierung: Die *Dezimalskala* (im Verhältnis 1/10) wird als **D-Potenzen** (im Englischen X) und die *Centesimalskala* (im Verhältnis 1/100) wird als **C-Potenzen** bezeichnet.

Im englischen Sprachraum bedeutet eine Potenz, die nur mit einer Nummer bezeichnet ist, eine C-Potenz. Ebenso wie in der allgemeinen Literatur kann der Leser auch in diesem Buch beide Zubereitungen vorfinden.

Eine weitere Form sehr hoher Potenzierungen, die **»M«-Potenzen**, werden jedesmal 1/1000 verdünnt. Sie sind vorwiegend in den USA im Gebrauch.

Die ausgezogenen Urtinkturen der frisch geernteten Pflanze werden in 40%igem Alkohol aufgelöst. Danach verdünnt man in den oben genannten zwei Verdünnungsstufen 1/9 Tropfen oder 1/99 Tropfen.
Die Flüssigkeit wird zehnmal in einer verschlossenen Flasche geschüttelt, die zu ⅔ gefüllt ist, d. h. dem Prozeß unterworfen, der als *Verschüttelung* bezeichnet wird. Dann wird eine besondere Pipette und auch ein neues Glas bei jeder erneuten Verschüttelung gebraucht und somit jede Stufe erneut verdünnt und verschüttelt. Es ist wichtig, sich klar zu machen, daß die homöopathische Potenz nicht nur eine immer weiter verdünnte Lösung ist, sondern sie wird durch diese sehr rigide Prozedur der aufeinander folgenden Verdünnungen und Verschüttelungen hergestellt.
HAHNEMANN hat in der 6. Auflage seines »Organon« die Herstellung der **LM-** oder auch **Q-Potenzen** beschrieben. Dabei wird von einer Trituration der frisch geernteten Pflanze mit Milchzucker wie bei den festen Substanzen ausgegangen. Das ist auch für die Herstellung der C-Potenzen verbindlich, wenn man sich auf HAHNEMANN berufen will. Deshalb sollte man beim Bezug von industriell hergestellten Potenzen diejenigen bevorzugen, die sich streng nach dieser HAHNEMANN'schen Vorschrift richten.

Man stellt sich heute vor, daß durch diese Technik der physische Zustand der Lösung in der Art verändert wird, daß die Spezifität der Originalsubstanz auch bei den höheren Graden der Potenzierung erhalten bleibt. Es ist wahrscheinlich, daß nach den Gesetzen der chemischen Physik in Potenzen, die höher als C12 sind, tatsächlich kein einziges Molekül der Substanz mehr enthalten ist. Aber in der Praxis zeigt es sich, daß diese hohen Potenzen *ebenso wirksam* sind.
Wir wissen nicht warum und wie der Potenzierungsprozeß funktioniert. Wir diskutieren dieses Thema im Kapitel 8 (Forschung).
Nur bestimmte Potenzstufen werden in der Praxis benutzt.

Die häufigsten Potenzen sind D1, D3, D6, D12, C6, C12, C30, C200, C1000 (1M), C10 000 (10M), C50 000 (50M), C100 000 (CM). Die Mittel sind als Dilutionen, Tabletten oder Globuli erhältlich.

Globuli werden aus 100% Rohrzucker hergestellt, die mit der entsprechenden flüssigen Potenz geimpft werden. Tabletten enthalten 20% Zucker in Form von Milchzucker als Basis.
Homöopathische Medikamente sind in Deutschland von verschiedenen Firmen erhältlich. Auch jeder Apotheker ist in der Lage, homöopathische Mittel herzustellen. Die Selbstherstellung durch einen Apotheker wird heute im wesentlichen nicht erfolgen, da es für ihn wirtschaftlich untragbar ist, einzelne Potenzen auf Anforderung herzustellen – falls er es vorschriftsmäßig macht. Aus diesem Grund wird er im allgemeinen auf die industriell hergestellten Präparate zurückgreifen. Es gibt allerdings einige Apotheker, die sich auf die Herstellung von Einzelpotenzen spezialisiert haben. Die Adressen von Apothekern, auf die man sich verlassen kann, werden im allgemeinen unter der Hand gehandelt. Inzwischen ist es auch möglich, die Herstellungen aus anderen EU-Staaten zu beziehen.

7. Prinzipien der Verordnung und Anwendung homöopathischer Arzneimittel

7.1 Die Verordnung

7.1.1 Das ähnliche Mittel

Zwei Dinge sind für die erfolgreiche Wahl des ähnlichen Mittels entscheidend:

- Ein klares Bild der Krankheit des Patienten.
- Die verständnisvolle Kenntnis der Materia medica.

Es wurde bereits darauf hingewiesen, daß die Symptome, die für den Patienten als Individuum *charakteristisch* sind, und zwar im Hinblick auf seine Reaktion auf die verursachenden Faktoren seiner Erkrankung, die die größte Rolle bei der Herstellung des Bildes der Krankheit spielen.
Die *Modalitäten* der sonderlichen Symptome sind bei ihrer Auswertung ausschlaggebend. Vor allem muß man den gesamten Patienten betrachten, was seine körperlichen Züge, seine allgemeinen Reaktionen, seine Gemüts- und Temperamentseigenschaften angeht.
Nachdem man das vollständige Krankheitsbild des Patienten hergestellt hat, muß man in die *Materia medica* gehen, um das Mittel zu finden, welches ein ähnliches Bild in seinen Prüfungen und seiner Toxikologie – so ähnlich wie möglich – aufzeigt. Die Wertigkeit der Geist-Gemüt- und Allgemeinsymptome des Patienten sollten im Arzneimittelbild genauso hochwertig vorhanden sein, wenn man eine korrekte Verordnung treffen will.
Viele Homöopathen haben ihre eigene Methode, um das passende Mittel herauszufinden. Bei einer guten Kenntnis der Materia medica ist es möglich, das indizierte Mittel bereits deutlich zu sehen, nachdem man den Fall aufgenommen hat, ohne daß man überhaupt Bücher zu Hilfe nehmen muß. Es ist vernünftig, die Hauptsymptome und ihre Modalitäten aufzuschreiben und jedes ungewöhnliche, eigenheitliche und sonderliche Symptom zu notieren. Danach sollte man sich den Patienten nochmals als Ganzes ansehen, wie es im Kapitel »Fallaufnahme« beschrieben ist, indem man sich das Erscheinungsbild, die Allgemein-, Geist- und Gemütssymptome vor Augen führt.
Man muß dann aus diesen *Hauptsymptomen* diejenigen aussuchen, *die man nicht weglassen kann*, weil sie so eindeutig sind. Danach nimmt man eines der Repertorien, die im Kapitel 4 genannt sind, zur Hand. Das

Repertorium von Kent ist dasjenige, das am meisten benutzt wird, und man sucht dann die Mittel heraus, die die meisten der aufgelisteten Symptome enthalten. Dann schaut man erneut in die Materia medica dieser paar Mittel, um seine Wahl zu treffen. Man kann bestimmten Mitteln Punkte geben, drei, zwei oder eins, abhängig von ihrer Gewichtung im Repertorium, kann sie dann zusammenzählen und sucht eines mit den *meisten Punkten* heraus.
Aus den vorangegangenen Kapiteln wissen wir, daß man *Arzneimittel* auswählen und nutzen kann, die eine besondere Beziehung zu *bestimmten Organen* und *Systemen* erkennen lassen. Im Teil II werden sich zahlreiche nützliche Hinweise zu diesem Thema finden.
Es gibt erhebliche Meinungsverschiedenheiten unter den Homöopathen, ob man hohe oder niedrige Potenzen benutzen soll. Hier muß man im Laufe der Zeit seine persönliche Wahl treffen und seine Erfahrungen machen. Sowohl mit Hoch- als auch Niedrigpotenzen sind Erfolge erzielt worden.

7.1.2 Das Einzelmittel

Das Konzept, daß das Mittel als ein Reiz auf die Körpergewebe wirkt und daß seine Wahl auf den Ergebnissen, die in der Materia medica aufgezeichnet sind beruht, erfordert es, daß man immer nur ein *einzelnes Mittel* nehmen soll, *wo immer möglich*. Gelegentlich gibt man eine Hochpotenz eines Mittels, dem man eine niedrige Potenz eines Mittels mit mehr lokaler Gewebeaffinität folgen läßt. Dieses Thema wird noch weiter diskutiert unter »Anwendung des Mittels« (weiter unten).
Die Anwendung von Einzelmitteln beruht auf den Ansichten von Hahnemann und Kent (Amerika) und wird hauptsächlich in Großbritannien, in USA und Südamerika benutzt. In vielen anderen Ländern, insbesondere in Frankreich und Deutschland, wird von vielen Ärzten eine Art von Polypharmazie angewandt (womit der Autor recht hat! Anmerk. d. Übers.). Bei dieser Methode werden mehrere Mittel in einer Zubereitung kombiniert und diese werden hauptsächlich auf pathologische Indikationen hin verordnet, offensichtlich mit deutlichem Erfolg (was durch die Erfahrung häufig nicht bestätigt wird! Anmerk. d. Übers.).

7.1.3 Die Einzeldosis

Wenn man wiederum davon ausgeht, daß das Mittel eine Art »Trigger«-Effekt auf die natürliche Reaktion des Körpers ausübt, so führt diese Ansicht dazu, daß man einzelne Dosen geben soll und zwar den *kleinsten Reiz*, der notwendig ist.

Bei chronischen Erkrankungen wird gewöhnlich im 4stündigen Abstand eine Hochpotenz C30 oder C10 000 in drei Dosen verabreicht.

Die Wirkung dieser Dosierung kann mehrere Wochen anhalten, manchmal sogar zwei bis drei Monate lang. Solange die Besserung anhält, sollte man die Dosis nicht wiederholen. Auf der anderen Seite gibt es aber neuerdings Beobachtungen, die bei chronischen Erkrankungen empfehlen, daß man das Mittel auch in der 30. Potenz täglich oder wöchentlich mit gutem Erfolg wiederholen kann. (Diese Art von Dosierung wird bei bereits sehr weit fortgeschrittenen Erkrankungen im organischen Bereich besonders von der indischen Schule empfohlen. Diese Art der Wiederholung von Hochpotenzen hat R. Sankaran in seinem Artikel »The repetition of the dose«, erschienen in der Zeitschrift »Homoeopathic Links« 4/93, beschrieben.)
Bei akuten Erkrankungen wird sich der Reiz einer Dosis rasch erschöpfen und eine weitere Dosis wird notwendig sein, wobei die Häufigkeit der Wiederholung von der Heftigkeit der Erkrankung abhängt, so daß man gewöhnlich in 2stündlichen Intervallen beginnt, und danach zu 4stündlichen Gaben übergeht.
Bei sehr schweren Erkrankungszuständen können auch Mittel wie **Carbo vegetabilis** oder **Arsenicum album** in 5minütigem Abstand wiederholt werden. (Diese rasche Wiederholung von Hochpotenzen bei hochakuten Erkrankungen kann vom Übersetzer nur bestätigt werden. Will man z. B. eine akute Meningitis, Appendizitis oder ähnliche Erkrankungen homöopathisch behandeln, so bleibt einem gar nichts anderes übrig, als mit hohen Potenzen in rascher Wiederholung zu arbeiten, da man sehr rasch sehen muß, ob die homöopathische Medikation zum Ziel führt! Anmerkung d. Übers.)

7.1.4 Die homöopathische Erstverschlimmerung

Da das Mittel den Patienten zwingt zu reagieren, so kann das Ergebnis in einer gewissen Verschlimmerung der Symptome bestehen. Bei einer Hauterkrankung kann eine erhöhte Reizung auftreten, ein Schnupfen oder eine Asthmaatmung können sich verschlimmern. Das ist durchaus nicht schlecht, denn es bedeutet, daß der Patient reagiert. Nach einer Woche wird sich dann bei einer chronischen Erkrankung gewöhnlich eine Besserung einstellen.

Die Erstverschlimmerung zeigt sich selten bei akuten Erkrankungen, dagegen häufig bei chronischen Krankheiten.

Gewöhnlich verläuft sie nicht sehr schlimm, aber sie kann trotzdem etwas Sorge auslösen, wenn bsplw. das Ekzem eines Kindes zunächst einmal schlimmer wird. Gewöhnlich genügt es, wenn man den Eltern oder dem Patienten erklärt, daß das bald wieder verschwinde. Es ist deshalb wichtig, daß man bei chronischen Fällen den Patienten nicht so oft sieht, weil sonst der Arzt dazu verleitet wird, das Mittel zu wechseln, anstatt abzuwarten, bis die Verschlimmerung von selbst verschwindet und die Besserung beginnt.

Regel: Das Arzneimittel nicht wiederholen, solange die Besserung anhält.

7.1.5 Verlauf der Heilung

In der Medizin, insbesondere in der Homöopathie, läßt es sich interessanterweise beobachten, daß die Besserung der Zeichen und Symptome in einer ganz bestimmten Richtung vor sich geht:

Von Innen → Nach Außen

Von Oben
↓
Nach Unten

Von wichtigeren Organen → Zu weniger wichtigen Organen

In umgekehrter Reihenfolge des ursprünglichen Auftretens **(Hering'sches Gesetz)**

Ein treffendes Beispiel erkennen wir am Ekzem-Asthma-Syndrom: Asthma ist die schwere und innere Erkrankung. Sobald sie sich bessert, wird sich das Ekzem zunächst einmal verschlechtern. Dieser Verlauf zeigt die korrekte Richtung der Heilung an.

Gelegentlich wird ein Patient mit einer Magenerkrankung bei seiner Besserung feststellen, daß Hauterkrankungen oder Ohrausflüsse wieder erscheinen, die scheinbar vor mehreren Jahren »geheilt« wurden. Wahrscheinlich waren sie damals nur unterdrückt worden und eine schwerere Erkrankung hatte sich entwickelt. Nun kommt sie wieder zurück und wahrscheinlich wird sie dann auch geheilt werden (Siehe Kapitel 5).

7.2 Die Verordnung

7.2.1 Verschreibungsformen homöopathischer Arzneimittel

Wie bereits in Kapitel 6 festgestellt wurde, sind die Mittel in *Tinkturen, Dilutionen, Globuli* oder *Tabletten* erhältlich.

Tinkturen

Tinkturen können lokal angewandt werden, als Lösung gewöhnlich 10 Tropfen auf ¼ l Wasser z. B. *Calendula-Tinktur* für Wunden und Schnitte, *Arnikalösung* für Quetschungen. Es gibt auch eine Reihe von **Salben** für lokale Anwendungen. (Siehe Kapitel 9, bei Verletzungen und Unfällen.) Tinkturen werden manchmal oral in Form von **Tropfen** gegeben z. B. 5 Tropfen 3 × täglich bei **Crataegus, Iberis** und **Convallaria** bei Herzerkrankungen.

Dilutionen

Niedrige Potenzen in D1 oder D3 Dilutionen sind zum oralen Gebrauch erhältlich z. B. **Hydrastis, Kalium bichromicum** oder **Pulsatilla** bei Schnupfenerkrankungen.

Tabletten

Sowohl hohe als auch niedrige Potenzen sind als Tabletten erhältlich. Die meisten niedrigen Potenzen z. B. D1, D3 oder D6 werden in dieser Form angewandt, zwei- oder dreimal täglich eine Tablette über eine Zeit von mehreren Wochen. Das sind oft Verordnungen für lokale Gewebe oder Organe z. B. **Sulfur** für den Juckreiz bei Hauterkrankungen, **Carboneum sulfuratum** bei venöser Stasis, Anschoppung und Stauung, **Hamamelis** bei Venenthrombosen. Diese niedrigen Potenzen können auch gut bei akuten Erkrankungen gegeben werden, indem man sie alle zwei Stunden wiederholt. Erste Hilfe-Hausapotheken enthalten oft solche Tabletten für Schnupfen, Husten, Verletzungen und beginnende Fieber.

Globuli

Manche Ärzte benutzen Globuli, die in kleinen Briefchen oder Pulvern gereicht werden. Weniger als eine erbsgroße Menge ist für jegliche Dosis notwendig, und nur einige wenige Globuli haben den erwünschten

Effekt, wenn sie in den Mund oder unter die Zunge gelangen. Die genaue Menge ist nicht so wichtig, sondern das Intervall der Wiederholung. Man kann die gleiche Menge sowohl Kindern, Erwachsenen als auch sehr Alten geben. Die meisten Potenzen von der niedrigsten bis zur höchsten sind in dieser Form erhältlich. Die Menge ist nicht so wichtig, weil das Mittel nur als Reiz auf den Körper wirkt und nicht als pharmakologisch wirksame Dosis.

Rezeptur
Eine homöopathische Verordnung wird folgendermaßen aussehen:

Rp. Lycopodium C30 Tabletten (oder Globuli) 10.0

7.2.2 Welche Potenz verordne ich wann?

Hohe Potenzen
In England wird am häufigsten die **C30** verordnet. Dies gilt sowohl für akute als auch chronische Erkrankungen. Hohe Potenzen, also C30, C200, 1M und 10M wenden wir bei Fällen *akuter* Erkrankung oder bei Patienten mit starken *Geist- und Gemütssymptomen* an. Sie kommen auch bei sehr tiefsitzenden, *chronischen* Krankheiten zum Einsatz.

Niedrige Potenzen
Wir haben bereits von der Anwendung von Tinkturen und niedrigen Potenzen gesprochen. Sie sind am besten für *lokale Organ-* oder *Gewebeanwendungen*, obwohl es Ärzte gibt, die niedrige Potenzen bei jedem Fall verordnen. Sie sind ebenso wertvoll für eine *längere Anwendung*, wenn es sich um schwere pathologische Veränderungen handelt, z. B. **Bryonia** und **Rhus toxicodendron C6** bei chronischer Arthritis. Diese niedrigen Potenzen bedeuten zwar geringe, aber doch materielle Dosierungen.

Häufigkeit
Bei akuten Erkrankungen muß der Arzneienreiz häufig wiederholt werden, wie wir bereits bemerkt haben und ein Pulver oder eine Tablette wird z. B. *alle 2 bis 4 Stunden* gegeben oder bei sehr heftigen Erkrankungen *alle 5 Minuten*.

> Bei der ambulanten Verschreibung gibt man am besten eine Dosis des Mittels trocken auf die Zunge und löst eine weitere Dosis in 1 Glas kalten Wassers auf. Diese Lösung wird umgerührt und teelöffelweise alle 2–4 Stunden wiederholt.

Wenn das Mittel nicht mehr gebraucht wird, so sollte sowohl das Glas als auch der Löffel gründlich gewaschen und gereinigt oder sogar in einem Backofen erhitzt werden, bevor man es für den gleichen Zweck wieder benutzt. Wenn man während der Erkrankung das Mittel wechselt, so ist es vernünftig, ein frisches Glas und einen frischen Löffel zu benutzen.
Warum soll man das Glas, den Löffel und die Medizinflasche auskochen oder in trockener Hitze reinigen? Weil man sicher sein muß, daß keine Spur der Potenz mehr im Glas zurückbleibt, wenn der Patient es zur Einnahme einer anderen Potenz oder eines anderen Mittels verwenden möchte.
Zwar ist es unwahrscheinlich, daß eine Potenz Spuren im Glas hinterlassen hat und eine dritte Person, die nun aus diesem Glase trinkt, dadurch in irgendeiner Weise beeinträchtigt werden könnte. Trotzdem muß man damit rechnen, daß eventuell doch mit einer Wirkung zu rechnen sein sollte, solange wir über die Energie einer solchen Potenz noch so wenig wissen.
Wir wiederholen die Regel: Es reichen wenige Globuli oder eine Tablette für eine Dosis.

Nur die Wiederholung vermehrt den Effekt bei akuten Erkrankungen und nicht die Größe einer Dosis.

Gewöhnlich geben wir eine **C30-** oder **10M-Potenz**. Die gleiche Dosis und Potenz kann sowohl einem Kind, als einem Erwachsenen, als auch einer alten Frau gegeben werden. Bei akuten Situationen kann es möglich sein, das Mittel zu wechseln, wenn sich nicht innerhalb von wenigen Stunden eine Wirkung zeigt oder wenigstens am nächsten Tag. Das gut gewählte homöopathische Mittel *wirkt sehr schnell*. **Carbo vegetabilis** oder **Arsenicum album** sollte seine Wirkung innerhalb von 5 bis 10 Minuten zeigen und Mittel für Pneumonie oder Tonsillitis wirken so schnell wie Antibiotika, wenn sie gut gewählt sind.

Bei chronischen Erkrankungen verordnen wir eine Einzeldosis oder eine unterteilte Dosis.

Dieser Dosis muß man Zeit lassen zu wirken, solange die Besserung anhält, insbesondere der Patient sich selber besser fühlt, auch wenn die Lokalsymptome noch nicht vollständig verschwunden sind. Wenn ein Rückfall mit den gleichen Symptomen erfolgt, muß man die Dosis wiederholen, entweder in der gleichen Potenz oder in der nächst höheren. Wenn sich keine Besserung innerhalb von zwei bis drei Wochen einstellt, oder wenn das Symptomenbild sich ändert, muß ein anderes oder ein *ähnliches* Mittel angewandt werden.

7.2.3 Die zweite Verschreibung

Wenn der Patient zu seiner zweiten Beratung erscheint, muß der Behandler versuchen, einen Fortschritt festzustellen. Das verlangt Erfahrung und auch die Fähigkeit, kritisch zu beurteilen, was einem der Patient über Verschlimmerung zu Anfang oder anhaltend erzählt oder über irgendeine Besserung. Ist es die Besserung eines Lokalsymptoms oder ist es eine allgemeine Besserung oder bei seinen Geist-Gemütssymptomen? Die letzteren sind oftmals wichtiger als die reine lokale Verbesserung von Schmerzen oder Schwellungen, auch wenn diese unter Umständen die hauptsächlichen Beschwerden des Patienten darstellen. Es gibt einige Patienten, die rasch sagen, daß es besser sei, um dem Doktor einen Gefallen zu tun. Andere sind wieder sehr zurückhaltend, überhaupt irgendeine Änderung zuzugeben, aber wenn man dann nachfragt, findet man, daß sie doch eine erhebliche Besserung in bestimmten Teilen ihrer Gesundheit erfahren haben. Man soll also keinesfalls gleich auf das erste »es geht mir besser« oder »es geht mir überhaupt nicht besser« hereinfallen. Man muß sich wieder die Liste der Symptome von der ersten Anamneseerhebung vornehmen, mit all ihren Modalitäten, um herauszubekommen, ob sie nun verändert oder besser geworden sind und in welcher Weise. Besonders sollte man versuchen herauszubekommen, ob der Patient sich *»insgesamt besser fühlt«*.

Es stellt sich jetzt die Wahl, ob man das Mittel weiter wirken läßt und – wenn nötig – gibt man dann Placebo; oder man wiederholt das Mittel in der gleichen Potenz; oder man muß die Potenz wechseln; oder man muß ein neues Mittel auf Grund der jetzigen Symptome verordnen.

7.2.3.1 Entscheidungshilfen für ein Verschreibungskonzept

Zentrale Fragestellung:

Was passiert nach der Einnahme des Mittels?

A. Keine Änderung

Das kann bedeuten:

- Mittel war falsch
- Potenz war falsch

• Patient reagiert schwach
• Mittel wirkt langsam oder gar nicht

Entscheidung: → **Neuaufnahme**

B. Ständige rasche Besserung ohne Verschlimmerung

Das kann bedeuten:

• Mittel und Potenz passen gut zusammen
• Die Krankheit hat keine tiefen Wurzeln

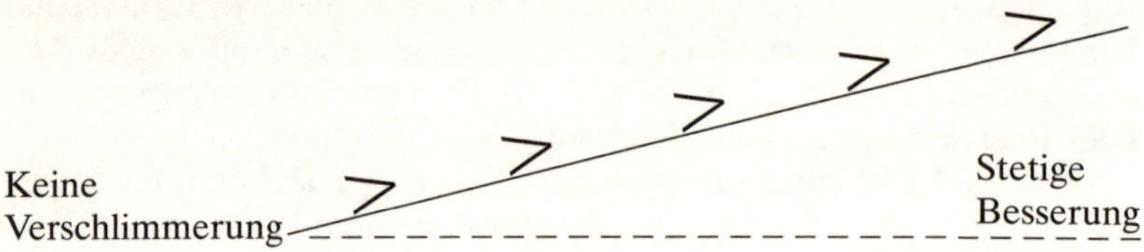

Entscheidung: → **Kein weiteres Mittel, Wirkung anhalten lassen**

C. Starke Verschlimmerung, dann rasche und anhaltende Besserung

Das kann bedeuten:

• Das Mittel ist richtig
• Die Reaktion ist heftig
• Keine Neigung zu strukturellen Veränderungen
• Gute Prognose

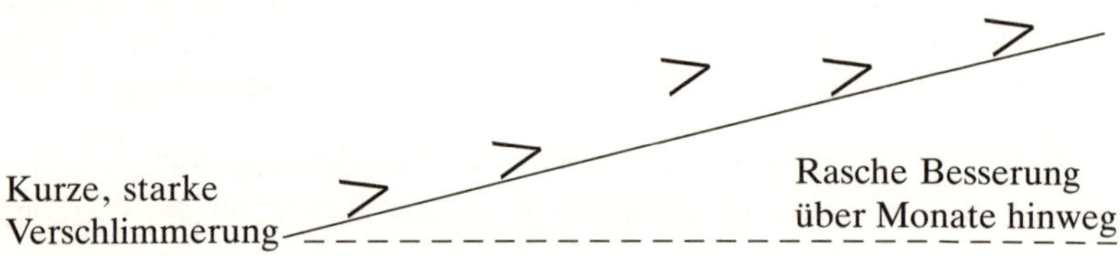

Patienten mit einer derartigen Erstverschlimmerung bessern sich erfahrungsgemäß nachhaltig.

Entscheidung:

Wenn sich die Hauptbeschwerde verschlimmert, aber die Energie zunimmt und die Gemütssymptome sich bessern → **Abwarten!**

D. Verschlimmerung, die zugleich alte Symptome wiederbelebt und zwar in der umgekehrten Reihenfolge ihres früheren Auftretens

Die alten Symptome verschwinden gewöhnlich nach kurzer Zeit. Bleiben einige davon dennoch bestehen, so rangieren sie bei der nächsten Mittelwahl besonders hoch.

Entscheidung:
Dieser Verlauf ist der beste, den wir uns wünschen können. Der Behandler kann → **Abwarten!**

E. Lange Verschlimmerung mit langsamer Besserung
Das bedeutet einen Fall von:
- vielen pathologischen Veränderungen
- geringer Vitalität.

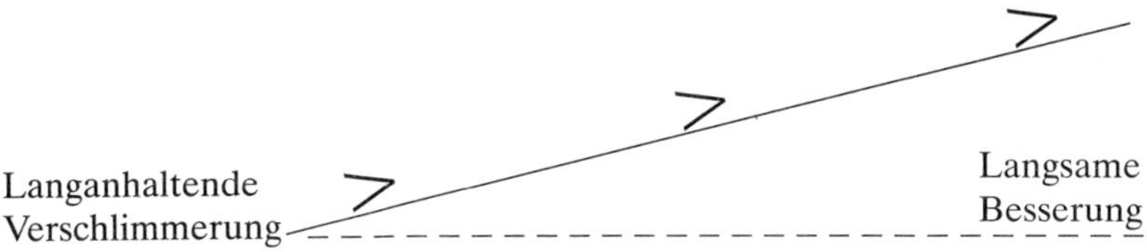

Entscheidung:
Der Patient muß erst wieder Kraft sammeln, daher → **Mittel nicht wiederholen!**

F. Lange Verschlimmerung mit langsamem Verfall des Patienten
Das kann bedeuten:
- Fall mit irreversibler Pathologie
- Potenz ist zu hoch für die schwache Reaktion des Patienten

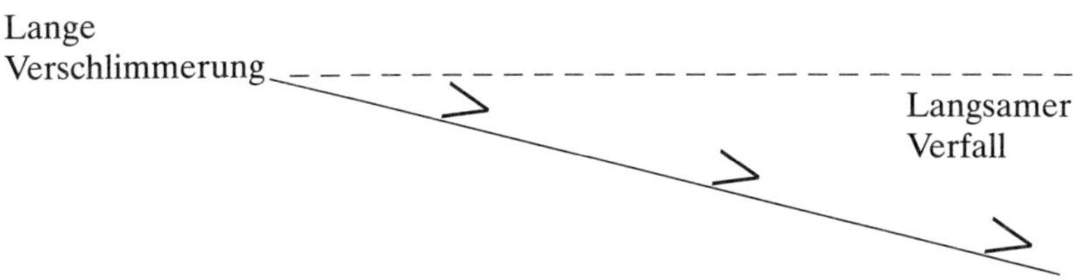

Das Mittel vermag möglicherweise allenfalls die Symptome zu mildern.
Entscheidung: → **Nach Einzelfall**

7.2.4 Vorsichtsmaßnahmen bei der Einnahme homöopathischer Arzneimittel

In der Vergangenheit wurden große Mengen strikter Regeln entwickelt und festgelegt, die dem Patienten vorschreiben, was er während der Mitteleinnahme tun solle oder zu unterlassen habe. Etliche davon stellen wohl unnötige Extreme dar, andere dagegen sind sicher hilfreich.

Nützliche Regeln:

- Das Arzneimittel einnehmen, wenn der Mund sauber und nicht von Nahrung, Getränken, Tabak, Pfefferminz oder starken Zahnpasten kontaminiert ist.
- Soweit möglich, sollten während der homöopathischen Behandlung keine andersgearteten Medikamente genommen werden. In bestimmten Situationen läßt es sich allerdings nicht vermeiden.
- Große Mengen von Kaffee und Tee sollten dabei ebenfalls vermieden werden.
- Homöopathische Arzneimittel nicht starkem Sonnenlicht aussetzen!
- Homöopathika von starken Gerüchen fernhalten! Beispiel Kampfer. Der Stoff findet sich in Inhalaten und Einreibungen, Kaugummi, Menthol und Eukalyptus. Diese Einflüsse mindern die Wirkung.

8. Forschung und Erfahrungskunde in der Homöopathie

8.1 Forschung

8.1.1 Die Wissenschaftlichkeit homöopathischer Prinzipien

8.1.1.1 Ähnlichkeitsprinzip und Potenzierung

Wir haben es bereits kennengelernt: In der Praxis der homöopathischen Medizin gibt es zwei fundamentale Prinzipien. Diese lauten:

Ähnlichkeitsprinzip	Wirkung potenzierter Arzneimittel

Die Idee und die Anwendung des Ähnlichkeitsprinzips stammt nicht von HAHNEMANN. Es gibt sie nicht erst seit der Einführung der klinischen Homöopathie. Man kann sie weit zurück in die Geschichte verfolgen, bis zur Zeit des HIPPOKRATES. HAHNEMANN hat in seinem »Organon« viele Beispiele für das Ähnlichkeitsprinzip aus der Medizingeschichte aufgeführt.

Wenn wir uns mehr mit der Gegenwart beschäftigen, so habe ich bereits erwähnt, daß wir häufig das homöopathische Prinzip in der konventionellen Medizin anwenden, ohne es zu wissen. Das geschieht immer dann, wenn wir den Patienten mit etwas behandeln, von dem bekannt ist, daß es auch ähnliche Symptome hervorruft. Der Gebrauch einer identischen Substanz in Potenz, die bestimmte Symptome hervorgerufen hat, kann man eher als *Isopathie* bezeichnen; wenn man bsplw. eine Potenz von Penizillin gibt, um den allergischen Ausschlag, der vom Penizillin hervorgerufen wurde, zu heilen. Dies hat sich bei einer großen Menge von allergischen Reaktionen erwiesen und ist nur eine Art von Anwendung des Ähnlichkeitsprinzips. Auch die Anwendung von *Vaccinen* und die Maßnahmen zur Desensibilisierung fallen unter diese Definition.

Homöopathische Ärzte haben Gewebe und Absonderungen von Patienten mit Masern, TBC, Diphtherie und septischen Verletzungen seit vielen Jahren potenziert und haben diese Mittel bei Patienten angewandt. Man wendet diese gewöhnlich dann an, wenn der Patient »sich seit der Krankheit niemals mehr wohlgefühlt hat« oder wenn er Restzustände davon hat. Man wendet sie nicht so sehr bei der direkten Behandlung der akuten Situation an.

Die Immunforschung hat sich in den letzten Jahren außerordentlich weiterentwickelt, indem sie die Bedeutung aufgezeigt hat, die die Reaktion der patienteneigenen Zellen und Antikörper gegen äußere Reize darstellt oder sogar gegen die körpereigenen und daß dieses von Individuum zu Individuum sehr variiert. Die Bedeutung der Reaktion des Patienten und die Unterschiede in der Antwort der Individuen war schon immer eine der Grundlagen der homöopathischen Betrachtung des klinischen Problems.

8.2 Erfahrungskunde – Experiment

8.2.1 Arzneimittelprüfungen

Wir haben schon von der Technik der »Arzneimittelprüfung« berichtet, bei der gesunden Freiwilligen wiederholte Dosen eines Mittels gegeben werden, um auf diese Weise Symptome hervorzurufen, die dann in Form von Symptomensammlungen in der Materia medica niedergelegt sind. Weil dadurch auch Daten über neuere Substanzen herauskommen, die sich bei der Behandlung einsetzen lassen, ist die Technik der »Arzneimittelprüfung« ebenso eine Form von Experiment, weil auch die Dosen oft in Potenzen von C30 oder C200 gegeben werden. Kontrollen, die Placebos benutzen, sind eingeschlossen und häufig wird auch die *cross over Methode* benutzt. Die Prüfungen selbst sind Demonstrationen der Wirkung der Potenzen und sind über lange Jahre in nationalen und internationalen homöopathischen Zeitschriften veröffentlicht worden.

8.2.2 Literatur

Barnard, G. P., Stephenson, J. H.: Microdose paradox: a new biophysical concept. Am. J. Inst. Hom. 1967, **60**, 277–86

Boiron, J.: Action de dilutions 5CH et 15CH de sulfate de cuivre sur la respiration de Salvinia natans. Proceedings International Congress. Vienna 1973

Boiron, J., Zervudacki, Mlle.: Action of infinitesimal dilutions of sodium arsenate on the respiration of the coleoptiles of wheat. Ann. Hom. Fr. 1963, 738. Rech. Exp. Mod. Hom., M. Plazy (ed.), 1967, p. 19

Boyd, W. E.: Biochemical and biological evidence of the activity of high potencies. Br. Hom. J. 1954, **44**, 6–44

Boyd, I. A.: Homoeopathy through the eyes of a physiologist. Br. Hom. J. 1968, **55**, 86

Carey, H.: Double-blind clinical trial of Borax and Candida in the treatment of vaginal discharge. Comm. Br. Hom. Res. Group. 1986, **15**, 12–14

Cier, A. et al.: Experimental diabetes treated with infinitesimal doses of alloxan. Brit. Hom. J. 1967, **56**, 51

Cier, A., Boiron, J., Vigert and Braise: Sur le traitement du diabète expérimental par les dilutions infinitésimales d'alloxane. Rech. Exp. Mod. Hom., M. Plazy (ed.), 1967, 80–6

Day, C. E.: I. Control of stillbirths in pigs using homoeopathy. Vet. Rec. 1984, **114**, 216

Day, C. E.: I. Isopathic prevention of kennel cough. Is vaccination justified? 1987. IJHV, **2**: No. 1: p. 45

Demarque, D.: The development of proving methods since Hahnemann. Br. Hom. J. 1987, **76**, 71–5

Devenas, E. et al.: Human basophil degranulation triggered by a very dilute antiserum against IgE. Nature, 1988, **333**, 816–18

Devenas, E., Poitevin, B., Beneveniste, J.: Effects of Apis (bee venom) on basophil degranulation. J. Innov. Tech. Biol. Med. 1986, **7**, 64–8

Devenas, E., Poitevin, B., Benveniste, J.: Effects on mouse peritoneal macrophages of orally administered very high dilutions of Silica. Eur. J. Pharmac. 1987, **135**, 313–19

Fisher, P.: An experimental double-blind trial method in homoeopathy. Use of a limited range of remedies to treat fibrositis. Br. Hom. J. 1986, **75**, 142–7

Fisher, P.: Research Abstract – The effect of dilutions of silica on macrophages. Brit. Hom. J. 1987, **76**, 162–63

Fisher, P.: The treatment of experimental lead intoxication by penicillamine and Plumbum Metallicum. Proc. 35 Int. Hom. Congress, 1982, 320–2

Gibson, R. G., Gibson, S. L. M., MacNeill, A. D. et al.: Homoeopathic therapy in rheumatoid arthritis. Evaluation by double-blind clinical therapeutic trial. Br. J. Clin. Pharmacol. 1980, **9**, 453–9

Gibson, R. G., Gibson, S. L. M., MacNeill, A. D. et al.: Salicylates and homoeopathy in rheumatoid arthritis; preliminary observations. Br. J. Clin. Pharmacol. 1978, **6**, 391–5

Harisch, G., Kretschmer and von Kries: (1987). Contribution to the histamine release from peritoneal mast cells in male Wistar rats. Dtsch. tierärztl. Wschr. **94**, 515–16

Heintz, E.: Measurement of the movement of fish and other animals in response to chemical stimuli. Experimentia 1958, **14**, 155. Comptes Rend. Acad. Sci. 1958, **246**, 1309; 1962, **255**, 2283; 1964, **258**, 3572. Proc. 28th Congress for Homoeopathic Medicine, Vienna 1973, p. 191

Heintz, E.: Nouvelles experiences sur le mode d'action de dilutions successives. IXe Assises Scientifiques Homoeopathiques, May 1970, 3–17

Julian, O. A.: Neuere homöopathische Arzneimittelbilder. Sonntag, Regensburg 1988

Keysell, G. R., Williamson, K. L., Rolmann, B. D.: An investigation into the analgesic activity of two homoeopathic preparations – Arnica and Hypericum. Commun. Br. Hom. Res. Group. 1984, **11**, 32–48

Kollerstrom, J.: Basic scientific research into the ›low dose effect‹. Br. Hom. J. 1982, **71**, 41–7

Netien, G., Boiron, J., Marin, A.: Copper sulphate and plant growth Brit. Hom. J. 1966, **55**, 186. Ann. Hom. Fr. 1966, 130. Rech. Exp. Mod. Hom., M. Plazy (ed.), 1967, p. 73, Netien, G., Graviou and Marin. Ann. Hom. Fr. 1965, 248, 253. Rech. Exp. Mod. Hom., M. Plazy (ed.), 1967, pp. 68–72, 73–8

Owen, R. M. M., Ives, G.: The mustard gas experiments of the British Homoeopathic Society. 1941–42. Proc. 35 Int. Hom. Congress

Paterson, J.: Report on mustard gas experiments (Glasgow and London). Br. Hom. J. 1943, **33**, 131–43

Poitevin, B. et al.: In vitro immunological degranulation of human basophils is modulated by lung histamine and Apis Mellifica. Br. J. Clin. Pharmac. 1988, **25**, 439–44

Reilly, D. T., Taylor, M. A., McSharry, C., Aitchison, T.: Is homoeopathy a placebo response? Controlled trial of homoeopathic potency with pollen in hayfever as model. Lancet, 1986, **ii**: 881–6

Reilly, D. T., Taylor, M. A.: Potent placebo or potency? A proposed study model with initial findings using homoeopathically prepared pollens in hay fever. Br. Hom. J. 1985, **74**, 65–75

Resch, G., Gutmann, V.: Scientific Foundations of Homoeopathy. Germany. Barthel & Barthel, 1987

Schofield, A. M.: Experimental research in homoeopathy – a critical review. Br. Hom. J. 1984, **73**, 161–80, 211–26

II.
Systematische Einführung in die Materia medica

Vorbemerkung:
Wenn wir einen Patienten homöopathisch behandeln, müssen wir immer versuchen, ihn als Ganzes zu studieren und ein Mittel zu suchen, welches so viele Leitsymptome des Patienten wie nur irgend möglich abdeckt. Und trotzdem sind wir in unserer medizinischen Ausbildung daran gewöhnt worden, in Krankheiten zu denken, die einen Bezug zu den Körpersystemen haben, auch wenn mehr als eines derselben dabei beteiligt ist. In diesem Abschnitt habe ich einige der führenden Mittel herausgesucht, die bei bestimmten Erkrankungen von Bedeutung sind und einige Indikationen hierzu aufgezeigt. Es gibt mit Sicherheit einige Mittel, die eine *besondere Beziehung zu bestimmten Organen* haben, obwohl die meisten in verschiedenen Systemen ihre Symptome aufzeigen. Eine vollständigere Beschreibung von einigen dieser Art, erscheint im Teil III.

Achtung:
Immer daran denken, daß bei alledem die Diagnose höchst wichtig bleibt! Sie kann einerseits sowohl zur Mittelwahl hilfreich beitragen und zeigt andererseits auf, ob es erforderlich ist, ein konventionelles Arzneimittel anzuwenden oder eine Substitionstherapie zu wählen oder den chirurgischen Eingriff zu veranlassen.

A. Die gewöhnlichen Mittel für akute Krankheiten

Aconitum	**Gelsemium**
Antimonium tartaricum	**Hepar sulfuris**
Arnica	**Ipecacuanha**
Arsenicum album	**Mercurius solubilis**
Belladonna	**Nux vomica**
Bryonia	**Phosphorus**
Cantharis	**Pulsatilla**
Carbo vegetabilis	**Rhus toxicodendron**
Chamomilla	**Sulfur**
Colocynthis	

B. Die Polychreste mit breitem Aktionsradius

Arsenicum album	**Nux vomica**
Calcarea carbonica	**Phosphorus**
Graphites	**Pulsatilla**
Ignatia	**Sepia**
Lachesis	**Silicea**
Lycopodium	**Sulfur**
Natrium muriaticum	**Thuja**

Bei diesen Mitteln werden die *Symptome* in den *verschiedensten Körpersystemen* auftreten. Sie werden häufig benötigt und sind daher besonders genau zu studieren.

9. Mittel bei Unfällen und Verletzungen

Den größeren Teil der Empfehlungen dieses Kapitels verdanke ich meinem Kollegen R. A. F. Jack, einem Allgemeinpraktiker mit einer Landpraxis, der über eine große Erfahrung mit Notfällen und Unfällen verfügt.

9.1 Unfälle und Erste Hilfe

Bei der Behandlung von Unfällen, Verletzungen und Schockzuständen übertrifft die Homöopathie alle anderen Therapien.
Die homöopathische Materia medica enthält eine ganze Reihe von Mitteln, die zur Behandlung derartiger Zustände geeignet sind.
Der Einfachheit halber hat der Autor die Mittel herausgesucht, die sich in den letzten 35 Jahren am nützlichsten bei erster Hilfe in der Allgemeinpraxis gezeigt haben. Die Dosierungen stammen aus seiner eigenen Praxis, wobei aber daran gedacht werden muß, daß sie in Übereinstimmung mit einem laufenden Mittel sein müssen.

Aconitum

Indikationen
Alle Fälle von geistigem oder physischem *Schock* oder *Schreck* mit irgendeinem der folgenden Symptome: *Zittern, Herzklopfen, Hyperventilation* oder *Schnappen nach Luft, Engegefühl in der Brust, Kälte-* oder *Hitzegefühl, Kollaps*, oder offensichtlicher Schrecken oder Kummer. Auch bei *Augenverletzungen*.
Beispiele:

- »Meine Großmutter ist die Stufen vor dem Haus hinunter gefallen« oder »Das Baby ist vom Wickeltisch gefallen«.
- »Mein Sohn hat sich gerade schwer verbrannt / ist gerade überfahren worden / ist gerade von einem Hund gebissen worden.«
- »Sie hat gerade gehört, daß ihre Schwester gestorben ist.«
- »Er hatte gerade einen Beinahe-Unfall erlitten, als ein großer Lastwagen außcr Kontrolle geriet.«

Dies sind nur einige der täglichen, dringenden Hilferufe, die ein vielbeschäftigter Allgemeinpraktiker jeden Tag erhält und bei jedem dieser Unfälle ist **Aconitum** indiziert. Der Arzt sollte es sofort geben, sobald er auf der Szene erscheint, nicht nur dem Patienten selbst, sondern all den anderen Personen, die bei der Geschichte gefühlsmäßig beteiligt sind.

Während dieses Mittel dann wirkt, gibt es dem Arzt Zeit, die ganze Situation zu überschauen und die Behandlung einzuleiten, inklusive der Entscheidung, welches Mittel dann folgen soll.

Dosierung

Es hilft am besten in der **höchsten Potenz** (**10M** aufwärts) und sollte alle 5 bis 15 Minuten wiederholt werden im Verhältnis zu der Schwere des Unfalls, da es nur sehr kurz wirkt, obwohl es ein machtvolles Mittel ist. Zum Glück hilft es sehr rasch.

Hinweis

Je schlimmer der Schock oder die Panik, desto mehr wird **Aconitum** benötigt und umso rascher hilft es.

Arnica

Indikationen

Quetschungen, Verstauchungen, Kontusionen, Verletzungen, Gehirnerschütterung, Folgen von Gehirnerschütterung, Kopfschmerzen nach Gehirnerschütterungen und *Myocardinfarkt*.

Arnica ist für alle genannten Zustände indiziert. Es beugt vor und erleichtert Muskelschmerzen nach Überanstrengung. Schweizer Bergführer kauen auch heutzutage noch Arnikablätter, um *Muskelkater* und Beschwerden vorzubeugen oder zu erleichtern.

Dosierung

Das Mittel kann in jeder Potenz, die erhältlich ist, benutzt werden, in der Regel als **C6, C30, C200** oder **10M**.

Wiederhole alle 15 Minuten bei akuten Zuständen, sonst alle 2–4 Stunden!

> **Arnica** kann man lokal als Salbe oder als Kompresse anwenden, vorausgesetzt, die Haut ist nicht verletzt. Hierzu rühren wir 2 oder 3 ml der Urtinktur (mit dem Urtinkturzeichen bezeichnet) in 1 Tasse kaltes Wasser.

Arnica ist in der Hochpotenz so wirksam, daß es, innerlich eingenommen oft die lokale Behandlung überflüssig macht.

Aconitum und **Arnica** sind zusammengenommen in etwa 80% der Unfälle und Verkehrsunfälle angezeigt und viele Ärzte sind von der Homöopathie überzeugt worden, nachdem sie ihre ersten Erfahrungen und Erfolge mit diesen beiden Mitteln gemacht haben.

Calendula

Indikationen

Schnitte, Ablederungen, Abschürfungen, Kiesverletzungen, Verbrennungen, wunde Risse und *Dekubitus*. Als Mundspülung nach Zahnextraktion ist es ein ausgezeichnetes Mittel zur *Blutstillung*. Man kann es auch äußerlich nach *Episiotomie* benutzen.

Die Ringelblume hat einen Ruf als *Wundheiler* seit altersher. Es befördert die Bildung von gesunden Granulationen.

Dosierung

Man gebe innerlich die **D12** bis **C200** oder man wende lokal eine wäßrige Lösung (10 Tropfen der Tinktur auf ½ Tasse Wasser, Öl, Salbe) an.

Carbo vegetabilis

Indikationen

Für *Kollaps* oder *Ohnmacht*.

Ein brauchbares Mittel bei vagotonen Zuständen oder auch bei schweren Kollapszuständen, *postoperativ* oder bei *Herzerkrankungen*, wenn der Patient kalt, blau, schwitzig mit kalten Extremitäten, dünnem, schwachem Puls, und dem Verlangen nach frischer Luft am Fenster oder nach Zufächeln von frischer Luft.

Dosierung

C30 oder **10M** häufig geben entweder in Form von *Globuli* trocken auf die Zunge oder in Wasser alle 5 bis 10 Minuten bis eine Besserung eintritt und dann in längeren Abständen.

Hypericum

Indikationen

- *Nervenverletzungen*, bsplw. gequetschte Fingerspitzen, schmerzhafte Tierbisse von Hunden, Katzen, Schoßtieren, Nagern etc.
- *Tiefe punktuelle Wunden*, bsplw. von Splittern, Dornen oder Nägeln
- *Postoperative Schmerzen*
- *Ablederungen, Steißbeinprellungen*.

Johanniskraut ist wie die Ringelblume eine weitere Pflanze, die von CULPEPER in seinem Pflanzenbuch beschrieben wird, die seit Jahrhunderten benutzt wurde, um schmerzhafte Verletzungen weicher Teile mit empfindlicher Nervenversorgung bessert. Im Falle eines zerquetschten Fingers ist es dann indiziert, wenn die Schmerzen anhaltend sind. **Arnica** wird zuerst gegeben, um den Bluterguß in den Nagel zu stoppen.

Dosierung

Wie bei **Calendula**. Hypercalsalbe enthält **Hypericum** und **Calendula** und bewirkt Schmerzlinderung und Heilung.

Ledum palustre

Indikationen
Das Hauptmittel bei *punktuellen Wunden*, z. B. bei einem Nagel in der Fußsohle. Es ist auch oft gut bei Verletzungen in der *Augenumgebung*, wo es besser zu helfen scheint als Arnica. Die Schmerzen von **Ledum** werden immer durch Wärme verschlimmert und besser durch kalte Anwendungen.
Dosierung
C30 bis **10M**, alle 2 bis 4 Stunden wiederholt je nach Bedarf. Bei tiefen, potentiell septischen Wunden sollte gleichzeitig Tetanusserum gegeben werden.

Rhus toxicodendron

Indikationen
Der Giftsumach wird als potenziertes Mittel bei allen *Verstauchungen* und *Überanstrengungen* gegeben, wenn Muskelsteifigkeit besteht und die Schmerzen durch Bewegung vorübergehend gebessert werden und durch Ruhe verschlimmert und am schlimmsten nach längerer Ruhe auftreten. Die ersten Bewegungen morgens nach dem Aufstehen sind die schmerzhaftesten.
Dosierung
C30 bis **10M**, 2stündlich.

Ruta graveolens

Indikationen
Ruta ist ideal, um *Verstauchungen* der Bänder in der Gelenksumgebung zu behandeln, wenn die Symptome ähnlich wie bei Rhus toxicodendron sind, aber noch stärker. Insbesondere, wenn das *Periost* mit verletzt ist.
Dosierung
C30 2stündlich. Sowohl **Rhus** als auch **Ruta** folgen gut auf **Arnica** und können in allen Potenzen benutzt werden, indem man die Dosis alle 4 Stunden bis zur Besserung wiederholt.

Staphisagria

Indikationen
Nützlich bei *Schnittwunden* und deshalb *nach Operationen*, insbesondere nach *gynäkologischen*. Es erleichtert die Schmerzen und fördert die Heilung. (Bei Abdominaloperationen beugt es der postoperativen Darmlähmung vor.)
Dosierung
C30 bis 10M alle 2 Stunden wiederholt sechsmal.

Symphytum

Indikationen

Der »Beinwell« hat den Ruf, die Heilung von *Frakturen* zu beschleunigen. Er nützt auch bei *Kontusionen der Augen*.

Dosierung

In niedrigen Potenzen **D3** oder **D6**.

9.2 Kopfverletzungen

Wenn *anhaltende Schläfrigkeit* besteht, obwohl man **Arnica** gegeben hat, so muß man **Opium C30** und höher geben und wenn dann immer noch keine Besserung eintritt, dann muß man überlegen, ob **Helleborus niger** notwendig ist.

Man wird allerdings davon ausgehen, daß der Praktiker solche Patienten dem Neurochirurgen zur Beobachtung vorstellt, wenn der Zustand es erfordert.

Wenn nach einer *Gehirnerschütterung* Kopfschmerzen weiterhin bestehen und mit **Arnica** nicht gebessert werden, so muß man **Natrium sulfuricum C30** ansteigend bis zur **CM** geben.

9.3 Stichverletzungen durch Insekten und Pflanzen

Die Homöopathie hat gewiß mehr zu bieten, als altmodische Mittel wie Mehl, Essig oder Zitronensaft und bietet eine befriedigende Alternative zur konventionellen Behandlung mit Antihistaminika und Kortikosteroiden.

Traditionellerweise wird **Ledum** in niedrigen Potenzen bei *Bienen- und Wespenstichen* gegeben, wenn der Stich durch kalte Anwendungen gebessert wird. Der Autor gibt **Apis mellifica** (potenzierte Honigbiene) bei Opfern des Bienenstichs den Vorzug und **Vespa vulgaris** (die Wespe) bei solchen, die von Wespen gestochen wurden. In beiden Fällen sollte man Hochpotenzen **(10M)** benutzen, die man alle 5 Minuten wiederholt, bis eine Besserung eintritt. Als *lokale Anwendung* ist eine Kompresse mit **Urtica urens** sehr lindernd, ebenso **Hypercalsalbe** (enthält Hypericum und Calendula).

Urtica urens (Eiternessel)

Die Eiternessel wird *innerlich als Potenz* gegeben und *äußerlich als Kompresse*, um Brennesselverletzungen und andere allergische urtikarielle Reaktionen, die den Brennesselrötungen ähneln, vorausgesetzt, daß die Haut unverletzt ist.

9.4 Verbrennungen

Urtica urens | Cantharis

Indikationen
Cantharis, die »Spanische Fliege« ist besonders wirksam bei der Behandlung von Mückenstichen, wenn dadurch *schmerzhafte Blasen* entstanden sind. Sowohl **Urtica** als auch **Cantharis** verursachen und heilen *Verbrennungsblasen* der Haut.
Dosierung
Urtica und **Cantharis** verwendet man als Gel oder Salbe oder als *Urticalösung*: 10 Tropfen in 1 Tasse abgekochtes Wasser.
Cantharis geben wir innerlich in **C30** alle 15 Minuten bis zu 2 Stunden.
Auch **Pyrethrum flüssig** ist ein nützliches Mittel gegen Mückenstiche und sollte verdünnt auf die exponierten Teile der Haut aufgetragen werden.

9.5 Hitzschlag

Belladonna

Dieses ist ein ausgezeichnetes Mittel gegen die Wirkungen von Sonnenbestrahlung und bringt rasch Fieber, Kopfschmerzen und Krankheit zum Stehen. Wenn danach Kopfschmerzen anhalten, muß man **Glonoinum** benutzen.

9.6 Erkältung

Camphora

Ein ausgezeichnetes *Prophylaktikum* gegen die Einwirkung von Erkältung, und es ist besonders für Ärzte sehr hilfreich, die Nachtbesuche machen mußten. Eine Gabe alle 5 Minuten genommen, bis man sich aufgewärmt fühlt, verhindert eine Erkältung oder einen Durchfall, der sich gerade ausbilden wollte. Wenn man es gleich am Anfang nimmt, so verhindert Camphora einen Durchfall, wenn der Patient sich dabei sehr kalt fühlt.
Es ist interessant, daß Kampfer eines von HAHNEMANN's drei Mitteln war, die er speziell zur Behandlung der Cholera einsetzte.

10. Mittel bei Kopfschmerzen

10.1 Ursache und Diagnose

Wenn ein Patient mit Kopfschmerzen zu uns kommt, so ist es wichtig, bestimmte Ursachen auszuschließen, die weitere Untersuchungen beim Neurochirurgen erforderlich machen.

Extrakranial
- Trauma
- Myalgien
- Zervikalspondylose
- Augenerkrankungen
- Herpes zoster
- Tic douloureux
- Arteriitis cranialis
- Polymyalgia rheumatica
- Migräne

Kranial
- Zahnabszeß
- Otitis
- Mastoiditis
- Sinusitis
- Erkrankungen des Schädelknochens

Intrakranial
Traumatisch
- postkommotionelles Syndrom
- Blutung – extradural, subdural

Entzündungen
- Meningismus oder Meningitis, Poliomyelitis, Abszeß, Sinusthrombose

Gefäßbedingt
- Subarachnoidalblutung

Neoplasma
- Primär- oder Sekundärtumoren. Hypophysentumor.

Hypertonie
Primär
- essentielle Hypertonie

Sekundär
- renal

- gefäßbedingt
- endokrin

Psychogen
- Angst, Hysterie.

Schädelröntgen, Lumbalpunktion, EEG, CCG und gelegentlich Arteriographie sind unter Umständen für die Diagnosestellung durchzuführen. Sowohl die Zähne, als auch die Nebenhöhlen müssen untersucht und die Augen überprüft werden. Wenn eine Hypertonie vorliegt, sind unter Umständen noch weitere Untersuchungen notwendig.

10.2 Ursache und Mittel

Wenn in der Vorgeschichte eine *Verletzung* vorgelegen hat, auch wenn es schon weiter zurückliegt, so müssen wir davon ausgehen, daß **Arnica** unsere erste Verschreibung sein wird, bevor wir weitere Verordnungen treffen können.
Handelt es sich um *Schläge auf den Hinterkopf*, so muß man eher an **Natrium sulfuricum** denken, das oft bei anhaltenden Kopfschmerzen das Mittel ist. Wenn die *Augen* der hauptsächliche Grund für die Kopfschmerzen sind, so kommen Mittel wie **Ruta, Silicea** und **Natrium muriaticum** in die Wahl, nachdem man die möglicherweise notwendige Korrektur der Brille vorgenommen hat. Diese Mittel helfen bei Augenüberanstrengung und Schwäche der Augenmuskeln.
Sinusitis ist oft ein gewöhnlicher Grund von Kopfschmerzen und diese kann man mit orthodoxen Mitteln nur schwer heilen. Die Homöopathie bietet dagegen eine ganze Reihe von Mitteln, die hierzu zur Verfügung stehen: **Aconitum, Belladonna, Bryonia, Spigelia** sowie die **Kaliumverbindungen** und **Pulsatilla**.
Abgesehen von den vorher genannten Erkrankungen kommen aber viele Patienten mit einer Migränevorgeschichte oder mit Kopfschmerzen, die *keinen feststellbaren Grund* haben und die manchmal auch psychogen sein können.
Bei der homöopathischen Verordnung für Kopfschmerzen sind die *Modalitäten* das wichtigste, um die Mittel voneinander unterscheiden zu können.

10.3 Einsatz der wichtigsten Kopfschmerzmittel

10.3.1 Akute Erkrankungen

Belladonna

Klopfende Kopfschmerzen, *schlimmer* durch Bücken, Liegen, Erschütterung und Geräusch. Gerötetes, trockenes Gesicht mit erweiterten Pupillen, oft Fieber, manchmal verbunden mit Delirium. Auch nach übermäßiger Sonneneinwirkung.

Bryonia

Die Schmerzen sind oft rechtsseitig, insbesondere *schlimmer* bei Bewegung des Kopfes und der Augen, *besser* durch Druck. Oft erscheinen sie im Zusammenhang mit einer Atemwegserkrankung und Husten, welcher die Kopfschmerzen verschlimmert. Auch häufig von Wert bei Migräne. Möchte in Ruhe gelassen werden.

Chininum sulfuricum

Hinterhauptkopfschmerzen, die sich über den Kopf ausbreiten. Feuchtschwitziger Kopf. *Besser* durch kalte Anwendungen, *schlimmer* beim Drehen des Kopfes oder der Augen und *schlimmer* an der frischen Luft. Dem Patienten scheint es übel zu sein, aber er möchte etwas essen. Flatulenz, kann aber keine Winde lassen (ein Chinasymptom).

Gelsemium

Es ist das Mittel für den Kopfschmerz bei Grippe, dumpf, schmerzhaft, tritt bei feucht-mildem Wetter auf und wird gewöhnlich von Gliederschmerzen begleitet, von Hitze-, Kälte- und Frostschauern, die den Rücken hinauf- und hinunterlaufen. Kein Durst, auch bei Fieber und Schläfrigkeit, vervollständigen das Bild. Die Kopfschmerzen *bessern* sich, wenn große Mengen von blassem Urin gelassen werden.

Glonoinum

Berstende Kopfschmerzen, manchmal durch Einwirkung von Hitze oder Sonne hervorgerufen mit schießenden Kopfschmerzen, wie man sie bei Nitro-Glyzerin-Arbeitern findet. *Schlimmer* durch Bücken.

Iris versicolor

Stirnkopfschmerzen oder das Gefühl von Zusammenschnürung des Kopfes mit Galleerbrechen und Übelkeit. Tritt möglicherweise nach geistiger

Anstrengung auf, sobald man zur Ruhe kommt. Kopfschmerzen *schlimmer* durch Ruhe, *besser* durch Bewegung. Nützlich bei **akuter Migräne**.

Magnesium phosphoricum

Neuralgischer Typ der Schmerzen, insbesondere von der rechten Seite aus schießend und ein tiefer sitzender Hinterhauptkopfschmerz, der sich über der linken Seite auf dem Kopf ausbreitet. Die Schmerzen treten nach Einwirken von Kälte oder von nervöser Anstrengung und Erregung auf. *Schlimmer* durch kalte Luft, Berührung, 9–11 Uhr oder 16–18 Uhr. *Besser* durch Wärme und festen Druck.

Sanguinaria

Immer wieder auftretende periodische Kopfschmerzen, Beginn am Morgen und *Besserung* am Abend. Ein nützliches Mittel bei rechtsseitigem Schläfen- oder Stirnkopfschmerz mit Schwindel und Übelkeit, *besser* durch Liegen und Schlaf. Die Menses sind reichlich und die Patientin fühlt sich *schlimmer* vor und nach denselben. Es ist ebenfalls ein Mittel für anfallsweise auftretenden Husten, der durch lautes Aufstoßen von Luft gebessert wird. Rheumatische Schmerzen in der rechten Schulter werden ebenso gebessert **(Rhus toxicodendron, Ferrum metallicum)**.
Sanguinaria kann bei Migränepatienten in der **akuten Phase** gegeben werden, oft verkürzt es die Attacken oder bessert den Schweregrad derselben.

Spigelia

Schießende Schmerzen auf der linken Seite des Kopfes, die sich bis zum Gesicht und zu den Armen erstrecken, *schlimmer* durch Bewegen und Bücken.

10.3.2 Chronische Kopfschmerzen

Bei Patienten mit anhaltenden dumpfen Kopfschmerzen oder immer wieder auftretenden Kopfschmerzen hängt die Heilung von der genauen Aufnahme der Allgemein-, Geist- und Gemütssymptome des Patienten ab, ebenso von den lokalen Zügen und Modalitäten der Kopfschmerzen selbst. In anderen Worten: man muß die Gesamtheit der Symptome dieses besonderen Patienten suchen. Der Beginn und die möglicherweise vorangegangenen Ursachen müssen wie die Umgebungs- und sozialen Bedingungen sondiert werden und helfen bestimmt, das korrekte Mittel herauszufinden.
Opium folgt nach Schreck, **Ignatia** nach Kummer oder **Staphisagria** nach einer Zurückweisung oder Enttäuschung.

Wenn man die *Migräne* zwischen den einzelnen Attacken mehr in dieser konstitutionellen Weise behandelt, so wird sie oft weniger häufiger auftreten und möglicherweise sogar geheilt werden.

Argentum nitricum

Kopfschmerzen infolge von Erregung, geistiger Überanstrengung oder Reisen. Sie haben eine graduelle Verschlimmerung und plötzliches Aufhören. Es bestehen Spannung, Steifigkeit und Nackenschmerzen und ein Gefühl, *als ob* der Kopf nach hinten gezogen würde. Die Schmerzen breiten sich über den Kopf aus zur linken Schläfe und die Kopfhaut ist berührungsempfindlich.
Schlimmer am Mittag, beim Gebrauch der Augen, durch Bewegung oder Anstrengung, sogar durch Reden oder Bücken. *Besser* durch Druck und frische Luft.
Der typische Argentum nitricum-Patient ist voller Erwartungsängste mit heftigen Magengeräuschen und Luft im Magen, Angst vor Höhen und einem starken Verlangen nach Zucker und Salz.

Calcium carbonicum

Kopfschmerzen nach extremer Kälte oder Wärme, Überessen oder zuviel Trinken.
Es ist oft ein klopfender Kopfschmerz an der rechten Schläfe verbunden mit Aufstoßen, Magenbeschwerden und Rötung der Konjunktiven. Der Kopf ist kalt und fühlt sich bei Berührung feucht an. Calciumpatienten schwitzen am Kopf und haben kalte, feuchte Hände.
Die Kopfschmerzen sind *schlimmer* durch Licht, Bücken, Gehen und Alkohol, *besser* bei geschlossenen Augen, Hinlegen und Schlafen. Der typische Calciumpatient ist wohlbeleibt, blaß, schwitzig und langsam mit Ängsten und schlimmen Träumen.

Cimicifuga (Actaea racemosa)

Das Mittel wird häufig übersehen, aber es ist sehr hilfreich bei Kopfschmerzen. Die Schmerzen sind oft am Hinterkopf. Sie drücken nach außen oder nach oben, *als ob* die Schädeldecke wegfliegen wollte und erstrecken sich zu den Augen. Es bestehen oft Rheumatismus an den Nackenmuskeln oder Neuralgien der Ziliarnerven. Es ist häuptsächlich ein *weibliches Mittel* mit Verschlimmerung zur Zeit der Periode, begleitet von schweren Depressionen. Die Patientin denkt manchmal sogar, sie würde verrückt und neigt zu Selbstmordgedanken beim Anfall.

Neigung zu Erkältungen, zieht aber Kühle und frische Luft bei den Kopfschmerzen vor.
Zusammenziehen und Zucken der Muskeln und Wechselhaftigkeit sowohl im physischen als auch im geistigen Bereich **(Pulsatilla)**.

Cocculus

Kopfschmerzen, die durch große Erschöpfung und Angst bei der Pflege eines kranken Verwandten entstehen. Ebenso Reise- und Seekrankheit mit Kopfschmerzen, Schwindel und Übelkeit. Stauung im Kopf, pressende oder berstende Kopfschmerzen mit Schwindel und Übelkeit. Flugkrankheit bessert sich eher auf **Borax**.
Das Mittel hat ebenso einen Niedergang der Kräfte, große Erschöpfung, Lähmung und Taubheit.

Kalium bichromicum

Kopfschmerzen an der Nasenwurzel und von dort sich ausbreitend. Sehr nützlich bei Nebenhöhlenentzündungen, möglicherweise mit dem typischen klebrigen, weißen oder gelben Schnupfen, oder wenn Schmerzen vorhanden sind, ohne Absonderung. Der Schmerz ist *schlimmer* bei Bewegung und Bücken, *besser* an der frischen Luft und durch Essen, insbesondere heißer Speisen. Bei Migräne besteht erst eine Trübung des Sichtfeldes, dann eine Pause und danach kommen die Kopfschmerzen.
Der Patient hat *Abneigung gegen* Wärme, die Schmerzen treten anfallsweise auf; möglicherweise Krusten in der Nase und Nasenbluten. Rheumatische Schmerzen wechseln oft mit dem Schnupfen ab. Ein gelbliches Aussehen ist typisch für das Mittel.

Lachesis

Nur wenige von uns möchten dieses wertvolle Schlangenmittel missen. Es ist insbesondere bei Menopausenpatientinnen hilfreich und hat seine *typische Verschlimmerung beim Erwachen* – der Patient schläft sich in seinen Kopfschmerz hinein.
Pulsierende, hämmernde Kopfschmerzen mit Purpurfarbe des Gesichtes und geschwollenen Augen. Die bläuliche Farbe erscheint bei Lachesis allgemein mit Ecchymosen oder einem getauten, purpurroten Hals oder Beinen.
Das Mittel ist oft linksseitig und gewöhnlich *besser* durch Kälte. Die Patienten fühlen sich im allgemeinen *schlechter* durch Wärme und durch enganliegende Kleidung.
Die Geist- und Gemütssymptome sind deutlich mit *Eifersucht, Miß-*

trauen und *Geschwätzigkeit* im Vordergrund, obwohl ebensogut *langsames Sprechen* und *Schweigsamkeit* vorkommen können.

Lycopodium

Dieses Mittel paßt gut für den *Streß*, die Anstrengungen und die Eile des modernen Lebens. Die Kopfschmerzen treten oft periodisch auf und typischerweise, wenn der Patient einen leeren Magen hat. Er hat dieses Hinfälligkeitsgefühl im Magen, was man sonst mehr auf **Sulfur** bezieht, und Essen hilft bei den Lycopodiumkopfschmerzen.

Verschlimmerung durch Hitze, Bettwärme und Hinlegen, *besser* durch Kälte oder frische Luft. Rechtsseitige Symptome sind allgemein bei diesem Mittel. Trotz der *Besserung* durch Essen fühlen sich diese Patienten leicht zu voll, aufgebläht und haben viele Blähungen. Sie lieben heiße Getränke und süße Speisen. *Verschlechterung* der Symptome nach 16 Uhr oder von 16 bis 20 Uhr sind ein nützlicher Hinweis.

Lycopodiumpatienten sind ängstlich und schauen besorgt drein, haben Erwartungsängste und mangelndes Selbstvertrauen, obwohl sie oft intellektuell sind und die Situationen durchaus meistern, sobald diese eintreten.

Angst, etwas zu vergessen oder Fehler zu machen. *Abneigung gegen* Gesellschaft, insbesondere, wenn es unbekannte Leute sind, obwohl sie auf der anderen Seite das Alleinsein nicht mögen. Angst vor Menschenmengen oder Dunkelheit oder Geistern. Sie reagieren empfindlich und gefühlvoll, sie weinen möglicherweise, wenn man ihnen dankt.

Natrium muriaticum

Kopfschmerzen dieser Art sind hämmernd und oft von Sehstörungen begleitet. Zickzacks oder sogar Verlust des Seefeldes beim Lesen mit Tränen in den Augen. Meistens sind die Kopfschmerzen *schlimmer* von mittags bis abends und werden durch die Sonne verschlechtert. Der Patient selber und der Kopfschmerz sind *empfindlich gegen* Geräusche, sie sind *empfindlich gegen* Kälte, aber *schlechter* durch zu große Hitze und meistens *schlechter* an der See. Der letztere Zug ist oft verbunden mit einem starken *Verlangen* nach oder *Abneigung* gegen *Salz*. Periodizität ist ein Zug dieses Mittels bei vielen Symptomen, ebenso bei Kopfschmerzen.

Diese Patientinnen haben meist eine fette Haut mit Tendenz zu Akne und *verschlimmern* sich gewöhnlich bei der Periode.

Die Geist- und Gemütssymptome sind bei diesen Patienten schwer heraus zu bekommen, da sie von Natur *nervös* und *schweigsam* sind, obwohl sie dies oft durch den Anschein von Selbstsicherheit verdecken

Sie neigen zum *Nachsinnen* und können *Zurückweisungen nicht vergessen*. Die Kopfschmerzen sind möglicherweise das Ergebnis eines emotionalen Zusammenbruchs nach Kummer oder nach einer enttäuschten Liebe. Sie mögen keine Zuwendung, obwohl sie zur gleichen Zeit wiederum Aufmerksamkeit in Anspruch nehmen, weil sie meinen, daß man sie ihnen schuldig ist.
Es ist durchaus vernünftig, das Mittel bei den akuten Phasen dieser Kopfschmerzen zu geben, aber manchmal ist es besser, den akuten Partner, nämlich **Bryonia** zu nehmen, welches dann gut von **Natrium muriaticum** gefolgt wird.

Nux vomica

Ein außerordentlich brauchbares Mittel für die Folgen von zuviel Essen, Trinken oder physischer Anstrengung. Der typische Kopfschmerz *am »Tag danach«*. Aber ebenso nützlich bei der Nux-Persönlichkeit. Die Kopfschmerzen sind oft vom neuralgischen Typ. Einige Magensymptome sind gewöhnlich dabei und Schwindel begleitet manchmal den Kopfschmerz. Er mag wohlschmeckende Speisen, Gewürze und Fett. Nux ist gewöhnlich ein frostiger Patient, empfindlich gegen Zugluft und alle äußeren Eindrücke, Licht, Geräusche und Farben. Er ist vor allen Dingen sehr *reizbar* und *pingelig*.

Pulsatilla

Pulsatilla ist im allgemeinen *schlechter* durch Wärme und *besser* durch Bewegung. Die Kopfschmerzen sind klopfend, vom gestauten Typus, *besser* durch kalte Anwendungen und langsame Bewegung, oft zusammen mit der Periode und *besser* nach derselben **(wie Lachesis)**. Kopfschmerz junger Mädchen vor der Periode. Möglicherweise Übelkeit bei den Kopfschmerzen. Das Mittel ist gut bei periodischen Anfällen oder wenn Säure nach zu fetter oder reichlicher Nahrung auftritt. Pulsatillapatienten lieben süße Dinge, ebenso Kuchen, was ihnen aber nicht bekommt und sie haben keinen Durst, nicht einmal beim Fieber. Symptome dieses Mittels sind oft *schlimmer am Abend* – die Kopfschmerzen, der Husten, das Fieber. Häufig haben sie Schnupfen, gewöhnlich gelb. Bei Nebenhöhlenerkrankungen hilft es besonders, wenn die Schmerzen *durch Wärme verschlimmert* werden. Wechsel der Symptome ist charakteristisch – rheumatische Schmerzen, Kopfschmerzen, die Art des Stuhls. Die *Geist- und Gemütssymptome* sind gut bekannt – freundliche, nachgiebige Art, weinen leicht, verlangen nach Aufmerksamkeit und Mitleid, aber sie können ebenso eifersüchtig, reizbar und empfindlich sein.

Sepia

Die Kopfschmerzen von Sepia sind oft mit Übelkeit verbunden, und obwohl in der Schwangerschaft die Übelkeit morgens auftritt, sind sie meist *besser* nach Schlaf **(gegensätzlich zu Lachesis)**. Sie bessern sich auch durch heftige Bewegung. Sepia paßt für müde, abgeschlaffte, reizbare Hausfrauen mit Kreuzschmerzen und dem Gefühl von Vorfall mit dem Verlangen, sich hinzusetzen. Aber wenn sie abends tanzen gehen, werden sie lebhaft, die Kopfschmerzen verschwinden und ihre Lebhaftigkeit kehrt wieder. Charakteristischerweise sind diese Patientinnen blaß und dünn, kälteempfindlich, werden aber in warmer, stickiger Luft ohnmächtig und erröten leicht.
Die *Geist- und Gemütssymptome* sind auch hilfreich: reizbar, weinerlich, meistens ordentlich, aber nun gleichgültig gegen Haus und Familie.

Silicea

Die Kopfschmerzen dieses Mittels treten oft am Hinterkopf auf, breiten sich über den Kopf bis zu den Augen aus, insbesondere rechts. Der Kopf ist sehr *empfindlich gegen* Luftzug und *bessert* sich durch festes Einbinden und Wärme – der alte Herr, der immer eine Nachtmütze trägt. Manchmal gibt es einen halben Gesichtsfeldausfall und Taubheit der Arme. Berstende Kopfschmerzen mit *Empfindlichkeit gegen* Geräusch, *schlechter* durch physische oder geistige Anstrengung.
Zusammen mit diesen Lokalsymptomen haben wir die Allgemein- und *Geist-Gemütssymptome* von Silicea. Frostigkeit, feuchte, schwitzige Füße und Hände, Angst vor Versagen, Mangel an Selbstvertrauen, Mangel an Stärke, erschöpft durch Reden und daher Abneigung gegen Menschen, reizbar, übergewissenhaft und empfindlich und natürlich eine Neigung zur Blutvergiftung. Silicea ist komplementär zu **Pulsatilla.**

Sulfur

Periodisch auftretende Kopfschmerzen mit Übelkeit, die in 7-Tage-Intervallen auftreten, denen häufig Sehstörungen und Zickzacks vorausgehen. Die Kopfschmerzen treten *häufig sonntags* auf, wenn der Patient lange schläft und *bessern sich*, wenn er geschäftig und aktiv ist. Es besteht ein Gefühl von Dumpfheit und Völle. Der Kopf ist heiß und brennt, *Besserung* durch kalte Anwendungen.
Andererseits sind die Kopfschmerzen *besser* im warmen Zimmer, *schlechter* durch Licht, Bücken, Erschütterung und nach dem Essen. Röte des Gesichtes.
Der Sulfurpatient ist gewöhnlich unordentlich und schmutzig, egoistisch

und voller Theorien. Manche sind kräftig gebaut, jovial und haben ein rotes Gesicht.
Viele dieser Kopfschmerzmittel gehören zu den *Polychresten* mit ihrer großen Fülle von Symptomen und Anwendungsmöglichkeiten. Man muß sie dann in Teil III und in anderen Büchern genau studieren. Kopfschmerzen sind ein Symptom, das bei vielen Mittelbildern auftritt.

11. Augenmittel

Dieses Kapitel war ursprünglich von meinem Kollegen R. D. CALCOTT geschrieben worden. Ich habe versucht, es durch meine eigenen Erfahrungen zu bereichern und habe einige Abschnitte hinzugefügt.
KENT hat in seinem Repertorium einen Abschnitt für »Augen« und einen für »Sehen«. Es ist nützlich diese zu studieren, weil sie Rubriken haben mit Bezug auf die Modalitäten von Schmerz, Entzündung und Absonderung. Die meisten Augenerkrankungen machen eine Untersuchung durch den Spezialisten und eine Überwachung durch ihn notwendig, obwohl die Homöopathie von großem Wert, sowohl bei akuten wie bei chronischen Augenerkrankungen ist.

11.1 Katarakt – Grauer Star

Cineraria

Urtinktur, 2–3 Tropfen für Augenbäder in abgekochten Wasser, zunächst einmal, später zweimal täglich und ohne Zeitbegrenzung fortgesetzt.

Indische Ärzte sagen, daß dieses Mittel die Entwicklung des grauen Stars verlangsamt und in manchen Fällen sogar bessert, obwohl häufig die moderne Augenchirurgie notwendig wird.
Calcium jodatum C6, Causticum C6, Phosphorus C6 sind wertvolle Mittel. Man gibt sie 14 Tage lang mit einer 14-tägigen Pause, dann Wechsel des Mittels.

11.2 Konjunktivitis – Bindehautentzündung

Apis mellifica

Röte, Stechen und Brennen der Augen mit Ödem der Lider, *besser durch Kälte.*

Argentum nitricum

Scharlachrote Conjunctiva, ödematös aber immer eitrig, *besser durch Kälte.*

Arsenicum album

Brennende, wundmachende, wäßrige Absonderungen, *besser durch Wärme.*

Calcium carbonicum

Verklebte Lider beim Erwachen, Photophobie in kaltem Wind.

Euphrasia

Diffuse Rötung mit deutlicher Photophobie – die Absonderungen sind scharf und machen die lateralen Canthi wund. Häufig bei akutem Schnupfen, hilfreich bei Heuschnupfen und Masern, beidemal als Potenz gegeben, sowohl oral als auch lokal 2–3 Tropfen der Urtinktur zu einem Augenbad.

11.3 Hornhautgeschwüre

Hepar sulfuris

Wahrscheinlich das nützlichste Mittel, insbesondere, wenn Sepsis vorhanden ist – die Schmerzen sind scharf, nadelartig in Spasmen, *schlechter nachts. Schlimmer* durch den geringsten Luftzug.

Mercurius solubilis

Es besteht eine starke Vascularisation um das Geschwür herum – ebenso *schlimmer nachts.* Verträgt kein Licht von offenem Feuer oder Tageslicht. Starkes Brennen, wundmachender Tränenfluß mit schleimig-eitrigem Ausfluß.
Die üblichen Mercuriuszüge sind abstoßender Geruch, Schweiß und übler Mund.

Conium

Hauptsächlich für dentritische Ulcera – häufig mit vergrößerten Lymphdrüsen. Sehschwäche und Schwindel, die den Patienten stolpern lassen.

Silicea

Für chronische, schmerzlose Ulcera mit geringer Vascularisation.
Narbenbildungen und Trübungen der Cornea.

11.4 Retinaablösungen

Bei dieser Erkrankung wird man hauptsächlich Augenchirurgie nötig haben, aber einige Mittel können bei der Heilung hilfreich sein.

Arnica

Wie immer bei Verletzungen.

Apis mellifica

Für ballonartige Ablösung.

Hypericum

Für Schmerzen nach Retinaoperation.

11.5 Diabetische Retinopathie

Adäquate Behandlung des Diabetes ist wichtig, möglicherweise als *Kombination* zwischen homöopathischen und konventionellen Behandlungsmöglichkeiten.

Syzygium

Dieses Mittel hat den Ruf, daß es eine spezielle Wirkung bei Diabetes hat, und man kann es als *Urtinktur,* drei Tropfen in Wasser täglich, geben. Man sollte aber auch eine konstitutionelle Verordnung treffen: **Natrium muriaticum, Lycopodium** oder **Sulfur** sind möglicherweise indiziert. Bei Retinablutungen sollte man an **Lachesis 1M** und ebenso an **Hamamelis** in Form von Tinktur oder niedrigen Potenzen denken.

11.6 Epiphora – »Tränenträufeln«

Man verordnet zunächst das konstitutionelle Mittel, welchem dann **Thiosinaninum C3** 2 Wochen lang folgt. Man wiederhole das nach einem Monat und schaue nach drei Monaten nach, ob es ein Erfolg war.

Silicea

Hilfreich in der **C6,** insbesondere, wenn der Tränengang verstopft ist, besonders bei kleinen Kindern.

Natrium muriaticum

Hat Tränenfluß in kalter Luft.

11.7 Augen – Überanstrengung

Pilocarpus jaborandi, wenn die Augen beim geringsten Gebrauch sofort ermüden oder wenn eine Muskelschwäche zum Schielen führt. **Natrium muriaticum** und **Ruta** sind ebenso indiziert, wenn die Muskeln der Augen schmerzen.

11.8 Glaucoma simplex – Weitwinkelglaukom

Auch hier muß man den Rat eines Spezialisten aufsuchen, insbesondere bei den akuten Phasen von Glaukom, so daß eine genaue Augendruckmessung vorgenommen wird und ebenso entsprechende Tropfen verschrieben werden.

Gelsemium

Kann von Wert sein, um den normalen Druck aufrecht zu erhalten. Gelsemium C6 14 Tage lang mit dreimal einer Dosis **C30** alle 7 Tage. Man wiederhole das 4–5 mal jährlich. Zwischendurch versuche man *konstitutionell* zu behandeln.

Pulsatilla

Die Absonderungen sind reichlich und milde – weißer oder gelber Eiter. *Besser* an frischer Luft, *schlechter* im warmen Zimmer. Hilfreich bei Masern.

Rhus toxicodendron

Akute Entzündung der Lider, die verklebt und die schwierig zu öffnen sind. Im frühen Stadium eines Augenerysipels, ein Mittel häufig am Beginn der *Windpocken.*

Ruta

In der **10M**-Potenz für plötzliche Drucksteigerungen.

11.9 Augenverletzungen – allgemein

Aconitum

Für eine direkte Verletzung der Hornhaut durch einen leichten Schlag. **10M**-Potenz zwei- oder dreimal.

Arnica

Quetschung von Lidern und Augenhöhle. Man lasse darauf **Ledum C200** folgen.

Symphytum

Schmerzen der knöchernen Augenhöhle.

11.10 Iritis

11.10.1 Akute

- **Mercurius solubilis**
- **Mercurius corrosivus**
- **Hepar sulfuris**

Das sind die Mittel, die einen großen Teil der Fälle in Ordnung bringen. Bei Mercursalzen ist charakteristisch das heftige Brennen, der Tränenfluß mit Photophobie durch strahlende Hitze und Helligkeit und rote, geschwollene Lider.

Hepar sulfuris

Reichliche Absonderung, gewöhnlich eitrig mit Ulcerationen und gebessert durch warme Anwendungen.

11.10.2 Chronische

Diese kommt häufig bei Fällen von Rheumatismus und Arthritis vor, wobei *konstitutionelle* Behandlung notwendig ist.

Syphilinum

Das Mittel sollte immer in Betracht gezogen werden, wenn Augengeschwüre und Entzündungen chronisch rezidivieren.

11.11 Maculaverletzungen

Lycopodium

Lycopodium 10M, danach das konstitutionelle Mittel, das nach 2 Wochen folgt, zusammen mit **Ledum C200.**

11.12 Meibom'sche Zysten – Gerstenkörner

Thuja

C30 für die gewöhnliche Zyste.

Staphisagria

C200, wenn viel Ödem und Röte vorhanden ist.

Barium carbonicum

10M für die kleineren, härteren Zysten. KENT erwähnt noch einige andere Mittel unter »Knötchen« oder »Tumoren der Augenlider«.

11.13 Retinablutungen

Lachesis

1M gefolgt von **Hamamelis C6** 5 Tage lang. Man denke auch immer an **Arnica** bei Blutungen.

11.14 Skleritis – Lederhautentzündung

Thuja

Ein sehr hilfreiches Mittel und häufig das einzige, das benötigt wird.

11.15 Seborrhoische Blepharitis

Röte der Augenlider ist häufig mit Seborrhoe der Kopfhaut verbunden, mit Jucken und Schuppenbildung. *Konstitutionelle* Verordnung hilft am besten, aber manche Lokalsymptome sind folgende:

Argentum nitricum

Krusten an den Lidrändern mit Entzündung, Schmerzen und eitrige Absonderung.

Graphites

Krusten auf den Lidern mit honigartigen Absonderungen und Rissen in den medialen Canthi. Normalerweise verbunden mit stark ausgebreiteten Hautausschlägen, Psoriasis oder Ekzem mit Rissen und Jucken in der Ohrumgebung.

Pulsatilla

Wundheit und Jucken der Augenlider häufig bei Patienten mit Masern oder Schnupfen mit milden Absonderungen, obwohl die Augen selber jucken und brennen. Insbesondere bei Pulsatillapatienten angezeigt.

Natrium muriaticum

Chronische Blepharitis mit immer wieder auftretenden Meibom'schen Zysten.

Acidum nitricum

Dieses Mittel ist durch Risse, Fissuren und übelriechende Absonderungen charakterisiert. Dunkle Ringe unter den Augen. Häufig eiternde Verletzungen.

Sulfur

Der typische brennende, heiße, juckende Ausschlag von Sulfur paßt auch bei den Augenlidern, ist aber meistens mit allgemeinen Hautausschlägen verbunden, *schlechter* durch Wärme und Baden.

11.16 Schielen – Strabismus

Gelsemium

C6 für zwei Wochen gefolgt von Gelsemium **C30.**

Cyclamen

Augensymptome häufig verbunden mit Migräne. Innenschielen nach Krämpfen und im Zusammenhang mit Mensesstörungen.

11.17 Gerstenkörner

Auch hier können
- **Pulsatilla**
- **Sulfur**
- **Graphites**

indiziert sein und zwar abhängig von den *konstitutionellen* Zügen und den Hautveränderungen.

11.18 Glaskörperblutungen

Das Mittel der Wahl:

Ledum C3, Tabl.
14 Tage lang,
zu wiederholen nach 3–4 Wochen

Augensymptome und Zeichen erscheinen in der Materia medica bei vielen allgemeinwirksamen Mitteln, sie sollten besser als Teil des Symptomengesamtbildes behandelt werden, obwohl einige Lokalmittel bei akuten Situationen oder für die Verordnung in der Allgemeinpraxis nützlich sind.

Anmerkung des Übersetzers: Hier ist einmal auf Grund der Allgemein- und Lokalsymptomatik die Heilung einer Glaskörperblutung, die schon 3 Monate bestand und zu völliger Erblindung des rechten Auges geführt hatte, mit **Crotalus horridus** gelungen. Deshalb ist der Hinweis des Autors sehr zu beachten.

12. Die Atmungsorgane und ihre Arzneimittel

Das Kapitel schließt auch diejenigen Mittel ein, die bei fieberhaften Infektionen, Halsschmerzen, Husten, Erkältung und in den Frühstadien von Lungenentzündungen nützlich sind.
Diese Gruppe von Erkrankungen ist die *häufigste in der Allgemeinpraxis,* und heutzutage werden sie hauptsächlich mit Antibiotika und den üblichen Hustenmitteln behandelt. Man muß daran erinnern, daß die meisten dieser Erkrankungen Virusinfektionen sind und von Antibiotika überhaupt nicht beeinflußt werden – und, obwohl diese Mittel immer noch eine Bedeutung haben und lebensrettend sein können, sollten wir sie doch mit Sorgfalt und nur in bestimmten Fällen verschreiben. In den meisten Situationen wird der homöopathische Arzt in der Lage sein, diese Erkrankungen mit dem indizierten homöopathischen Mittel zu behandeln. Manchmal kann es der Fall sein, daß man neben einem homöopathischen Mittel bei bestimmten Patienten doch noch Antibiotika anwenden muß, weil die Besserung ungenügend ist, oder wenn der Patient sehr schwach ist, oder die Bakterien sehr virulent sind oder im Falle einer aktiven Tuberkulose. Aber der größere Teil der Patienten – sogar mit Lungenentzündung – kann durch das richtige homöopathische Mittel geheilt werden.
In Fällen von *Asthma* kann es notwendig sein, daß man Bronchodilatatoren anwendet, eine Inhalation oder eine kurze Anwendung von Kortikosteroiden, aber dieses sollte nur sekundär sein, neben der Auswahl des gut indizierten Mittels.

> Die Möglichkeit des homöopathischen Konstitutionsmittels, die Rückfallhäufigkeit von Atmungs- und Halsinfektionen sowie Asthmaanfällen zu vermindern, zeigt uns einen der befriedigendsten Aspekte der Homöopathie.

12.1 Akuter Schnupfen und Heuschnupfen

Allium cepa

Schnupfen mit starker Absonderung aus Augen und Nase, scharf aus der Nase und milde aus den Augen. Es besteht Niesen und Kopfschmerz, der Patient ist warm und durstig, *schlechter* im warmen Zimmer, *besser* an frischer Luft.

Ambrosia

Heuschnupfen mit Tränenfluß und unerträglichem Jucken der Augenlider. Gefühl von Verstopfung der Nase und im Kopf. Nasenbluten.

Arsenicum album

Dünne, wäßrige Nasenabsonderung, welche die Oberlippe wund macht, aber die Nase verstopft. Dies bei jedem Wetterwechsel. Frostig. Brennen, das durch Wärme gebessert wird. Ruhelosigkeit, Ängstlichkeit und Genauigkeit.

Arsenicum jodatum

Reichlicher, brennender, wundmachender Nasenausfluß mit Nasenverstopfung. Niesen, welches verschlimmert. Abneigung gegen zu große Wärme, Ruhelosigkeit.

Euphrasia

In diesen Fällen ist der Tränenfluß wundmachend und der Ausfluß aus der Nase milde.
Verschlimmerung durch Licht, Wärme und *besser* im Dunkeln. Schnupfen schlimmer nachts und beim Hinlegen, aber Husten schlimmer tagsüber und besser durch Hinlegen.

Nosode Gras und Pollen

Wenn die Krankheit in der Pollensaison beginnt, so kann die 30. Potenz als Prophylaktikum wertvoll sein. Es gibt verschiedene Vorschläge für die Dosierung. Manche verschreiben wöchentlich oder alle 14 Tage eine Dosis, andere täglich für zwei Wochen am Beginn der Saison.
Es gibt auch noch eine Heuschnupfenmischung beim homöopathischen Apotheker. Sie enthält mehrere Mittel und wird in der 6. Potenz täglich gegeben, wenn die Symptome sehr schlimm sind.

Natrium muriaticum

Sehr reichlicher Nasen- und Tränenfluß. Heftiges Niesen. Trockene, rissige Lippen mit Herpes. Starke Kopfschmerzen, *schlechter* durch Wärme, *besser* durch Kälte. Reizbar, will nicht gestört werden.

Nux vomica

Der Patient liegt im Bett, eingewickelt in Decken, sogar den Kopf. Er friert, sobald er sich abdeckt. Es schmerzt ihn überall, er schwitzt. Leichte Halsschmerzen, bräunlich belegte Zunge. Verlangen nach warmen Getränken. Sehr reizbar.

Sabadilla

Anhaltendes, heftiges, unvollkommenes Niesen. Jucken und Kitzeln in der Nase. Entweder das eine oder das andere Nasenloch verstopft. Akuter Schnupfen, Heuschnupfen, schlechter durch den Geruch von Blumen. Oft verbunden mit Heuasthma. Halsschmerzen auf der linken Seite, besser durch warme Getränke.

12.2 Krupphusten

Aconitum (siehe S. 106 und weiter unten)

Folgen von Schreck oder trockener Kälte. 1. Stadium von Krupp oder von Fieber, Ruhelosigkeit, Angst, Durst, *schlechter* abends, durch Liegen auf der linken Seite, in einem warmen Zimmer, *besser* durch Abdecken.

Hepar sulfuris

Beginnt mit Erkältung, verstopfter Nase, dünnem, reizendem Ausfluß – grünlich gelb. *Empfindlich gegen* Zugluft, reizbar, schlechter von kaltem, trockenem Wetter; Husten, sobald nur irgendein Körperteil entblößt wird. Scharfe, stechende Schmerzen (siehe auch »Halsschmerzen« S. 138). *Verlangen nach* Soßen, gewürzten Speisen.

Spongia

Krupphusten, der einen mit dem Gefühl von Ersticken aus dem Schlaf weckt, große Aufregung und Angst. Husten *schlechter* durch Reden, Schlucken oder mit dem Kopf niedrig liegen, und Liegen auf der rechten Seite; *besser* durch Liegen auf der linken Seite.

12.3 Fieber, Husten und Brustinfektionen

Aconitum

Am besten in den frühen Stadien bei jedem Fieber oder Schüttelfrost, besonders nach Einwirkung von trockener, kalter Luft oder an einem

Frosttag. Ebenso ist es indiziert, wenn der Patient einen sehr schlimmen Schreck oder Schock erlitten hat.
Beginn der Symptome ist sehr plötzlich und gewöhnlich mit Angst, Ruhelosigkeit und Furcht verbunden; ein Kind mit plötzlichem Fieber und rotem Hals, brennender Trockenheit des Mundes und Durst auf kalte Getränke. Die Symptome sind *schlimmer* abends, in einem warmen Zimmer oder beim Liegen auf der linken Seite, und der Patient möchte alle Bettdecken wegwerfen. Die Augen sind gerötet, der Puls kräftig und die Pupillen nicht vergrößert. Die *Plötzlichkeit* des Beginns und die *Angst* sind die *Hauptcharakteristika,* und es wird oft eine Erkältung oder ein Halsweh rasch beenden, wenn man das Mittel früh genug gibt.

Antimonium tartaricum

Dies ist oft ein Mittel bei schlimmen Fällen von Pneumonie, von Kapillarbronchitis oder Linksherzinsuffizienz. Der Patient ist bläulich, blaß, kalt und schwitzig, aber hat eine *Abneigung* gegen stickige Luft oder eingewickelt zu werden. Die Zunge ist trocken und weiß, aber ohne Durst **(Pulsatilla, Gelsemium).** Der Schleim rasselt beim Ein- und Ausatmen in den Bronchien, wobei ein Gefühl von Druck und Ersticken besteht – dieses *Rasseln ist ein Leitsymptom* für das Mittel (siehe auch **Ipecacuanha**). Der Patient kann dabei schläfrig sein, aber möchte aufrecht sitzen, und es besteht ein Mangel an Reaktion.

Belladonna

Die Züge dieses Mittels ähneln sehr einer Überdosierung von Atropin oder denen eines typischen Scharlachfiebers.
Es besteht hohes Fieber oft begleitet von Delirium, eingeschränktem Bewußtsein, springendem Puls, mit Zucken und Rucken, gerötetem, trockenem Gesicht mit peroraler Bläße, erweiterten Pupillen, trockenrotem Hals und einem Belag, der die Papillen auf der Zunge sich vergrößern läßt und manchmal auch einem scharlachähnlichen Ausschlag. In diesem Fall geht es dem Patienten *besser durch Wärme* und er mag nicht abgedeckt werden – also das Gegenteil von **Aconitum.** Häufig besteht ein klopfender Kopfschmerz, *schlechter* durch Licht, Erschütterung, durch Störungen und *besser* durch Druck und Einhüllen des Kopfes. Belladonna kann auch bei einem Kopfschmerz dieser Art ohne Fieber indiziert sein.
Bei den Patienten kann ein Frühstadium von Tonsillitis oder auch Otitis media bestehen (wobei das Trommelfell auch ganz rot sein kann) oder bei Beginn eines infektiösen Fiebers. Wenn die Symptome in der Art bestehen, wie sie beschrieben werden, so wird das Mittel oft ein Fortschreiten der Krankheit verhindern.

Bei Entzündungen mit Röte, Hitze, Schwellung und Trockenheit hilft das Mittel ebenfalls. Die Zustände sind toxischer, als bei **Aconitum.**

Bryonia

Charakteristisch für dieses Mittel sind die stechenden Schmerzen, die durch jegliche *Bewegung verschlimmert* werden, Trockenheit der Schleimhäute und Verlangen nach großen Mengen kalter Getränke. Die Verschlimmerung durch Bewegung kann bei den Schmerzen einer Pleuritis oder Pneumonie gefunden werden, ebenso bei Kopfschmerzen, rheumatischen oder neuralgischen Schmerzen. Der Schmerz in der Brust wird *besser* durch Druck oder Liegen auf der befallenen Seite. Der Patient ist reizbar. Er möchte nicht bewegt oder gestört werden – bereits Babies können dieses Symptom deutlich zeigen.
Mund und Lippen sind trocken, die Zunge ist weiß und es besteht Durst auf große Mengen kalter Getränke. Es besteht oft ein trockener, harter Husten, der sehr schmerzhaft ist, und der stechende Schmerzen in der Brust oder Kopfschmerzen verursacht. Die Symptome und Zeichen sind oft mehr auf der *rechten Seite* vorhanden.
Bryonia hilft bei manchen Fällen von Masern, wenn der Ausschlag sich nur langsam entwickelt und wenn der Patient sich nach Ausbruch des Ausschlags deutlich besser fühlt.

Carbo vegetabilis

Charakteristisch für dieses Mittel ist Kollaps oder Ohnmacht mit kalten Extremitäten, Schweiß und blauem Aussehen, aber mit dem Bedürfnis, Luft zugefächelt zu bekommen oder die Fenster weit offen zu haben, um frische Luft zu bekommen.
Es ist ebenfalls von Wert bei Kapillarbronchitis mit Brennen in der Brust, Frostigkeit, einem manchmal krampfhaften Husten, der den Patienten im Gesicht rot anlaufen läßt (Keuchhusten). Trockene Zunge mit gelbem Belag und erhebliche Blähungen.

Causticum

Dieses Mittel ist häufig bei Laryngitis und Tracheitis indiziert, nachdem der Patient einem kaltfrostigen Wetter oder trockenen, kalten Winden ausgesetzt war.
Heiserkeit, *schlechter morgens* (**Phosphor** ist schlechter abends). Brennend-rauhes Gefühl in der Trachea mit Verlust der Stimme. Unfähigkeit, das Sputum hochzubringen, welches wieder zurückschlüpft. Der Husten wird verursacht durch kleine Schlucke kalten Wassers. Harnabgang beim Husten.

Natrium sulfuricum

Ein Mittel mit *Verschlimmerung* durch feuchtes oder warmes Wetter und feuchte Atmosphäre. Der Husten ist locker mit grünlichem Auswurf, Wundheitsgefühl und großen Schmerzen, insbesondere in der linken unteren Brusthälfte. *Verschlimmerung um 4 Uhr,* obwohl auch eine *Morgenverschlimmerung* mit Depression und Diarrhoe nach dem Aufstehen vorhanden sein kann. Die Patienten sind depressiv und haben möglicherweise Kopfschmerzen, insbesondere nach einer Kopfverletzung.

Phosphorus

Dies Mittel ist unschätzbar bei allen frühen Stadien von Pneumonie oder Bronchitis. Der Patient ist ruhelos, nervös, ängstlich im Dunkeln oder beim Alleinsein. Er verlangt nach Gesellschaft und möchte die Hand von jemandem festhalten. Es besteht Engigkeitsgefühl an der Brust mit hartem, schmerzhaftem Husten, schlechter durch kalte Luft oder durch Lachen, mit einem Auswurf, der blutgestreift ist und ein sehr deutlicher Durst nach großen Mengen eiskalter Getränke. Man achte darauf, daß es einen Unterschied im Geist- und Gemütsbereich zwischen **Bryonia** und Phosphorus gibt, der eine reizbar und mit Abneigungen gegen Störungen, der andere voller Ängste und Befürchtungen mit Verlangen nach Gesellschaft. Obwohl der Patient Durst hat, ist ihm oft übel und er erbricht die Getränke nach kurzer Zeit, nachdem sie sich in seinem Magen angewärmt haben. Ferner ist oft der rechte untere Lungenflügel befallen und der Patient kann nicht auf der linken Seite liegen. Die körperliche Erscheinung des Patienten kann auch ein Hinweis auf die Mittelwahl sein – er ist eher schlank mit braunen Augen und langen Augenwimpern oder auch rothaarig mit Sommersprossen.

Pulsatilla

Dieses Mittel ist bei allen katarrhalischen Erkrankungen sehr nützlich, bei immer wieder auftretenden Erkältungen, Sinusitis und Asthma; es ist auch ein gutes Akutmittel bei Atemwegserkrankungen, wenn die Symptome es indizieren.

Charakteristisch ist die Abwesenheit von Durst, auch wenn der Patient Fieber hat (ähnlich **Gelsemium, Apis**).

Der Husten ist *schlimmer* abends, trocken in der Nacht und locker tagsüber mit gelbem Nasenausfluß oder Sputum. Der Patient hat eine *Abneigung* gegen warme Atmosphäre, und der Husten wird schlimmer im warmen Zimmer. Die Augen sind möglicherweise verklebt und wund, manchmal mit Gerstenkörnern oder Blepharitis – das sieht man häufig

bei Masernfällen, bei denen Pulsatilla von großem Wert ist. Vielleicht muß man Pulsatilla geben, um Masern abzukürzen, auf jeden Fall wird es die Wiederherstellung beschleunigen und die Komplikationen an Ohren oder Brust verhindern.
Die Patienten sind *weinerlich, verlangen Zuwendung,* wobei sie oft *eifersüchtig* reagieren, wenn anderen in der Familie ebenfalls Aufmerksamkeit zuteil wird.
Hier kann auch das Erscheinungsbild selber hilfreich sein. Sie sind oft hellhaarig, blauäugig und eher schüchterne Personen.

12.4 Grippe

Baptisia

Schwere Grippe und sogar Pneumonie mit typhusartigem hohen Fieber und raschem Fortschreiten zu einem stuporösen Zustand. Der Patient hat eine rote, dunkle Gesichtsfarbe, der Mund ist oft voller Beläge und hat einen üblen Geruch (wie **Mercurius**). Gastrische Symptome bestehen mit Diarrhoe, Erbrechen und großer Hinfälligkeit. Ferner findet sich ein Zerschlagenheitsgefühl und der Patient sagt vielleicht, daß »seine Gliedmaßen umhergestreut liegen würden«. Intensiver Durst und reichlicher Schweiß kommen auch vor.

Eupatorium perfoliatum

Das *Hauptcharakteristikum* dieses Grippetyps sind die intensiven *Knochenschmerzen, als ob* sie zerbrochen wären. Der Patient wagt sich wegen der Schmerzen kaum zu bewegen (ganz im Gegensatz zu **Pyrogenium**). Es bestehen berstende Kopfschmerzen, *schlimmer* durch Bewegung, Wundheitsgefühl der Augäpfel und Schaudern und Kälte im Rücken. Es besteht Galleerbrechen und gewöhnlich erheblicher Durst (im Gegensatz zu **Gelsemium**).

Gelsemium

Dies ist das häufigst gebrauchte Grippemittel insbesondere bei Epidemien, die bei mildem, feuchtem Wetter auftreten. Der Beginn ist langsam mit Muskelschmerzen und Steifigkeit in der Zervikalregion. Es besteht außerordentliche Schwäche, Zittern der Gliedmaßen und Apathie; große Müdigkeit. Er schaudert und am Rücken friert es ihn rauf und runter, es bestehen dumpfe Kopfschmerzen in Stirn und Hinterkopf mit Schmerzen in den Augäpfeln, herabhängende Lider und Doppeltsehen. Die Zunge ist belegt, der Patient hat auch während des Fiebers keinen

Durst (**Pulsatilla, Apis**). Der Patient fühlt sich *besser* an der frischen Luft und nach Urinieren – möglicherweise muß er große Mengen von Urin lassen, welches seine Kopfschmerzen bessert. Er ist ängstlich.

Pyrogenium

Grippefälle, die nach diesem Mittel verlangen, sind charakterisiert durch große *Ruhelosigkeit* und *heftiges Herzklopfen.* Bei niedrigem Fieber ist der Puls manchmal sehr schnell oder umgekehrt bei hohem Fieber ein langsamer Puls. Diese Widersprüchlichkeit ist oft eine Indikation für Pyrogenium. Es besteht große Frostigkeit mit Frost in Rücken und Gliedmaßen. Der Patient fühlt sich wie gequetscht und zerschlagen, das Bett fühlt sich zu hart an, er hat berstende Kopfschmerzen und vor allem ist es ihm völlig unmöglich, bei den Schmerzen still zu liegen und er hat ein Gefühl von Ruhelosigkeit. Pyrogenium ist auch ein Mittel bei septischen Fiebern und bestimmten Fällen von Pneumonie.

Rhus toxicodendron

Obwohl man es sehr häufig bei Fällen von Rheumatismus anwendet, hat dieses Mittel doch einen entschiedenen Platz bei der Behandlung von Grippe. Die Schmerzen von Rhus toxicodendron sind charakteristischerweise *schlimmer,* wenn Gliedmaßen oder Körper stillgehalten werden und sie *bessern* sich bei Bewegung, obwohl dann der Patient nach einer Weile ermüdet und aufhört sich zu bewegen. Dann tritt wiederum die Ruhelosigkeit ein und das Spiel beginnt von neuem. Es besteht Steifigkeit morgens oder im Beginn der Bewegung.
Feucht-kaltes Wetter verschlimmert die Symptome. Es besteht Fieber, Durst, Röte der Zungenspitze und Knochenschmerzen bei Grippe. Bei sehr hohem Fieber mit Verwirrung hat der Patient möglicherweise die Furcht, vergiftet zu werden.

12.5 Halsschmerzen

Barium carbonicum

Halsschmerzen nach nassen Füßen, rezidivierende Tonsillitis mit anhaltend vergrößerten Drüsen. Es bestehen rohe, kratzende, schießende Schmerzen, verschlimmert durch Leerschlucken. Frostigkeit mit übelriechendem Fußschweiß, Speichelfluß, Heiserkeit und faulem Geschmack. Die Patienten sind häufig weich, schlaff und blaß. Sie haben oft Schleim in Nase und Hals und Ohrgeräusche, schlimmer beim Kauen und besser durch Niederlegen.

Belladonna

Plötzlicher Beginn der Halsschmerzen mit roter Entzündung, Erdbeerzunge, begleitender, trockener Gesichtsröte und peroraler Blässe. Die Pupillen sind erweitert, der Hals ist trocken und das Schlucken ist schwierig. Bei Kindern ist das Fieber oft von Delirium und Halluzinationen begleitet.

Hepar sulfuris

Diese Fälle haben übelriechende Absonderungen und reichlichen Schweiß bei Tag und Nacht. Die Halssymptome sind charakteristisch durch splitterähnliche Schmerzen, *als ob* eine Gräte im Hals stecken würde und durch Berührungsempfindlichkeit. Diese Empfindlichkeit paßt bei allen septischen Erscheinungen von Heparfällen. Der Patient ist gewöhnlich auch gemütsmäßig sehr empfindlich, – reizbar, ungestüm, ärgerlich, aufgebracht durch ein einziges Wort, eine Berührung, einen Lufthauch oder Schmerzen. Es besteht allgemeine *Verschlimmerung in trockener Luft* und *Besserung bei feuchtem* Wetter, ein Verlangen nach sauer Eingemachtem, Essig und oft nach fettem Essen.

Lachesis

Halsschmerzen auf der linken Seite oder Beginn links dann rechts. Auch große Empfindlichkeit gegen Berührung, *schlimmer* durch *heiße Getränke* und *besser durch Kälte.* Gestautes, blaues Aussehen des Halses, mit absoluter Abneigung gegen Beengung am Hals. Das Schlucken von Flüssigkeiten und das Leerschlucken ist schwieriger als das Schlucken von festen Dingen. Deutliche *Verschlimmerung nach Schlaf.* Im Fieber kann der Patient geschwätzig sein oder schläfrig, mit dem Argwohn, daß man ihn vergiften wolle.

Lycopodium

Nützlich bei rechtsseitigen Halsschmerzen, die sich durch *warme Getränke bessern.* Der Patient ist typischerweise *ängstlich* mit besorgtem Stirnrunzeln.

Mercurius solubilis

Um dieses Mittel bei Halsschmerzen zu verschreiben, muß der Mund übelriechend, feucht und voll mit schmutzigen Belägen sein, die Zunge belegt mit Zahneindrücken. Starke Schweiße ohne Erleichterung, *schlimmer* nachts und durch Betthitze sind charakteristisch. Kriechendes Frösteln und trotz des Speichelflusses ständig Durst. Schleimig-eitrige Absonderungen aus der Nase mit Wundsein der Nasenlöcher.

Phytolacca

Der Hals ist hier trocken, roh, gestaut und dunkelrot. Beim Schlucken schießen die Schmerzen nach oben zu den Ohren, wie elektrische Schläge. Es können Ulcera im Hals bestehen und die Schmerzen werden durch heiße Speisen oder Getränke *verschlimmert.* Es besteht eine *allgemeine Verschlimmerung* aller Symptome durch Kälte, feuchtes kaltes Wetter und nachts. Der Nacken ist oft steif und es besteht manchmal eine unabwendbare Neigung, die Zähne fest aufeinanderzubeißen.

Die folgenden fünf Infektionskrankheiten sollten auch an dieser Stelle behandelt werden.

12.6 Windpocken

Antimonium tartaricum

Die Pusteln entwickeln sich nur langsam, und besonders, wenn gleichzeitig Bronchitis vorhanden ist (Siehe S. 133 und S. 169).

Rhus toxicodendron

Wäßrige Ausschläge mit deutlichem Jucken.

12.7 Masern

Pulsatilla, Euphrasia und **Sulfur** sind in Erwägung zu ziehen.

Bryonia

Wenn man glaubt, daß eine Inkubation vorliegt, der Patient fiebert und hustet, aber der Ausschlag noch nicht erschienen ist.

Morbillinum (die Nosode)

Nachdem die akute Phase vorüber ist.

12.8 Mumps

Erstes Mittel **Mercurius:** Mit Speichelfluß und übelriechendem Schweiß.
Pilocarpius jaborandi: Fast ein spezifisches Mittel bei Mumps.
Pulsatilla: Wenn gleichzeitig eine Orchitis besteht.

12.9 Keuchhusten

Carbo vegetabilis

Bereits genannt (siehe S. 134).

Drosera

Das am häufigsten indizierte Mittel mit spastischem Husten und Erbrechen nach Mitternacht. Es ist auch wertvoll bei tuberkulösen Erkrankungen.

Cuprum metallicum

Wenn die Krämpfe außerordentlich stark sind und zu Konvulsionen führen.

Pertussinum (die Nosode)

Man kann sie entweder als Prophylaktikum für die anderen Mitglieder der Familie benutzen oder als Folgemittel nach der akuten Phase, wenn der Husten nicht verschwindet.

12.10 Drüsenfieber – Röteln

Es gibt kein spezielles homöopathisches Mittel für diese Erkrankung, aber bei Patienten, die Fieber, Ausschlag, kleine Drüsen im Nacken und oftmals sehr schmerzhafte Halsschmerzen mit Entzündung und Exsudat haben. Mittel, die hier in Betracht kommen sind **Belladonna** im Frühstadium, **Mercurius cyanatus** oder **solubilis,** wenn der Mund trocken ist mit Speichelfluß, übelriechendem Geruch und Schweißbildung.
Calcium phosphoricum kann hilfreich folgen für die Drüsen und eine Dosis der **Nosode Röteln** in **C30** hilft, wenn die Rekonvaleszenz zu langsam verläuft. **Ailanthus** und **Carcinosinum** werden ebenfalls empfohlen, wenn die Erholung nur langsam erfolgt.

12.11 Zahnung

Chamomilla

Dies ist ein Mittel, das keinem Arzt bei akuten Erkrankungen fehlen darf, insbesondere bei Kindern. Das Kind ist reizbar, möchte umhergetragen oder auf und nieder gewiegt werden. Sobald man es hinlegt, fängt es wieder an zu schreien (ähnlich **Borax**). Beim Zahnen, wenn eine Wange rot ist. Trockener Husten während des Schlafes. Brennend heiße Füße. Der Stuhl ist oft grün und stinkt, mit Koliken.

13. Herz- und Kreislaufmittel

Viele homöopathische Ärzte verwenden einige konventionelle Mittel bei bestimmten Situationen, aber wenn irgend möglich sollten sie immer nur ergänzend zu einem homöopathischen Mittel gegeben werden.
Bei Herzfehlern benötigt man unter Umständen *Digitoxin* und *Diuretika.* Wir sind uns heutzutage alle dessen bewußt, daß man die Gaben von Digitalis vermindern muß, insbesondere bei älteren Patienten. Wegen der toxischen Effekte gibt es eine ganze Reihe von Patienten, die Herzglykoside überhaupt nicht vertragen. Mittel wie

- **Apis**
- **Crataegus**
- **Convallaria**

haben genügend *diuretische Effekte,* es kann aber sein, daß man dennoch zusätzlich konventionelle Diuretika benötigt.
Bei hohem Blutdruck braucht man manchmal Diuretika und Betablokker, wenn auf **Crataegus** keine entsprechende Besserung erfolgt oder auch ein konstitutionelles Mittel nicht hilft.
Bei Angina pectoris und Koronarinsuffizienz gibt es eine ganze Reihe von wirksamen homöopathischen Mitteln, obwohl bei akutem Infarkt Intensivstation und Wiederbelebungsmaßnahmen lebensrettend sein können.

> **Aconitum, Carbo vegetabilis** und **Arsenicum album** können dramatische Wirkungen in akuten Situationen haben.

Bei mehr chronischen Zuständen müssen wir wieder den Patienten als Ganzes betrachten. Man muß auch hier seine Allgemeinsymptome, Geist- und Gemütssymptome, ebenso seine Schmerzen, seine Atemnot oder seine Ödeme in Betracht ziehen, um das Mittel herauszufinden, welches einen größtmöglichen Teil der Symptome so weit wie möglich deckt.

13.1 Homöopathische Tinkturen

Adonis vernalis

Nach Rheumatismus oder Grippe mit Herzklappenerkrankung. Geringe Vitalität, schwaches Herz, langsamer schwacher Puls. Herzasthma. Unregelmäßiges Herz – möglicherweise ein Ersatz für Digitalis.

Convallaria majalis

Erweiterung der Ventrikel – Ödeme. Gefühl, *als ob* das Herz stoppen würde und wieder beginnt.

Crataegus oxiacantha

Für ein schwaches oder unregelmäßiges Herz. Arteriosklerose und chronische Herzerkrankung. Myocarditis, *schlimmer* im warmen Zimmer und *besser* an der frischen Luft.
5 Tropfen in Wasser.

Iberis

Herzklopfen durch leichteste Anstrengung, Lachen und Husten – pfeilartige Schmerzen im Herz. *Schlimmer* durch Niederlegen, auf der linken Seite, Anstrengung, warmes Zimmer.
(Tinktur oder D1 Potenz).

13.2 Mittel bei Angina pectoris

Cactus

Zusammengeschnürtes, gequetschtes Herz. Gefühl, *als ob* ein eisernes Band das Herz am Schlagen hindere. Heftige, unregelmäßige Schläge, *schlimmer beim Liegen,* besonders auf der linken Seite. Heiß, schwitzig. Angst und Not *schlimmer* 11 oder 23 h.

Kalmia

Heftiges Herzklopfen mit Schwächegefühl oder langsamer, schwacher Puls.
Wandernde, rheumatische Schmerzen in Herz und linkem Arm.
Herzerkrankungen als Folge von rheumatischem Fieber, insbesondere, wenn die rheumatischen Beschwerden besser werden und die Herzsymptome sich verschlimmern (der schlechtere Weg der Heilung).
Symptome *schlimmer durch Vorwärtsbeugen.*

Lachesis

Nützlich bei Angina pectoris oder Herzfehlern, wenn die Symptome passen.
Die *Hauptcharakteristika* dieses Mittels sind:
Blaues Aussehen insgesamt oder bei den lokalen Erscheinungen. *Verschlimmerung* der Symptome *nach Schlaf,* Neigung zu linksseitigen

Symptomen, *Verschlimmerung durch Wärme,* Herzklopfen und Erstikkungssymptome die in gar keinem Verhältnis zu den lokalen Erscheinungen stehen. Das Gefühl von Ersticken wird *verschlimmert* durch Berührung, heiße Getränke, Leerschlucken.
Die Patienten sind oft geschwätzig, eifersüchtig und mißtrauisch.

Latrodectus mactans

Heftige Präkordialschmerzen, in linken Arm und Finger ausstrahlend, mit Taubheitsgefühl – Ausstrahlung bis ins Abdomen. Krampfartig.
Rascher, schwacher Puls.
Angst, kalter Schweiß, Schnappen nach Luft.
Aufschreien vor Schmerzen.

Lilium tigrinum

Dumpfe, packende Schmerzen in Brust und rechtem Arm, *schlimmer* durch Trost, Wärme, Hinlegen und Druck. *Als ob* das Herz heftig zusammengedrückt und dann wieder langsam losgelassen würde – daran erwacht der Patient.
Heftiges Herzklopfen.
Weinerlich, in Eile, Herabdrängen wie bei **Sepia.**

Lycopus (in Potenz oder Tinktur)

Paroxsymale Tachykardie. Exophtalmus, Kropf. Sehr unruhiges Gefühl in der Herzgegend.
Blaß, ruhelos. Herzklopfen *schlimmer* durch Liegen auf der rechten Seite.

Naja

Zittern *schlimmer* durch Schlaf, enge Kleidung **(Lachesis).** Erstickendes, zusammenschnürendes Gefühl am Hals – trockener Reizhusten.
Ödeme, aber keine Blutungen oder Purpura. Das Blut steigt nach oben.
Nervenerkrankungen, sogar bulbäre Lähmung – Lähmung der Sprache, Schlucken mit deutlichem Speichelfluß.
Brütet über imaginären Problemen, selbstmörderische Depression, hat Angst, allein gelassen zu werden.
Schmerzen in der linken Schläfe und linken Orbitalregion, die in den Hinterkopf ausstrahlen mit Übelkeit und Erbrechen.
Heftiges Herzklopfen – hörbar; Klappenfehler, kann nicht auf der linken Seite liegen. Wie ein Gewicht auf dem Herzen. Stechende Schmerzen mit Taubheit von linkem Arm und Hand.

Angina, die in den Nacken und in den linken Arm ausstrahlt und Angst und Furcht. Kalter Körper, aber heißer Kopf. Schlimmer in einem warmen Zimmer; langsamer, schwacher und unregelmäßiger Puls. Endocarditis und Myocarditis. Dumpfe Schmerzen im Rücken bei Herzerkrankungen.
Ebenso Heuschnupfen, rauher Hals und Trachea und sogar Asthma, insbesondere Herzasthma.

Acidum oxalicum

Starke Schmerzen, scharf, schießend, die durch den Rücken zur linken Seite ausstrahlen. *Schlimmer durch Bewegung.* Haut marmoriert. Atemnot – scharfe Schmerzen beim Atmen.

Spigelia

Heftiges Herzklopfen – so daß man den Herzschlag hören und die Herzschläge sehen kann.
Herzklopfen *schlimmer* beim Hinsetzen und Vorwärtslehnen.
Muß sich auf die rechte Seite legen mit dem Kopf sehr hoch.
Stechende Schmerzen, *schlimmer* durch Bewegung. Perikarditis.
Stechende Schmerzen linke Orbita.

Spongia

Druck mit Herzschmerzen, schlimmer durch Tieflegen des Kopfes.
Zusammenschnüren, Herzklopfen – plötzliches Erwachen mit Erstikkungsgefühl, Panik und Angst – Schweiß. Gefühl, *als ob* das Herz geschwollen sei und bersten würde.
Bellender Husten.

13.3 Mittel bei Herzinsuffizienz

Ammonium carbonicum

Blaß, *schlimmer* bei kalt-feuchtem Wetter, *besser* bei trockenem Wetter.
Mangel an Energie, Kraft, Stärke und Tonus.
Abgewirtschaftet – Geist und Körper (nach schwerer Krankheit oder Grippe).
Unwohlsein, Ängstlichkeit, Schwäche.
Oftmals Frauen; nervös, venös, lymphatische Konstitution, fett und schlaff.
Drückendes Völlegefühl in der Stirn, *schlimmer* in der Kälte. Nasenbluten beim Erwachen morgens.

Schnupfen mit verstopften Gängen, *schlimmer nachts.*
Emphysem und Bronchitis – Schleim und Rasseln wie **Antimonium tartaricum.**
Asthma schlimmer im warmen Zimmer, 3 Uhr.
Herz erweitert – atemlos mit Herzklopfen bei Anstrengung, *schlimmer im warmen Zimmer.*
Ohnmacht mit Hysterie (Nasenreiz von Ammonium als Riechsalz).
Auch hörbares Herzklopfen mit großer Hinfälligkeit.
Magenfülle, *schlimmer* während und nach dem Essen.
Scharfe Absonderungen – Nasen-, Speichel, Stuhl, Ausfluß.

Antimonium tartaricum

An dieses Mittel, das bereits unter den Atmungsmitteln genannt wurde, muß man bei akuter Herzinsuffizienz denken. Ansammlung von Schleim in den Bronchialwegen mit Rasselatmung und Unfähigkeit auszuwerfen. *Schlimmer durch Wärme.*
Der Patient ist schwach, zyanotisch, kalt, schläfrig und hat eine intensive Übelkeit mit Hinfälligkeit.

Apis mellifica

(Das Mittel wird aus der ganzen Biene gewonnen).
Wertvoll bei Ödemen und Herzinsuffizienz.
Betrifft die Haut, die Schleimhäute, ebenso die Meningen, das Perikard.
Schwellen, Stechen, Brennen, Röte, Ödem, Urticaria. *Schlimmer durch* Wärme, nach dem Schlaf.
Besser durch kalte Luft, kalte Anwendungen.
Plötzlicher Beginn, geschwollene Augenlider.
Durstlosigkeit, sogar bei Ödemen oder Fieber.
Hals, ödematös, *schlimmer durch Wärme* – entweder schmerzlos oder stechend brennend.
Gemüt traurig, tränenreich, depressiv, ständiges Weinen, kein Schlaf durch Sorgen. Reizbar, mißtrauisch und eifersüchtig. Freudlos, indifferent.
Angst vor dem Tod, ruhelos und ängstlich.

Arnica

Obwohl es als Verletzungsmittel angesehen wird, hat es einen wesentlich weiteren Aktionsradius. Es wird für die »Verletzungs«folgen nach einem Myocardinfarkt oder einem Hirnschlag eingesetzt. Patient und Herz sind schwach und müde.

Schmerzen wie gequetscht – das Bett fühlt sich zu hart an. Er sagt, es ginge ihm gut, obwohl es ihm objektiv schlecht geht.

Arsenicum album

Für akute Herzsituationen mit Symptomen, die mitternachts um 1 Uhr auftreten.
Gefühl eines Gewichtes, Druck oder Zusammenschnüren der Brust.
Angst, Furcht, Ruhelosigkeit, Hinfälligkeit und brennende Schmerzen, Durst auf warme Getränke.
Erbrechen und Diarrhoe.
Sehr frostig, aber möchte den Kopf kalt haben.

Carbo vegetabilis

Der *»homöopathische Erwecker für Tote«*; ein Mittel, das häufig in Situationen von Kollaps, Ohnmacht bei Kreislaufkollaps, Koronaranfällen und Herzinsuffizienz benutzt wird.
Der Patient ist kollapsig, kalt, schweißig und blaß, mit dünnem, fadenförmigem Puls, schnappt nach Luft und möchte die Fenster weit offen haben.
Nase und untere Gliedmaßen sind besonders kalt.
Trägheit, erweiterte Venen mit Brennen, obwohl sie kalt sind. Auftreibung und Flatulenz.

Kalium carbonicum

Schwäche, wie bei allen Kalisalzen.
Das Herz ist schwach mit unregelmäßigem, intermittierendem Puls.
Immer frostig. Charakteristisch stechende Schmerzen, besonders in der Brust, bei Herz- und Lungenerkrankungen.
Kurzatmigkeit, muß sich aufsetzen, *schlimmer um drei Uhr.*
Schwellung der oberen Augenlider.
Reizbar, sehr empfindlich gegen Geräusche und voller Ängste.

Laurocerasus

Enthält Zyansäure.
Kälte, Mangel an Wärme, Mangel an Reaktion, keine Besserung durch Wärme.
Kreislauf und Herz schwach, Puls langsam oder unregelmäßig.
Zyanose Neugeborener und Herzfehler. Kalte, feuchte Füße und Beine.
In warmen Räumen bricht der Patient in kalten Schweiß aus und es ist ihm übel.

Langanhaltende Ohnmacht. Anfälle von tiefem Schlaf.
Schnappen nach Atem. Jede *Anstrengung verschlimmert* die Brustschmerzen. Cheyne-Stokes-Atmung.
Zucken des Gesichtes und der Gliedmaßen.
Gefühl von Ersticken – *besser durch Hinlegen* **(Psorinum).**
Schwindel – muß sich hinlegen.
Schmerzen im Stirnknochen (*als ob* das Gehirn nach vorne fallen würde).
Trockenheit der Zunge.
Getränke machen beim Hinunterschlucken ein Geräusch.
Schmerzen im unteren Abdomen, mit durchfälligen, grünen Stühlen.
Reizhusten bei Herzkranken, schlimmer durch Niederlegen, aber das Zusammenschnürungsgefühl am Kehlkopf ist *besser durch Liegen.*
Lähmung der Blase mit Harnverhaltung oder schwachem Strahl und Tröpfeln.

14. Homöopathische Behandlung des Magen-Darm-Traktes

14.1 Allgemeine Therapiehinweise

Wenn man sich an die Behandlung dieser Krankheitsgruppe macht, muß der Arzt seinen klinischen Scharfsinn gebrauchen. Er muß eine sehr genaue Vorgeschichte aufnehmen und wenn es notwendig erscheint, Untersuchungen wie MDP oder Röntgenkontrasteinlauf, Sigmoidoskopie und Endoskopie veranlassen, um eine Diagnose stellen zu können. Auch wenn dieses seine therapeutischen Bemühungen bei der Dyspepsie, peptischen Ulcera, Colitis oder Divertikulose nicht beeinflußt, so hilft es doch mögliche Neoplasmen und große Ulcera zu eliminieren, bei denen möglicherweise Chirurgie notwendig wird.

Wenn ein Patient mit einer Perforation, einer schweren Blutung, einem Verschluß oder einer akuten Appendiktis kommt, sollte immer an eine chirurgische Intervention gedacht werden. In solchen Fällen kann man die homöopathischen Verletzungsmittel vor und nach der Operation geben, die dem Patienten dabei helfen, die Operation ohne große Probleme zu überwinden und die Wiederherstellung zu beschleunigen:

- **Arnica**
- **Staphisagria**
- **Carbo vegetabilis**
- **Calendula.**

Diät spielt eine wichtige Rolle bei Magen- und Darmbeschwerden, und der Gebrauch von kleie- und ballastreicher Diät ist bei Divertikulose und bestimmten Formen der Kolitis von Wert. Eine glutenfreie Diät bei Zöliakie oder das Vermeiden bestimmter Zuckerarten, wenn sie nicht vertragen werden, ist wichtig, aber die Mittel versetzen den Patienten oftmals in die Lage, seine Nahrung leichter zu verdauen und umzusetzen.

Die Behandlung von peptischen Ulcera stellt nach wie vor ein großes Problem dar, obwohl Mittel wie Cimetidine, Rantidine und Süßholzpräparate die Heilungsmöglichkeiten gebessert haben. Trotzdem gibt es Rückfälle, sobald man die Behandlung unterbricht, so daß ein homöopathisches Mittel die Gesundheit des Patienten als Ganzes bessert und oft eine Heilung herbeiführt. Bei manchen Patienten muß man allerdings operieren.

Gallenblasenerkrankungen und -entzündungen sprechen gut auf unsere Mittel an. Wenn allerdings Gallensteine vorhanden sind, die immer wieder Gallenkoliken oder -entzündungen hervorrufen, so muß an eine

Operation gedacht werden. Viele Patienten, bei denen die Operation zu riskant ist oder die schon etwas älter sind, können unter einer homöopathischen Behandlung gut mit ihren Steinen leben.
Bei akuten Situationen muß die parenterale Zuführung von Flüssigkeit und Blut oder intravenöse Nahrungszufuhr nach den üblichen medizinischen Indikationen angewandt werden.
Frühzeitige Diagnose von Neoplasmen mit chirurgischer Behandlung bietet nach wie vor die beste Aussicht auf Heilung, aber Homöopathie kann des Patienten Gesundheit noch zusätzlich deutlich bessern und hält ihn oft bei gutem Befinden und nur geringem Gebrauch von Sedativa, auch in fortgeschrittenen Fällen.
Dieses Kapitel enthält Mittel, die oft bei Dyspepsie, peptischen Ulcera, Colitis, Divertikulosis, Diarrhoe, Hämorrhoiden und Verstopfung von Nutzen sind.
Auch wenn diese Mittel lokale Symptome in Bezug auf Magen und Darm haben, so soll man doch versuchen, den Patienten als Ganzes zu sehen, mitsamt seinen Geist- und Gemütssymptomen. Dies hilft dann, das richtige Mittel herauszufinden.
Das Buch vonMargaret Tyler »Pointers to the Common Remedies« bietet ein wertvolles Nachschlagewerk bei diesen Krankheiten. Symptome, die Bezug auf Magen und Darm haben, befinden sich auch in den Mittelbildern in Kapitel III dieses Buches.

14.2 Magenmittel

Anacardium orientale

Dieses Mittel hilft oft bei Magenbeschwerden, wenn sie bei leerem Magen auftreten. Es findet sich *Besserung durch Essen* für zwei bis drei Stunden, dann kommen die Schmerzen wieder. (Bei **Nux vomica** sind diese Beschwerden schlimmer, weil die Verdauung dort mehrere Stunden nach dem Essen anhält).
Es besteht das Gefühl eines Pflockes im After, mit Stuhldrang ohne Kraft zu entleeren.
Gefühl eines Reifens oder Bandes um den befallenen Teil.
Der andere hauptsächliche Wirkungsbereich dieses Mittels liegt im *Gemütsbereich.*
Schlechtes Gedächtnis; Gefühl des Doppeltseins – der eine Teil möchte Gutes und der andere Böses tun. Eine Abnahme der moralischen Kontrolle mit unwiderstehlichem Verlangen zu fluchen, zu schwören oder den Angehörigen Gewalt anzutun; Gefühle von Unwirklichkeit **(Medorrhinum),** deutliche Reizbarkeit, Unentschlossenheit oder Un-

entschiedenheit. Voller Ängste, er würde verfolgt, oder es könne etwas passieren.
Ähnlich **Rhus toxicodendron** bei Hautausschlägen – juckende, bläschenförmige Ausschläge.

Arsenicum album

Dies ist ein häufig gebrauchtes Mittel bei *akuter Gastroenteritis* mit Erbrechen wie auch bei Durchfall. Es findet sich Trockenheit der Zunge mit Durst auf kleine Mengen, insbesondere auf warme Getränke. Die Stühle stinken, sind häufig, wäßrig, wundmachend und brennend, und *besser durch Wärme.* Es besteht Schwäche nach dem Stuhl und reichlicher Schweiß.
Die Magenbeschwerden sind oft Folgen von Erkältung, kalten Getränken, Früchten, verdorbener Nahrung, Zahnen oder Nahrungsmittelvergiftung. Außerdem müssen die Gemütssymptome von Arsenicum vorhanden sein: Hinfälligkeit, Angst und Ruhelosigkeit. Das Mittel wird am besten bei Arsenicumtypen helfen – die *extrem ordentlich, ängstlich* und *ruhelos* sind.

Argentum nitricum

Überarbeitete, übermüdete Leute mit Kopfschmerzen, geistiger Erschöpfung, deutlichen Erwartungsängsten, die zu Diarrhoe führen, und die ständig das Gefühl von Eile haben.
Flatulente Dyspepsie und Magengeschwüre mit starker Gasbildung und Auftreibung. Die Stühle sind grünlich, wie gehackter Spinat.
Abneigung gegen warme Atmosphäre, stickige Räume, Menschenmenge und Höhen.
Schmerzen unmittelbar nach dem Essen, erleichtert durch Erbrechen.
Während der akuten Phasen besteht ein *Verlangen nach* kalten oder eiskalten Speisen und Getränken.
Starkes Verlangen nach Süßigkeiten, insbesondere Zucker, aber auch nach Salz oder starkschmeckenden Nahrungsmitteln, wobei *Süßes verschlimmert.*
Die Zunge ist während der chronischen Diarrhoe weich und rot, aber oft blaß, schlaff und trocken bei Magenbeschwerden.

Carbo vegetabilis

Es ist eines der größten *Blähungsmittel* **(China, Lycopodium, Argentum nitricum).** Der Patient fühlt sich aufgebläht und aufgeblasen, was durch Aufstoßen und Abgang von Blähungen gebessert wird. Schwere Nahrung und kalte Getränke an einem heißen Tag *verschlimmern.*

Der Patient ist eiskalt und schwitzig mit Kälte von Extremitäten und Nase. Er fällt leicht in Ohnmacht und sieht blaß oder bläulich aus.
Es bestehen kleine, wäßrige, wundmachende Stühle mit Brennen am After und geruchlosen Flatus.

Chelidonium

Mittel für *Leber-* und *Gallenblasenbeschwerden, Gelbsucht.* Fixierte Schmerzen, dumpf oder scharf, unter dem rechten, unteren Winkel der rechten Scapula – bei Hepatitis, Cholezystitis oder Pneumonie. Bitterer Geschmack. Die Zunge ist dick gelb belegt mit Zahneindrücken. Schmerzen im rechten Hypochondrium. Farblose Stühle. *Verlangen nach* heißen Getränken oder warmer Nahrung.
Galleerbrechen mit Kopfschmerzen, *verschlimmert durch* Wärme, warme Zimmer oder warme Anwendungen.

Graphites

Das Mittel paßt besonders bei Menschen, die blaß, übergewichtig, traurig und energielos sind. Sie zögern und können sich schwer entscheiden. *Ungewöhnliche Belastung verschlimmert.*
Frostige Patienten, die aber eine muffige Atmosphäre meiden. Die Magenbeschwerden bestehen aus Sodbrennen, Aufstoßen, Übelkeitsgefühl, kneifenden Schmerzen mit Ohnmacht und manchmal Erbrechen von Blut. Die Beschwerden treten zwei Stunden nach dem Essen auf und werden durch Essen, warme Getränke, Milch und Hinlegen *gebessert.* Es besteht *Abneigung gegen Süßigkeiten.* Verstopfung ohne jeglichen Drang und dann große, farblose Stühle mit Schleim und Kolik.
Graphitfälle haben oft Hautausschläge oder hatten sie in der Vorgeschichte. Auch Fissuren und Hämorrhoiden treten auf.

Lycopodium

Das Mittel ist bei *Dyspepsie* und *peptischen Ulcera* nützlich. Viel Sodbrennen mit Aufstoßen und Schmerzen im rechten Hypochondrium (besonders Duodenum oder Gallenblasenerkrankungen). Die Symptome pflegen sich am *späten Nachmittag* zwischen 16–20 h zu *verschlimmern,* und die Auftreibung des Abdomens mit dem Bedürfnis, die Kleidung zu lockern, ist ein hervorragendes Symptom. Die Patienten haben oft Hunger, sind aber nach einer geringen Nahrungsmenge rasch gesättigt. Es finden sich starke Blähungen und Verstopfung mit spastischen Schmerzen.
Es besteht starkes *Verlangen nach* Süßigkeiten und heißen Getränken, während die Kopfschmerzen oder Hauterkrankungen bei diesem Mittel

besser durch Kälte und *schlimmer durch Wärme* sind. Es ist oft ein Mittel für intellektuelle Patiententypen mit der Neigung, sich über Kleinigkeiten zu ärgern, die kein Selbstvertrauen haben, obwohl sie dann in Wirklichkeit durchaus fähig sind, wenn sie in die Situation gelangen. Sie haben Angst vor Dunkelheit, vor Menschenmengen, vor dem vollständigen Alleinsein, obwohl sie gerne für sich sind, vorausgesetzt, daß sich jemand im Nebenraum befindet. Bei Lycopodium sind die *Symptome oft rechtsseitig*.

Natrium carbonicum

Diese Patienten ähneln oft Sepiafällen – blaß, gelblich, dünn, gebückt und furchtsam. Es besteht Unfähigkeit sich zu konzentrieren, Depression und *Abneigung gegen* geistige Arbeit, Mangel an Interesse für die Familie. Die Symptome entstehen oft infolge Überarbeitung. Sie sind *empfindlich gegen* Geräusche, Licht und Gerüche, trotz des schwachen Geruchssinnes, als Folge von häufigem Schnupfen, der bei seinem Auftreten von gelber Farbe ist. Sie sind frostig, aber *verschlimmert durch* zu große Wärme, durch Einwirkung von zu heißer Sonne oder durch die elektrische Atmosphäre vor Gewittern.

Es besteht eine deutliche *Unverträglichkeit von Milch* und eine *Verschlimmerung durch* Mehlspeisen, Gemüse und Fett, die Auftreibung und Dyspepsie mit saurem, mundvollem Aufstoßen verursachen. Sie mögen gerne Süßigkeiten, nach denen sie sehr gierig sind und an denen sie ständig naschen. Essen hilft für kurze Zeit – Hunger um 5^{00}, 11^{00} und 23^{00} h. Oft besteht bei Magenerkrankung und Gelbsucht Verstopfung oder Diarrhoe mit grauem Stuhl.

Herpes der Lippen und am Haarrand und trockene Haut mit Rissen an den Fingerspitzen.

Nux vomica

Eines der häufigsten Mittel bei gastrischen Beschwerden, insbesondere, wenn es sich um die Folgen von zuviel Essen und Trinken handelt oder von Streß und Überarbeitung. Der Patient erwacht morgens mit Kopfschmerzen und schlechtem Geschmack.

Es besteht viel Aufstoßen mit peristaltischen Bewegungen und Auftreibung, gewöhnlich 2–3 Stunden nach dem Essen – *Erbrechen* pflegt die Symptome zu *bessern*.

Verlangen nach schwerer, gut gewürzter Nahrung, Mixed Pickles usw., die dem Patienten aber nicht bekommen, weil er eine »Leberschwäche« hat. Manchmal wird er beim Essen rot oder neigt zu Ohnmacht. Oft besteht Verstopfung mit unvollkommenen Entleerungen und heftigem

Drängen. Es hilft auch bei kolikartiger Diarrhoe mit harten Klumpen bei wäßrigen Darmgeräuschen, wie man sie bei Colitis vorfindet.
Die Allgemein-, Geist- und Gemütssymptome sind ein guter Führer bei Nux vomica. Frostigkeit mit *Verschlimmerung durch Zugluft,* aber *Abneigung gegen* heiße, dumpfe Räume. *Empfindlichkeit gegen* Gerüche, Geräusche und Schmerzen, und vor allem große *Reizbarkeit* und *Pingeligkeit* (eins der extrem ordentlichen Mittel wie **Arsenicum album**).

Phosphorus

Das Mittel hilft bei Erbrechen, insbesondere bei Bluterbrechen, wenn deutlicher Durst nach eiskalten Getränken besteht. Diese werden hinunter geschüttet und nach kurzer Zeit wieder erbrochen.
Brennen im Magen, Leeregefühl mit Schwäche im ganzen Abdomen. Schmerzen *bessern* sich durch kalte Speisen, Eis.
Diarrhoe, reichlich Blut, Blut im Stuhl, schlaffer Sphinkter mit unwillkürlichem Stuhlabgang. Phosphoruspatienten sind groß, dünn, künstlerisch, mit feinem dunklen Haar (manchmal auch rote Haare), empfindlich und voller Ängste. Sie bevorzugen eiskalte Getränke, wenn sie Magenbrennen haben (**Arsenicum album** verlangt kleine Mengen warmer Getränke).

Pulsatilla

Pulsatillapatienten sind gewöhnlich freundlich, mild und nachgiebig, neigen zum Weinen und verlangen Zuwendung, obwohl sie auch sehr eifersüchtig sein können. Sie sind oft unförmig gebaut und hellhaarig. Wechselhaftigkeit ist sehr deutlich. Die *Magensymptome* sind folgende: Trockenheit im Mund mit Abwesenheit von Durst und einem ständigen Geschmack der Nahrung Stunden nach dem Essen. Schmerzen, Übelkeit und Diarrhoe treten nach kalten oder eiskalten Speisen oder Früchten auf, insbesondere nach Überhitzung, aber Sodbrennen und Schmerzen werden durch warme Speisen *verschlimmert.* Die Patienten verlangen oft schwere Speisen, Gebäck und süße Dinge, die ihnen aber schlecht bekommen. Sie haben eine Neigung zu Leberstörungen – Pulsatilla ist wertvoll bei zyklischem Erbrechen oder Azidosis bei Kindern, die gewöhnlich durch Speiseeis, Schokolade oder reichliche Nahrung *verschlimmert* werden.
Die Stühle sind unterschiedlich, sie wechseln ständig. Es kann sowohl eine brennende Diarrhoe mit Schleim bestehen, *schlimmer nachts* oder auch eine Verstopfung mit vergeblichem Drang wie bei Nux vomica.
Es findet sich allgemeine *Verschlimmerung durch warme Atmosphäre.*

14.3 Darmmittel

Aloe

Wie **Sulfur** schlimmer durch Wärme, venöse Kongestion.
Große Hämorrhoiden, blau, schmerzhaft, besser durch kalte Anwendungen.
Darmgeräusche, Koliken, Stuhldrang.
Aufblähung, Völle, Leberkongestion. Essen verursacht Stuhlgang.
Gelbliche, dünne, brennende Stühle, mit Schleim, die aus dem Bett treiben. Unwillkürlicher Stuhlabgang, auch fester Stuhl.
Kopfschmerzen schlimmer durch Wärme.

Chamomilla

Dieses Mittel wird am häufigsten bei Zahnungsbeschwerden der Kinder gegeben, bei Reizbarkeit und Verlangen, herumgetragen zu werden. Es hilft bei der *Zahnungsdiarrhoe.* Eine Wange rot. Durst mit belegter Zunge. Zahnungserbrechen und warmer Schweiß nachts. Empfindlichkeit gegen Schmerzen. Grüne Stühle, kleine Mengen, stinken und riechen nach faulen Eiern, mit Schleim. Röte und Schwellung um den After.

China

Eines der *Blähungsmittel* mit Auftreibung, nicht gebessert durch Abgang von Flatus. Der Patient ist oft blaß, kalt und schwach, aber gleichzeitig *Abneigung gegen frische Luft* (entgegen **Carbo vegetabilis**). Das Mittel ist nach Verlust von Flüssigkeiten indiziert (Diarrhoe, Blutungen, Erbrechen). Diarrhoe verschlimmert sich meistens morgens und nach Mitternacht, wäßrig, unverdaut, mit Schleim und Blähungsabgang. Die Stühle können auch schmerzlos oder wundmachend sein, aber gewöhnlich nicht brennend.
Die Kolik ist *besser* durch Wärme und Liegen und *schlimmer durch* Essen, insbesondere durch Früchte. *Verlangen nach* sauren Getränken.

Colocynthis

Heftige Krampfschmerzen, wechselnde Kolik im Mittelbauch, oft Abgang von Flatus, was erleichtert. Stechende Schmerzen in den Seiten. Das Abdomen ist stark aufgebläht und schmerzhaft.
Die Koliken zwingen zum Zusammenkrümmen und werden nur durch Druck auf den Bauch und durch Zusammenkrümmen gebessert. Anfallsartige Koliken. Häufiger Stuhldrang. Die Koliken werden oft durch Ärger oder Enttäuschung hervorgerufen.

Magnesium phosphoricum

Magenspasmen oder Krämpfe, kneifen mit lautem Luftaufstoßen, das aber nicht erleichtert (**Colocynthis** wird durch Flatus gebessert).
Flatulente Kolik, die den Patienten zwingen, sich zusammenzukrümmen, *besser durch* Wärme und Reiben. Magnesium phosphoricum wird *verschlimmert durch* kalte Luft, kaltes Wasser, Berührung, *besser durch* Wärme, Hitze, Druck und Zusammenkrümmen.

Mercurius corrosivus

Diarrhoe mit schleimigen, blutigen Stühlen mit Kolik, Ohnmacht und deutlichem Tenesmus während und nach dem Stuhl, begleitet von kriechendem Frösteln. Es können auch die weiteren Züge von Mercurius vorhanden sein. Fauler und abstoßender Geruch, Schweiß, Durst, *schlimmer* nachts und durch die Bettwärme.

Nux vomica

siehe »Magen«, Seite 153.

Acidum phosphoricum

Gutes Mittel für Sommerdiarrhoe, auch nach Überessen von Früchten und verdorbener Nahrung. Patient ist blaß, leicht erschöpft und möchte nichts reden. Deutliche Apathie und Gleichgültigkeit. Es besteht Durst und ein *Verlangen nach sauren Dingen,* sowie Polyurie.
Die Stühle sind wäßrig, schmerzlos, geruchlos und reichlich, manchmal grün und von Blähungen begleitet. Es kann auch Darmvorfall bestehen (beachte den Unterschied zu **Arsenicum album** S. 151). Schwächend und erschöpfend.

Podophyllum

Die Diarrhoe besteht oftmals aus heißem Wasser. Der Patient wirkt krank, blaß und kollapsig, mit dunklen Ringen unter den Augen.
Es besteht kalter oder warmer Schweiß, eine belegte Zunge und ein galliges Erbrechen. Krämpfe an den unteren Gliedmaßen, die Koliken *besser* durch Hitze und Druck, *schlimmer* durch Liegen auf dem Rükken.
Die Stühle stinken, sind schmerzlos mit Abgang von Blähungen und spritzen, ihre Farbe kann gelb sein. Die Durchfälle sind nachts oder von 3^{00}–5^{00} h und *nach Nahrungsaufnahme schlimmer.* Prolaps von Hämorrhoiden.

Psorinum

Schmutzig aussehende Patienten mit rauher Haut, die übel riechen und nachts stark schwitzen. Sie sind schlaflos, hungrig während der Nacht. Sie liegen auf dem Rücken mit ausgebreiteten Armen. *Empfindlich gegen kalte Luft.*

Die Stühle sind flüssig, sehr dunkel, stinken fürchterlich, haben einen durchdringenden Geruch nach verfaulten Eiern. Plötzliche und häufige Entleerungen ohne deutliche Schmerzen.

Veratrum album

Blasses, eingesunkenes Gesicht.
Große Kälte, kalter Schweiß auf der Stirn, eisiges Gefühl im Rücken.
Extremer Durst nach kalten oder eiskalten Getränken.
Reichliches Erbrechen und Durchfall mit Schweiß, Kollaps und intensiver Übelkeit.
Lähmende Schwäche und Kräfteverlust.
Heftige Reaktionen auf Schmerzen, dabei Manie.
Die Diarrhoe ist reichlich mit Schweiß und eisiger Kälte.

14.4 Hilfe bei Verstopfung

Alumina

Inaktivität von Darm und Blase. Kein richtiger Stuhldrang, obwohl die Därme voll sind, aber große Anstrengung, um überhaupt etwas zu entleeren. Das Rektum scheint gelähmt zu sein – keine Kraft, den Stuhl zu entleeren. Die Stühle sind hart, knotig, mit Schleim, oft kalkartig und klebrig. Trockenheit ist ebenfalls ein Zug des Mittels.
Verlangen nach unverdaulichen Dingen.

Bei sehr empfindlichen Patienten können die Beschwerden dadurch gebessert werden, daß sie kein Aluminiumgeschirr und -besteck benutzen.

Bryonia

Chronische Verstopfung ohne Drang, verbunden mit Kopfschmerzen.
Die Stühle sind trocken und hart – heftige Anstrengung bei der Entleerung.
Charakteristische Beschwerden von Bryonia sind die *Verschlimmerung*

durch Bewegung bei Kopfschmerzen, Brustschmerzen, Schwindel, Husten, Bauch- oder Rückenschmerzen, Durst und Trockenheit. Reizbarkeit, wenn gestört.

Calcium carbonicum

Verstopfung ohne Drang. Fühlt sich *besser,* wenn verstopft und *verschlimmert,* wenn man Abführmittel gibt.
Der Stuhl ist oft hell gefärbt, weiß.
Saures Aufstoßen und Erbrechen.
Es sind typischerweise blasse, schlaffe, schwitzige und kalte Menschen.

Nux vomica

Stuhldrang, auch wenn nichts kommt, oder man entleert etwas Stuhl, aber man hat das Gefühl, nicht fertig zu sein.
Möglicherweise stechende Schmerzen im After mit Hämorrhoiden.
Helle Blutabsonderung mit Gefühl von Zusammenschnüren.
Verdauungsstörungen und spastische Koliken. *Verlangen nach* reichlicher und gewürzter Nahrung, die nicht bekommt.
Frostig, reizbar, geschäftig, Führerpersönlichkeit.

Opium

Beinahe nicht zu behebende chronische Verstopfung durch Inaktivität oder Lähmung. Ileus durch Stuhlmassen. Der Stuhl ist hart, runde Bälle. Der Stuhl tritt aus und rutscht wieder zurück. Mangel an Peristaltik. Extreme Schläfrigkeit, sogar Koma. Nach Hirnschlag. Wertvoll bei älteren Patienten, mit der Unfähigkeit, den Stuhl zu entleeren.

> Man gebe es in der C6 2× täglich ein oder zwei Wochen lang.

Silicea

Harte Klumpen, starker Drang, große Anstrengung. Der Stuhl schlüpft bei der Entleerung immer wieder zurück – Unfähigkeit ihn zu entleeren. Die Bauchdecken schmerzen vor Anstrengung. Die Patienten sind frostig, mit schwitzigen Händen und Füßen, schüchtern, Mangel an Selbstvertrauen.

14.5 Hilfe bei Hämorrhoiden

Aesculus

Hat das Gefühl von kleinen Splittern im After, trockene, harte Stühle und Schmerzen in der Sakralgegend.

Aloe

(s. S. 155).

Collinsonia

Viel Blutungen und hartnäckige Verstopfung. Kongestion in Beckenorganen und Rektum. Gefühl von scharfen Holzstücken im Rektum.

Acidum muriaticum

Bei empfindlichen Hämorrhoiden, *besser durch Wärme,* mit schwachem Schließmuskel, Prolaps und großer Schwäche.

Acidum nitricum

Eher indiziert bei Fissuren mit messerartigen Schmerzen, die ins Rektum hinauf schießen und lange nach dem Stuhl anhalten.

Nux vomica

Ein häufiges Hämorrhoidenmittel mit Tenesmus infolge Ernährungsfehlern. Sehr reizbar (s. S. 153).

Paeonia

Bei Hämorrhoiden, die sehr gestaut sind und außerordentlich heftig schmerzen.

Sulfur

Häufig bei immer wieder auftretenden Hämorrhoiden mit lokaler Kongestion und anderen Sulfurindikationen.

15. Die Uro-Genital-Organe und ihre Arzneimittel

Es gibt eine ganze Reihe von guten homöopathischen Mitteln, die bei *Zystitis, Harnverhalten, Inkontinenz, Nierensteinen* und *Fluor vaginalis* in Frage kommen. Bei Zystitis und Pyelitis ist es wichtig, eine Urinkultur anzulegen. Wenn das Mittel die Infektion nicht rasch in Ordnung bringt, insbesondere bei jüngeren Patienten, müssen weitere Untersuchungen durchgeführt werden, oder man muß ein Antibiotikum nehmen, um chronische Nierenschäden zu vermeiden.
Wenn Hämaturie vorhanden ist, sollte man durch Pyolographie und Zystoskopie ein Neoplasma ausschließen. Steine müssen unter Umständen durch einen chirurgischen Eingriff entfernt werden, obwohl kleinere manchmal mit Hilfe der Homöopathie von alleine abgehen. Bei älteren Männern gibt es Mittel, um eine *gutartige Prostatavergrößerung* auf Jahre hinaus ohne Operation zu bessern, aber sorgfältige klinische Untersuchungen sind notwendig, um Bösartiges auszuschließen. Die jetzt beschriebenen Mittel haben gute Blasensymptome. Auch hier muß man immer wieder das Allgemeine beachten, ebenso können konstitutionelle Symptome einem dabei helfen, das richtige Mittel herauszufinden.

15.1 Harnwegsmittel

Berberis

Ein hervorragendes Mittel bei *Nieren-* oder *Gallenblasenkolik* – es kann den Patienten helfen, kleine Nierensteine spontan abgehen zu lassen. Schmerzen in der Nierengegend schlimmer durch Druck, Erschütterungen durch Gehen oder in einem Fahrzeug, aber Ruhelosigkeit, weil die Schmerzen stechen und den Rücken oder den Urether hinunter ausstrahlen.
Harndrang und Brennen von Blase und Urethra.
Paßt gut bei blassen, gichtischen oder rheumatischen Patienten. Die Schmerzen ziehen umher, stechen – in Gelenken, im Nacken, im Rükken, schlimmer beim Bücken.
Ruhelosigkeit. Schmerzen und Kälte im Kopf. Charakteristischerweise strahlen die Schmerzen von einem Punkt nach allen Seiten aus.

Cantharis

Heftiges Brennen, schneidende Schmerzen in Blase und Urethra, die immer schlimmer werden. Der Patient möchte gerne irgend etwas ganz schnell tun, möchte schreien, er ist gereizt und sogar unverschämt, und im Fieber deliriert er. Die Symptome sind *schlimmer am Nachmittag,* die Schmerzen treten vor, während und nach dem Urinieren auf. Sie sind von Tenesmus begleitet, und nur einige wenige Tropfen Urin gehen ab.

Ruhelosigkeit und sehr durstig; *Abneigung gegen Nahrung.*

Es hilft auch bei Darmentzündung mit Blut und Schleim, Brennen, Auftreibung und Tenesmus (wie **Mercurius corrosivus**).

Ein Mittel für Erysipel – Röte, Brennen und Blasenbildung. Es wird auch oral gegeben bei Verbrennungen und Verbrühungen mit starken Schmerzen und Blasen (Urtikalösung lokal).

Causticum

Ein wertvolles *Zystitismittel* mit starker Empfindlichkeit gegen Kälte. Starker Harndrang und Unfähigkeit, den Harn zu lassen, aber später im Sitzen geht der Urin ohne Vorwarnung unwillkürlich ab. Schießende Schmerzen im Rektum, wenn der Patient den Urin nicht lassen kann.

Inkontinenz bei Husten oder Anstrengung.

Urinverhaltung nach Operationen, insbesondere gynäkologischen – mit diesem Mittel kann man oft unnötige Katheterisationen vermeiden.

Verschlimmerung durch kalte, trockene Winde und Frost, die Lähmung verursachen, besonders im Gesicht, einen rauhen Hals und Verlust der Stimme mit sich bringen und rheumatische Schmerzen. Melancholisch, ängstlich, reizbar, voller Vorahnungen.

Clematis

Brennendes Gefühl am Beginn des Urinierens – und dieses Gefühl in der Urethra hält lange nach dem Wasserlassen noch an. Hat das Gefühl, daß die Urethra zumacht – ein Gefühl von Zusammenschnüren, und der Harnstrahl ist sehr langsam.

Die Blase ist selten ganz leer.

Kleine juckende Krusten auf der Kopfhaut. Pustelausschlag in der Leistengegend.

Zahnschmerzen unerträglich nachts – möchte an die kalte Luft oder kaltes Wasser trinken.

Fürchtet allein zu sein und hat trotzdem Abneigung gegen Gesellschaft. Befürchtungen, Weinen und Heimweh. Reizbar und ärgerlich.

Sabal serrulatum

Das Hauptmittel bei *Prostatavergrößerung.* Kann über lange Zeiten in der **C6**-Potenz gegeben werden und erspart alten Männern manchmal die Operation.
Bei den Patienten können Zustände von Konfusion, Depression und Reizbarkeit auftreten. Sie möchten dann alleine sein, um zu sterben und werden ärgerlich, wenn man versucht, sie zu trösten. Angst vor dem Schlafengehen, wegen unbekannter Gefahren.
Die Blase fühlt sich voll an – brennender Urin und Gefühl einer Blockade am Harnröhrenausgang. Gefühl, als ob die Hoden stark nach oben gezogen würden. Ebenso Kopfschmerzen, Schmerzen in den Schläfen, besonders rechts, mit Schwindel. Schmerzen an der Nasenwurzel, die in den Kopf ausstrahlen oder an der Schädelbasis, die in die Zervikalregion ausstrahlen.

Sarsaparilla

Schmerzen am Ende des Wasserlassens – Harndrang, aber es kommt nur wenig. Der Urin fließt besser, wenn man steht. Der Urin sieht weiß und trübe aus mit Schleim. Es gehen Nierengrieß oder Steine ab. Ebenso Schwäche, Trägheit, wird nicht gesund.
Die Anwendung von Wärme *bessert,* aber innere Wärme *verschlimmert* (z. B. heiße Nahrung). – Wie **Secale,** aber Secale ist besser durch lokale Kälte und Abdecken.
Die *Symptome* sind im allgemeinen *schlimmer* durch Gehen, Bewegung und Treppenauf- und abwärtsgehen.

Terebinthina

Brennen.
Schläfrigkeit auch bei Schmerzen.
Glatte, rote, glänzende Zunge.
Klingendes Geräusch in den Ohren, die eigene Stimme klingt unnatürlich und die Richtung der Geräusche ist gestört.
Heftiges Brennen und schneidende Schmerzen in der Blase, mit rauchigem, blutigem Urin. Ähnliche Schmerzen im Abdomen, die von links nach rechts ausstrahlen, mit Auftreibung.
Die Schmerzen in den Nieren sind *schlimmer* durch Sitzen, *besser* durch Umhergehen.
Blutungen – Ecchymosen, in Magen, Darm, Niere und Blase.

15.2 Gynäkologische Mittel

Das Symptom von *Fluor vaginalis* erscheint in vielen Mittelbildern. Das Mittel muß nicht nur die Modalitäten des Mittels decken, sondern auch einige Allgemeinsymptome der Patientin.

Hydrastris

Dieses Mittel ist gut bekannt durch seine katarrhalischen Symptome, die im Atembereich, im gastrointestinalen Bereich und im Harn- und Genitalsystem auftreten.
Die Absonderungen sind charakteristisch fadenziehend und zäh.
Der Fluor vaginalis ist dick, gelb und zäh mit Wundheit und Jucken der Vulva. Ein anderes hervorragendes Symptom von Hydrastis ist ein Leeregefühl im Magen mit *Abneigung gegen Speisen* und einer hartnäckigen Verstopfung ohne Stuhldrang.

Kreosotum

Faulige, wundmachende Absonderung, die gelbe Flecken verursacht, mit heftigem Jucken und brennenden Schmerzen. Typisch ist das Brennen am Penis des Partners nach Coitus.
Übler Geruch aller Absonderungen. Karies der Zähne mit Schmerzen und üblem Geruch. Kleinere Wunden bluten leicht. Reichliche Menses. Verstärkung des Fluors beim Hinlegen.

Lilium tigrinum

Der warme Typ von **Sepia.** Gewöhnlich fett und hellhaarig.
Heiß und in Eile.
Ärgerlich und schlecht gelaunt, depressiv und schweigsam und ebenfalls gleichgültig gegen ihre Familie. Sie hat das Gefühl, nur eine Sache zur Zeit machen zu können und kann sonst nichts tun. Sie möchte beachtet werden. Alles muß sich um sie drehen. Angst verrückt zu werden oder vor dem, was nach dem Tode passiert. Menses unregelmäßig, klumpig und schwierig.
Unstillbare sexuelle Erregung, schlimmer vor Menses.
Gefühl, *als ob* alles unten herausfallen würde (wie Sepia).

Mercurius solubilis

Grünlicher, beißender Ausfluß mit Brennen und dem Verlangen zu kratzen.
Brennen und Harndrang.
Diarrhoe mit Drang und Tenesmus, Blut und Schleim.

Schlimmer durch Bettwärme, *schlimmer nachts.*
Schweiß ohne Erleichterung; schmutzig-belegte, feuchte Zunge mit Durst und Speichelfluß.

Acidum nitricum

Juckender, brennender Ausfluß mit splitterartigen Schmerzen und Ulcerationen.
Übelriechend, gelblich und blutig.
Starke Schmerzen von Analfissuren und Hämorrhoiden. Die Patienten sind frostig, depressiv, reizbar, gleichgültig, tolerant. Unverträglichkeit von Mitleid und *empfindlich gegen* Schmerzen, Geräusch, Berührung oder Erschütterung.
Reichlicher Schweiß von Händen und Füßen.
Verlangen nach Fett und Salz.
Warzen.

Pulsatilla

Eines der Polychreste, die ausführlich in Teil III beschrieben werden. Ist häufig ein Frauenmittel. Rundliche, weinerliche, milde, nachgiebige Personen, die Mitleid verlangen, obwohl sie eifersüchtig und reizbar sein können.
Frostig und trotzdem *Abneigung gegen* warme, stickige Luft. *Besser* in der frischen Luft, besser durch langsame Bewegung. Wechselhaftigkeit. Die meisten Absonderungen von Pulsatilla sind milde, obwohl der Ausfluß auch wundmachend sein kann, dick, gelb oder grün. Die Menses sind oft zu spät oder fehlen ganz – kann unter Umständen die Menses bei heranwachsenden Mädchen in Gang bringen. Deutliche sexuelle Erregbarkeit bei Frauen und Männern, obwohl sie andererseits das gegenteilige Geschlecht auch fürchten können.

Sepia

Es ist eines der bei Frauen am häufigsten verwendeten Mittel mit einer großen Anzahl von Symptomen.
Das charakteristische Beckensymptom ist das *»Herabdrängen«, als ob* die Organe unten herausfallen würden – es hilft manchmal, die Beckenmuskulatur in ihrem Tonus bis zu einem gewissen Grad zu bessern, um den Grad des Vorfalls zu verhindern, obwohl bei schweren Fällen oft eine Operation notwendig ist. Schlimme Rückenschmerzen. Große Trockenheit von Vagina und Vulva, was sich beim Gehen unangenehm bemerkbar macht.
Der Ausfluß ist wie Gelantine, gelb oder weiß, brennend oder wundma-

chend. Das Mittel hat schwere, unregelmäßige Menses, sie sind zu spät oder fehlen ganz.
Plötzliche Hitzewallungen mit Schwäche und einem Gefühl von Ohnmacht in der Menopause.
Die klassischen Sepiapatienten sind frostig, bläßlich, langweilig, reizbar und gleichgültig gegen ihre Angehörigen, aber immer *besser durch* Schlaf und durch Anstrengung, insbesondere Tanzen, das sie wieder zum Leben erweckt.

15.3 Mittel bei Dysmenorrhoe

Belladonna

Stauung. Die Schmerzen treten vor den Menses auf. Starkes Gefühl von Schwere, *als ob* die ganzen Beckenorgane herausfallen würden, aber bei diesem Mittel ist dieses Gefühl *schlimmer* beim Hinlegen und *besser* durch Aufstehen.
Die Schmerzen kommen plötzlich und hören plötzlich auf, sind *schlimmer* durch Erschütterung und Berührung. Die Vagina fühlt sich heiß und trocken an und die Schmerzen sind schneidend.
Menses zu früh und reichlich.

Caulophyllum

Irreguläre, spastische Schmerzen mit Herabdrängen.
Schmerzen, die in die Leisten und die Oberschenkel ausstrahlen.
Normaler Mensesfluß.
Mittelgabe zwischen den Perioden.
Frostig.
Verbunden mit rheumatischen Schmerzen der kleinen Gelenke.

Cimicifuga

Spastische Schmerzen, die von Seite zu Seite im Bauch hin und her gehen und in den vorderen Teil der Oberschenkel ausstrahlen.
Die Schmerzen sind wie Wehen und zwingen die Patientin, sich zusammenzukrümmen.
Schmerzen während der Periode mit spärlichem Mensesfluß.
Kopfschmerzen vor der Periode.
Indiziert bei Frauen mit nervöser Überempfindlichkeit und Neigung zu Depressionen.

Magnesium phosphoricum

Sehr heftige, anfallsweise, krampfartige Schmerzen, die plötzlich anfangen und enden. *Besser* durch Zusammenkrümmen, Wärme und Druck.

Viburnum

Plötzliche Uteruskrämpfe mit Schmerzen in der Sakralregion, die in die Oberschenkel ausstrahlen. Neigung zu Ohnmacht. Die Periode ist verspätet, kurz und leicht.

15.4 Menopause

Wenn in der Menopause Hitzewallungen und emotionale Symptome auftreten, sollte man an folgende Mittel denken:

- **Sepia**
- **Lilium tigrinum**
- **Sulfur**
- **Lachesis, Cenchris, Squid** (nach Blackie)
- **Natrium muriaticum**
- **Staphisagria.**

Diese Mittel werden im einzelnen noch in Teil III beschrieben.

16. Hautmittel

16.1 Therapiegrundsätze

Am häufigsten treten in der Allgemeinpraxis die nachfolgenden Hauterkrankungen auf:

① Infektiöse: parasitäre: Scabies und Pediculosis; – septische: Furunkel und Abszeße; Gürtelrose.

② Allergische: Familiäre atopische Ekzeme. Allergien gegen lokale Reize, bsplw. Nickel, Detergenzien, Petroleum, Wasch- und Bleichpulver sowie industrielle Reizstoffe wie Holzwolle, Zucker oder Mehl.

③ Streßbedingte Dermatitis

④ Akne vulgaris, Akne rosacea

⑤ Psoriasis, Hautausschläge mit unbekannter Ätiologie

⑥ Warzen

⑦ Sonstige seltenere Formen von Hauterkrankungen.

Homöopathische Ärzte kommen sehr häufig mit vielen dieser Erkrankungen in Berührung, oft nachdem der Patient die verschiedensten lokalen Behandlungen hinter sich gebracht hat, auf die er dann nicht mehr anspricht oder gegen die er sogar allergisch wird. Parasitäre Infektionen benötigen manchmal konventionelle Lokalanwendungen.

Belastungen am Arbeitsplatz, Nickelschnallen, Verschlüsse und Schmuck und die bekannten Waschpulver vom Typ »weißer als weiß« müssen eliminiert werden. Bestimmte Nahrungsmittel wie Erbsen, Bohnen, Linsen, Milch, Eier, Weißmehl und Muscheln können ein Ekzem hervorrufen. Manchmal kann man sich damit helfen, daß man den Patienten einige Tage nur bei *Wasserdiät* hält und ihm dann nach und nach bestimmte Gemüse und Früchte, Säfte, Salate, Proteine und dann alle möglichen allergisierenden Nahrungsmittel gibt, jeweils nur eines zur Zeit. Dann zeigt es sich, ob eine Verschlimmerung beim Patienten auf das Nahrungsmittel eintritt, gegen das er besonders empfindlich ist.

Es gibt gewisse lokale Erscheinungsformen, die uns zum Mittel hinführen, aber im allgemeinen sind auch hier die Allgemein-, Geist- und Gemütssymptome ausschlaggebend für die Heilung. Im Verlauf der Fallaufnahme kann es auch passieren, daß wir dahinterkommen, daß es einen psychologischen Grund für die Hauterkrankung gibt. *Lokale Zeichen von Wert* sind folgende:

- Die Hautbläschen von **Rhus toxicodendron.**
- Die Risse und Schnitte von **Petroleum.**

- Die trockenen Risse mit klebriger Absonderung von **Graphites.**
- Die Röte und das intensive Jucken von **Sulfur.**
- Die schmutzigen und übelriechenden Hautausschläge von **Psorinum.**

> Hauterkrankungen gelten in der Homöopathie meistens lediglich als äußerliche Manifestation einer tiefer liegenden Störung. Dies trifft besonders bei Ekzem, Dermatitis und Psoriasis zu.

Aus diesem Grunde zieht es der Homöopath vor, seine Patienten mit einem *innerlichen Mittel* zu behandeln, das nicht nur auf den Hauterscheinungen und Lokalsymptomen beruht, sondern auf der Gesamtheit der Symptome. Und so sieht man, daß in vielen Fällen ein Mittel, welches auf Grund der Allgemein-, Geist- und Gemütssymptome verschrieben wurde, großartig bei Hauterkrankungen hilft. Manchmal kann es sogar vorkommen, daß nur bei sorgfältigstem Studium des Mittelbildes überhaupt festgestellt werden kann, daß dasselbe Hautsymptome enthält.

Lokalanwendungen von *Calendulasalbe, einfachen Hautcremen, Zink- oder Castoröl* mit etwas Teerbeimischung sind unter Umständen nötig, um die Risse und den Juckreiz zu erleichtern, aber diese sollten nur sparsamst verwendet werden. Kortikosteroidanwendungen sollte man so weit wie möglich vermeiden, da sie eher eine rein unterdrückende als eine heilende Wirkung haben. Obwohl sie in manchen akuten Situationen recht wertvoll sind, so lassen sie in ihrer Wirkung nach häufigem Gebrauch nach und können lokale Nebeneffekte verursachen (und sogar systemische Nebenwirkungen durch Resorption).

16.1.1 Allgemeine Hautmittel

Alumina

Die Haut ist sehr rauh und trocken mit Ausschlägen, die Risse bilden, jucken, brennen und durch die *Bettwärme schlimmer* werden.

Bei diesem Mittel bestehen große Trockenheit, trockene Schleimhäute, trockener Husten, Trockenheit im Darm mit Verstopfung.

Der Patient sieht blaß, grau, faltig und alt aus.

Frostig, aber liebt frische Luft, Langsamkeit und Lähmung.

Langsam von Gemüt und Begriff. Hoffnungslosigkeit, Gefühl von Unwirklichkeit.

Antimonium crudum

Hornige Auswüchse, Schwielenbildungen, Hühneraugen, Hornhautneigung an den Sohlen. Die Nägel splittern, Warzen an der Hand. Röte und Entzündung an den Augenlidern.
Wunde Mundwinkel. Das Kind mag nicht angefaßt werden – es ist reizbar und hat nächtliche Ängste. Verfressene, dicke Leute, übersentimental. Übelkeit und Magenverstimmungen durch Überfressen. Zunge milchig-weiß belegt.

Antimonium tartaricum

Eines unserer besten Mittel bei pustelartigen Ausschlägen. Impetigo, Windpocken und Pocken. Blasses, kränkliches Gesicht mit eingesunkenen Augen, Schläfrigkeit, kalter Schweiß.
Intensive Übelkeit, durch Erbrechen erleichtert. Durstlosigkeit. Rauhe, rasselnde Atmung bei Bronchitis, Lungenentzündung oder Linksherzversagen.

Graphites

Die Patienten sind oftmals fette, frostige, blasse Frauen mit der Neigung, sich auf die faule Haut zu legen. Sie werden leicht rot und haben Nasenbluten. Normalerweise sind sie traurig, verzagt und weinerlich; furchtsam, schüchtern und unentschieden – *Musik bringt sie zum Weinen.*
Hautsymptome zeigen sich hauptsächlich an den Ohren, Händen und Nägeln, Schleimhautübergängen, Mundwinkeln. Harte, rissige Haut oder juckende, feuchte Ausschläge.
Die Nägel sind dick und unförmig.
Narben und Keloide sprechen auf das Mittel an. Schuppen und Jucken der Kopfhaut.
Es finden sich Krustenbildung, Blepharitis und Risse hinter den Ohren. Die Ausschläge sondern eine dicke, honigartige Flüssigkeit ab. Im Gesicht tritt manchmal das Gefühl von Spinnweben auf.
Juckende, feuchte Ausschläge am Scrotum.

Mezereum

Juckende Ausschläge, *schlimmer* vor offenem Feuer und nachts.
Dicke, lederartige Krusten auf der Kopfhaut mit Eiter darunter.
Das Brennen und Jucken der Ausschläge ist sehr heftig – man muß kratzen.
Neuralgische Schmerzen sind ebenso heftig, insbesondere im Gesicht, am Kiefer und nach Herpes zoster.

Zucken von Muskeln und Augenlidern.
Verlangen nach fettem Schinken.
Ständiges Verlangen nach Essen.
Verzagt und hypochondrisch durch die Schmerzen oder Ausschläge.

Petroleum

Der Patient ist warm, aber die Haut fühlt sich an bestimmten Stellen kalt an.
Hautsymptome sind die tiefen Risse an Handflächen und Fingerspitzen mit blutenden Ausschlägen und dünner, wäßriger Absonderung. Ausschläge der Leisten, *schlimmer im Winter.*
Röte und Entzündung der Augen mit Rissen an den Lidern und Jucken.
Schmerzhafte und juckende Frostbeulen, *schlimmer bei kaltem Wetter.*
Bläschen, die aufbrechen und gelbe Krusten bilden. Juckende, brennende Bläschen an den Genitalien **(Rhus toxicodendron).**
Hinterhauptskopfschmerzen, Schwindel, Übelkeit, *schlimmer* auf einem Schiff oder in einem Wagen (ein wichtiges Mittel bei *Seekrankheit*).
Schmerzen im Magen, *besser durch Essen.*
Diarrhoe mit vorangehender Kolik – nur tagsüber.

Psorinum

Manchmal auch *»der kalte Sulfur«* genannt.
Rohe, trockene, rissige Haut, die oft schmutzig aussieht. Rauhigkeit, Jucken und Bluten, *schlimmer* durch Waschen und Bettwärme.
Der Patient ist sehr frostig, aber die Haut verlangt nach Luft.
Übelriechende Absonderungen und Ausschläge mit wäßriger Absonderung.
Das Haar ist trocken und glanzlos.
Bei diesen Patienten fehlt die Kraft zur Heilung, sie frieren und haben trotzdem Nachtschweiße.
Gemütsmäßig sind sie *hoffnungslos* und *verzweifelt.*

Rhus toxicodendron

Bläschenartige Ausschläge, die brennen und jucken, manchmal pustelartig oder wie Erysipel.
Entzündung der Augenlider mit Schwellung und Verklebung.
Bläschenartige Ausschläge können an allen Stellen des Körpers auftreten, auch im Genitalbereich.
Ein gutes Mittel für Herpes zoster.
Ruhelosigkeit – fühlt sich niemals wohl und muß sich ständig bewegen.

Die charakteristischen Rheumabeschwerden werden durch *Kälte und Nässe schlimmer* und *besser durch Bewegung.*

Sulfur

Eines der häufigsten und wertvollsten Hautmittel.
Die Ausschläge sind charakteristischerweise juckend und brennend mit Röte. Die verschiedenen Körperöffnungen sind rot: Lippen, Ohren, Nase, Mund, Anus, oft mit wundmachenden Absonderungen. Die Augenlider sind häufig rot, Blepharitis. Septische Erkrankungen und Furunkel treten häufig auf. Die Hautausschläge werden durch Wärme und nach dem Waschen *verschlimmert.*
Diese Patienten sind entweder dünn, schlank und philosophisch veranlagt oder sie sind kräftig mit starker Farbe, Gesichtsröte und dickem Haar. Gewöhnlich sind sie etwas schmutzig und mögen sich nicht waschen. Man soll sich aber nicht durch einen »sauberen Sulfur« täuschen lassen, wenn die anderen Symptome gut passen.
Allgemeine Verschlimmerung durch Wärme und Baden, mit heißen Füßen.
Am frühen Vormittag haben sie meistens ein Leeregefühl und mögen sehr gerne Süßigkeiten und kräftig gewürzte Speisen, besonders Fett und Butter.
Morgendiarrhoe tritt auf und zwingt den Patienten aufzustehen. Der Patient hat eine *Abneigung gegen* den Geruch seines Stuhles, obwohl er im übrigen durchaus nicht empfindlich ist.

16.1.2 Hilfe bei Akne

Diese Erkrankung, die sich hauptsächlich bei Heranwachsenden findet, ist manchmal sehr hartnäckig, verursacht Probleme und entstellt. Bei der konventionellen Behandlung sind *Tetracycline* das Hauptmittel und bessern in einigen Fällen. Homöopathie kann auch hier helfen.

Calcium sulfuricum

Dies Mittel hilft oft, wenn man es in der **C6** oder **D6** 2× täglich über längere Zeit gibt, manchmal kombiniert mit einigen Dosen einer Hochpotenz, die zum Gesamtbild des Patienten paßt. Der Patient ist gewöhnlich kalt, reizbar und hat Ängste wegen der Zukunft und seiner Gesundheit. Kopfschmerzen und Knochenschmerzen werden *besser durch Wärme.*
Pickel und Abszesse brennen und jucken.
Übelriechende Absonderungen aus den Ohren. Ebenso bei Perianalabszessen.

Hepar sulfuris

Viel Sepsis, Entzündung, Empfindlichkeit, *besser durch lokale Wärme.*
Frostig, *empfindlich gegen* Zugluft, saure Schweiße.

Kalium bromatum

Der Bromumanteil macht es, wie man sich schon denken kann, zu einem Aknemittel.
Fett, hellhaarig, lethargisch, depressiv, schläfrig. Ruhelose Füße. Die Patienten ärgern sich über sich selbst – in der Schule kommen sie nicht gut mit. Sie sind empfindlich, wenn sie zurückbleiben.
Rauhe Haut, schwere Akne, *schlimmer vor Menses.* 2^{00} nachts Jukken.
Hitzig, *Verschlimmerung* im Sommer und bei Wärme.
Sulfur, Silicea und **Natrium muriaticum** (mit seiner fetten Haut und seinen Ausschlägen entlang der Haargrenze) können indiziert sein, was von des Patienten Allgemeinsymptomen abhängt.
Jedes der gut bekannten Polychreste ist unter Umständen bei einer Hauterkrankung notwendig. Man muß deshalb immer für den Patienten als Ganzes verordnen und nicht nur für die lokalen Manifestationen seiner Erkrankung.

16.1.3 Furunkel und Abszesse

Belladonna

In den Frühstadien der Infektion, wo sich Hitze, Klopfen und *Verschlimmerung durch* Berührung, Druck oder Erschütterung finden.

Hepar sulfuris

Entzündet, sehr empfindlich, septische Erkrankung, *besser* durch lokale Wärme, *schlimmer* durch Druck. Der Patient ist sowohl physisch als auch geistig überempfindlich, reizbar und sogar heftig. Man gebe die **10M**-Potenz alle 2 Stunden bis Erleichterung eintritt, aber höchstens 6 Gaben.

Silicea

Mehr bei chronischen Erkrankungen. Das Mittel hilft bei Abszessen, damit sie sich öffnen, es fördert die Eiterbildung und die Absonderung von Splittern und Fremdkörpern. Der Patient ist kälteempfindlich und schweißig.

Sulfur

Immer wieder auftretende Stellen und septische Ausschläge, oftmals mit Hautausschlägen verbunden mit Hitze und Jucken. *Verschlimmerung durch Wärme.* Ein hitziger, hungriger Patient.

Tarantula cubensis

Karbunkel, große Abszesse mit mehreren Öffnungen, Brennen und blauem Aussehen.

Dosierung:
Alle diese Mittel sollten in der **30.** oder einer höheren Potenz gegeben werden, und zwar mehrmals alle zwei bis vier Stunden, abhängig von der Schwere, aber nicht mehr als 6 Gaben.

16.1.4 Herpes zoster

Arsenicum album

Brennende Ausschläge, *besser durch lokale Wärme.*
Frostigkeit, Ruhelosigkeit, Ängstlichkeit und Mitternachtsverschlimmerung.

Lachesis

Blaue Ausschläge, linksseitig, sehr empfindlich gegen Berührung, *besser durch lokale Kälteanwendung.*
Heißer Patient mit Herzklopfen, Erstickungsanfällen und Geschwätzigkeit.

Mezereum

Bereits erwähnt, siehe S. 165.

Ranunculus bulbosus

Häufig bei Herpes zoster benutzt.
Stechende Intercostalschmerzen mit großer Empfindlichkeit, sowohl bei Herpes als auch bei rheumatischen Erkrankungen, Pleurodynie *verschlimmert durch* kalte Luft und Berührung. Blaue oder durchsichtige Bläschen, die brennen und Serum absondern, entweder am Brustkorb oder in der Supraorbitalregion.

Rhus toxicodendron

Bläschenartige Ausschläge, große Ruhelosigkeit, Brennen, Jucken und muß kratzen.

Variolinum (die Pockennosode)

Hilft manchmal bei postherpetischer Neuralgie.

17. Rheumatische und arthritische Erkrankungen

17.1 Homöopathische Aspekte

Auf das Konto dieser Gruppe von Erkrankungen kommt ein großer Teil von Arbeitsunfähigkeit und Verlust von Arbeitstagen. In ihr wird eine Vielzahl von Beschwerden zusammengefaßt, vom einfachen Muskelrheumatismus bis zur schweren Arthritis, sie beinhaltet einige neuralgische Erkrankungen und Beschwerden, wie Gicht, Polymyalgia rheumatica, systematischer Lupus erythematodes, Arthritis psoriatica und verwandte Gewebestörungen.

Dabei ist es wichtig, soweit als möglich im Hinblick auf die Prognose eine genaue Diagnose zu stellen. Man muß gelegentlich auch ein Kortikosteroid bei einer Erkrankung anwenden, z. B. bei der temporalen Arteriitis, da bei ihr das Risiko der Erblindung besteht. Abgesehen davon muß auch hier der Homöopath wiederum auf den Patienten als Ganzes sehen mit besonderer Betonung der kausalen Faktoren am Beginn der Erkrankung. Er muß auf das Allgemeinbefinden des Patienten und seine emotionalen Reaktionen achten, ebenso auf die *Modalitäten der lokalen Beschwerden.*

Manchmal ist der Patient derartig von seinen Beschwerden und Schmerzen eingenommen, daß es schwierig wird, ein Gesamtbild zu bekommen. Manchmal müssen wir anfangs mehr mit lokalbezogenen Mitteln palliativ Wirkungen erzielen, bevor wir ein tiefwirkendes, auf das Allgemeine bezogenes Mittel finden können. Dabei können wir nicht erwarten, daß wir Krankheiten mit großen pathologischen Veränderungen beheben können, z. B. schwere rheumatoide Arthritis, aber gelegentlich können wir doch den Prozeß zum Stillstand bringen und die Beweglichkeit und Lebensqualität verbessern. Bei manchen dieser Erkrankungen spielt heutzutage die Chirurgie eine bedeutende Rolle. Analgetika und Antirheumatika sind zeitweise notwendig, um die Schmerzen erträglich zu machen, aber auch bei ihnen bestehen die ihnen eigenen Probleme von Allergie und Toxizität. Man sollte also nur so wenig wie möglich von ihnen verschreiben, um ein klares Bild für die homöopathische Verordnung zu bekommen, so daß ein wirkliches Heilmittel gefunden werden kann.

17.1.1 Diagnostische Bedeutung der Modalitäten

Bestimmte Modalitäten sind bei der Suche des Mittels besonders hilfreich.
Beispiele:

Modalitäten	Arzneimittel
Schlimmer durch Wärme	**Bryonia, Ledum, Phosphorus, Phytolacca, Pulsatilla, Thuja**
Besser in der Kälte	**Ledum, Pulsatilla**
Besser in der Wärme	**Arsenicum, Causticum, Colchicum, Colocynthis, Lycopodium, Mercurius, Nux vomica, Rhus toxicodendron, Sulfur**
Schlimmer in trockener Kälte	**Aconitum, Bryonia, Causticum, Hepar sulfuris, Nux vomica**
Schlimmer in nasser Kälte	**Arnica, Colchicum, Dulcamara, Rhus toxicodendron, Veratrum album, Natrium sulfuricum**
Besser durch Bewegung	**Chamomilla, Dulcamara, Rhododendron, Rhus toxicodendron, Pulsatilla**

17.2 Homöopathische Arzneimittel

Das folgende Kapitel enthält einige der *gewöhnlichen* Rheumamittel. Es gibt aber auch noch andere, und in vielen Fällen hat erst ein Polychrest oder ein Konstitutionsmittel eine länger anhaltende Wirkung.

Arnica

Das große Verletzungsmittel – es hilft bei Folgen von Schock und Quetschung. Wenn vor der Entwicklung eines Rheumatismus oder einer Arthritis irgendeine Verletzung stattgefunden hat, so sollte man immer mit einer Dosis Arnica beginnen, auch dann, wenn die Verletzung vor langer Zeit gewesen war.

Starkes Gefühl von Erschöpfung, Schwäche und das Gefühl, *als ob* man zerquetscht wäre.
Gelenkschmerzen haben einen wunden Charakter und es besteht große Angst vor Berührung wegen der Schmerzen, insbesondere bei Gicht.
Das Bett fühlt sich beim Liegen hart an.
Ruhelosigkeit – muß ständig seine Lage wechseln. Das Wundheitsgefühl wird durch eine neue Lage gebessert.
Reizbar, vergeßlich, aber Träume und Vorstellungen seines Unfalls. Manchmal sagt er, daß er sich wohl fühle, obwohl es ihm in Wirklichkeit sehr schlecht geht.

Bryonia

Im Gegensatz zu **Rhus toxicodendron** sind die Bryoniasymptome durch *Bewegung verschlimmert.* Das betrifft nicht nur die Gelenke, sondern auch Kopfschmerzen, Pleura- und Brustschmerzen. Wenn die Muskeln, Bindegewebe, die Synovia der Gelenke mit Schmerzen, Röte, Hitze und Schwellung mit Erguß befallen sind, so werden alle Beschwerden durch jegliche Bewegung verschlimmert und *erleichtert* durch Druck und oft durch Kälte. Bei akutem Rheumatismus besteht ein starker, saurer Schweiß.
Andere Züge von Bryonia sind Trockenheit von Schleimhäuten, Lippen, Zunge, Mund, mit Durst auf große Mengen in längeren Abständen, *Verschlimmerung* durch trockene, kalte Ostwinde und *Abneigung* gegen Störungen; reizbar und ärgerlich bei Störung. Verzweiflung und Hoffnungslosigkeit in Hinblick auf die Wiederherstellung finden sich oft.

Causticum

Ein Mittel für Lähmung und Kontrakturen. Es befällt die Muskeln und Bindegewebe. Indiziert bei rheumatischer Arthritis, wo sich Kontrakturen der Sehnen gebildet haben, ziehenden Schmerzen und Ruhelosigkeit bei Nacht. *Verschlimmerung* durch trockene Kälte, *besser* durch Wärme, Feuchtigkeit. Diese Besserung durch feuchtes Wetter und Verschlimmerung bei Frost sind manchmal die *führenden Indikationen* bei Causticum.
Nackensteifigkeit und Facialislähmung als Folge kalter, trockener Winde oder Zugluft.
Weinerlich, hoffnungslos, ohne Hoffnung auf Heilung, Furcht in der Dunkelheit und daß etwas passieren könnte. Reizbar und trotzdem mitleidig mit anderen.

Colchicum autumnale

Diese Pflanze blüht im Herbst und hat ihre charakteristischen Symptome, nämlich Diarrhoe und Rheumatismus, im Herbst. Das Mittel ist

bekannt durch seine Wirksamkeit bei Gicht, obwohl es noch ein weiteres Feld seiner Wirksamkeit besitzt, und bei Gicht ist meist Ledum eher indiziert.
Die rheumatischen Schmerzen von Colchicum gehen von Gelenk zu Gelenk, sind sehr empfindlich gegen Berührung oder Bewegung. Es werden hauptsächlich die kleinen Gelenke befallen. Die Schmerzen sind *schlimmer* in der Kälte und bei feuchtem Wetter, insbesondere im Herbst und *besser* durch Wärme und Einhüllen.
Das Mittel hat noch einige weitere Symptome, die einen an dasselbe denken lassen: Eine starke Übelkeit bei Anblick, Geruch oder Gedanken an Speisen, Brennen und Eiseskälte im Magen und eine deutliche Auftreibung des Abdomens mit schleimiger Diarrhoe.
Die Patienten sind sehr frostig, außerordentlich reizbar und *überempfindlich gegen äußere Eindrücke*; die Schmerzen sind unerträglich **(Chamomilla)**.

Dulcamara

Die charakteristische Modalität dieses Mittels ist eine *Verschlimmerung* bei kaltem, feuchtem Wetter. Rheumatische Schmerzen, Katarrh, Diarrhoe, Harnbeschwerden und Hauterkrankungen – alle werden durch kaltes, feuchtes Wetter verschlimmert. Schmerzen der Rückenmuskulatur über der linken Hüfte und in den Oberschenkeln, *besser beim Gehen.*
Schlimmer im Herbst, in regnerischen und kalten Nächten.
Der Patient mit Schnupfen oder Katarrh möchte es warm haben, z. B. ein warmes Tuch auf dem Gesicht und ein warmes Zimmer.
Schleimiger Durchfall durch Kälte oder Nässe verursacht, oder nach Wechsel von warmem zu kaltem Wetter.
Große, fleischige Warzen.

Ferrum metallicum

Oft indiziert bei fetten, frostigen Patienten, die bei Erregung leicht erröten. Die Schmerzen sind *schlimmer,* wenn die Gliedmaßen in Ruhe sind und werden durch *langsame Bewegung gebessert* (wie **Pulsatilla**) und durch *rasche Bewegung verschlimmert* und *durch Wärme gebessert.*
Das am meisten befallene Gebiet ist der Deltoidmuskel und die Schulter.
Die Patienten sind oft anämisch und müde, haben deutliche *Abneigung gegen Eier* und neigen zu nächtlichem Erbrechen.

Guajacum

Chronische, rheumatische Erkrankungen und Gicht mit Schwäche, Auszehrung und Erschöpfung, manchmal verbunden mit üblem Auswurf, wie man ihn bei Bronchiektasen oder Tuberkulose findet. Stechende, brennende und neuralgische Schmerzen, *schlimmer* durch Bewegung und Wärme. Schmerzen an der linken Seite des Halses oder auf einer Seite des Gesichtes, in der rechten Schulter, im Oberarm und Brustmuskel. Ziehende Schmerzen im rechten Unterarm und Handgelenk am rechten Daumen und Fingergelenk, wiederum *verschlimmert durch* Wärme und Bewegung. Stechende Schmerzen in der Umgebung der Knie und an den unteren Beinpartien, mit einem Verkürzungsgefühl der Kniekehlensehnen. Gefühl von Schwellung in den Gliedmaßen mit Knochenschmerzen.

Der Patient ist durstig mit *Abneigung gegen Essen,* hat heiße Hände und Nachtschweiße.

Kalmia

Befällt Muskeln, Sehnen, Gelenke und Nerven. Das Mittel ist besonders dann von Wert, wenn die rheumatischen Beschwerden auf frühere syphilitische Infektionen zurückgeführt werden können oder wo Herzkomplikationen nach einem akuten, rheumatischen Fieber zurückgeblieben sind. Die Schmerzen schießen und ziehen; sie ziehen umher, wandern die Gliedmaßen hinunter, von der Schulter zu den Fingern oder von den Hüften zu den Zehen, obwohl sie andererseits von den unteren Gliedmaßen zu den oberen Gliedmaßen gehen können. *Bewegung verschlimmert* die Schmerzen und kann auch Schwindel verursachen.

Schwere Knochenschmerzen treten nachts auf (wie **Syphilinum**).

Neuralgien im Gesicht, postherpetische Neuralgie, stechend, ziehend, schneidend und schießend, treten plötzlich auf und verschwinden ebenso schnell wieder.

Herzklappenfehler rheumatischen Ursprungs mit langsamem Puls, Herzklopfen, *schlimmer* durch Liegen auf der linken Seite, *besser* durch Liegen auf dem Rücken, beim Aufrechtsitzen oder Vorbeugen.

Ledum

Frostige Personen, aber die Schmerzen sind charakteristischerweise durch *Kälte gebessert.*

Ein Mittel für Quetschungen, insbesondere in der Augenumgebung.

Rheumatische Schmerzen neigen dazu, an den unteren Gliedmaßen zu

beginnen und aufzusteigen. Häufig sind die linke Hüfte und die rechte Schulter beteiligt. Indiziert bei Schmerzen der Füße und Knöchel. Schwellungen der Gelenke sind blaß.
Gichtische Zustände und harte Knotenbildung.
Steifigkeit der Gelenke; Schmerzen *besser* durch kalte Anwendungen, *schlimmer* durch Wärme oder durch Bettwärme nachts; *schlimmer* durch Bewegung.
Ein Mittel für Stichwunden. Wunden, Abszesse und septische Herde, sind empfindlich aber kalt und *gebessert durch Kälte,* während die von **Arsenicum** brennen und durch Wärme gebessert werden. Marmoriertes, aufgeschwemmtes, gedunsenes Gesicht, aber kalt (**Lachesis** heiß).

Phytolacca

Dem **Mercurius** ähnlich in seinen Hals- und Mundsymptomen. Die rheumatischen Schmerzen sind brennend und schießend, wie elektrische Schocks, *schlimmer durch Bewegung* und bei Nacht, an kalten Tagen und bei kalt-feuchtem Wetter, aber *schlimmer durch Bettwärme.* Es besteht ein Verlangen sich zu bewegen, obwohl Bewegung verschlimmert.
Entzündung der Sehnenscheiden. Schmerzen insbesondere in der Deltoidgegend und am rechten Schultergelenk mit Steifigkeit und Schmerzen entlang des Trapezius. Periarticulärer Rheumatismus im Schläfenkiefergelenk. Steifer Hals mit Schmerzen bei der leichtesten Bewegung (wenn **Bryonia** und **Rhus toxicodendron** nicht geholfen haben).
Ein Mittel hilfreich bei Halsinfektionen und Mastitis.

Rhododendron

Die rheumatischen Schmerzen dieses Mittels sind *schlimmer* bei kaltem, feuchtem, windigem Wetter und Gewitter. Dem Patienten geht es allgemein schlecht bei gewittrigem oder stürmischem Wetter. Die Schmerzen werden sofort durch *Bewegung gebessert,* während bei **Rhus toxicodendron** der Beginn der Bewegung verschlimmert und dann durch fortgesetzte Bewegung Besserung einsetzt. *Besserung durch Wärme.*
Ziehende Schmerzen in Nacken und Rücken, die ihn aus dem Bett treiben.
Schmerzen im Schultergelenk, die so schlimm sind, daß er den Arm überhaupt nicht bewegen kann, erleichtert durch Umhergehen.
Rheumatische Kopfschmerzen, *schlimmer* vor einem Sturm, *besser* durch Einhüllen des Kopfes. Neuralgie des Gesichtes und der Zähne. Auch ein Mittel bei Orchitis (wie **Pulsatilla**).

Rhus toxicodendron

Dies ist ein Mittel, welches bei rheumatischen Erkrankungen am häufigsten gebraucht wird. Es ist charakterisiert durch Schmerzen und Steifigkeit an fast jeder Stelle des Körpers, in Muskeln und Sehnen, aber ebenso gut in den Gelenken. Die Schmerzen treten oft nach einer Überanstrengung auf, aber besonders bei feuchtem, kaltem Wetter.
Schmerzen und Steifigkeit am Beginn der Bewegung, aber *gebessert* durch *fortgesetzte Bewegung,* bis der Patient ermüdet und wieder ruhen muß. Aber dann beginnen die Schmerzen sofort wieder, er wird unruhig und muß wieder anfangen sich zu bewegen. Die Schmerzen sind *besser* durch Wärme und Übung, Ruhelosigkeit und *Verschlimmerung nachts.*

Ruta

Ein Mittel für Verletzungen und Verstauchungen, es betrifft besonders das Periostium und die Ansätze der Muskeln und Sehnen, insbesondere an den Handgelenken und Knöcheln.
Ischias, *schlimmer* durch Hinlegen nachts, *besser* während des Tages.
Gefühl von Erschöpfung, wie durch eine Anstrengung, durch einen Fall oder einen Schlag, Gefühl *wie zerquetscht.*
Schlimmer durch Kälte und Nässe und *besser* durch Bewegung wie **Rhus toxicodendron.** Sein Wirkungsbereich ist das Auge, wo es bei schwachen Augenmuskeln oder Ermüdung mit Sehschwäche hilft (nicht die Entzündung von **Argentum nitricum**), und das Rektum, wo es bei Schwäche der Muskulatur und Prolaps des Rektums hilft.
Hilfreich bei Osteoarthritis, die nach einer alten Verstauchung des Knöchels oder des Knies auftritt.

Sanguinaria

Die rheumatischen Schmerzen betreffen oft den Arm und die Schulter rechts, *schlimmer* nachts und beim Umdrehen im Bett. Kann den Arm nicht heben. Gefühl von Lahmheit und Schwäche, mag sich nicht bewegen oder irgendeine geistige Anstrengung leisten. *Schlimmer bei feuchtem Wetter.*

Spigelia

Dies Mittel ist besonders durch seine Schmerzen bekannt, kaum ein Nerv im Körper entgeht denselben, stechend, brennend, ziehend, neuralgische Schmerzen, insbesondere in Augen, Gesicht, Nacken und Schultern.

Die Schmerzen der Augen werden durch Kälte gebessert, aber alle anderen Schmerzen sind *besser durch Wärme*; jegliche Bewegung oder Erschütterung *verschlimmert.*
Wir haben bereits von den Kopfschmerzen von Spigelia gesprochen, die über dem linken Auge schießend auftreten. Stechende und neuralgische Schmerzen in den Augen, die nach allen Richtungen hin ausstrahlen, mit empfindlichen Augäpfeln und Störungen der Akkomodation.
Stechende Schmerzen in der Brust durch Interkostalneuralgie.
Bei chronischen rheumatischen Erkrankungen, wie Rheuma und Osteoarthritis ist es oft notwendig, ein tiefer wirkendes Mittel für den Patienten als Ganzes zu finden. Wir müssen Mittel wie

- **Kalium carbonicum**
- **Pulsatilla**
- **Sulfur**
- **Phosphorus**
- **Natrium muriaticum**
- **Calcium carbonicum**
- **Lycopodium**
- **Sepia**
- **Silicea**
- **Thuja**

und selbstverständlich auch die Nosoden, insbesondere **Medorrhinum** und **Tuberculinum** studieren.

18. Mittel gegen Depressionen und Ängste

18.1 Allgemeine Therapiegrundsätze

Besondere Bedeutung der Geist- und Gemütssymptome
In der Homöopathie weist eine große Menge häufig gebrauchter Mittel starke Geist- und Gemütssymptome auf. Der Leser sollte diese als Teil des gesamten Arzneimittelbildes studieren, wie sie in Teil III beschrieben sind, und weiter in den größeren Materiae medicae. Wertvoll ist auch das Buch von MARGARETE TYLER, »Hinweise auf die gebräuchlichsten Mittel«, Kapitel Nr 6, wo eine große Anzahl von Mitteln zum Gebrauch bei Depressionen, Kummer, Suizidneigung, Geisteskrankheit, Wahnsinn, Ruhelosigkeit, Erregung und Gewalttätigkeit, bei Geschwätzigkeit, Eifersucht und Mißtrauen beschrieben sind.

Der geistig gestörte Patient
Bei geistig gestörten Patienten ist es wichtig, körperliche Symptome, Allgemeinsymptome, Essensverlangen oder -abneigung oder Änderungen vom Geist- und Gemütszustand aus Zeiten *als der Patient noch normal war*, festzustellen (z. B. wo eine normalerweise liebevolle Person reizbar, heftig und mißtrauisch oder eine extrovertierte, freundliche Person plötzlich zurückhaltend, bösartig und menschenscheu wird). Diese *Veränderungen gegenüber dem Normalen* indizieren oftmals ein besonderes Mittel.
Bei schweren psychotischen Stadien bis hin zur Schizophrenie kann es ratsam sein, psychiatrische Hilfe in Anspruch zu nehmen oder den Patienten zunächst in die Psychiatrie zu schicken, zu seiner eigenen Sicherheit oder der anderer Menschen.
Trotzdem gibt es eine große Anzahl von Patienten, die an den verschiedensten Stufen von Angst und Depression leiden und denen man mit homöopathischen Mitteln helfen kann. Damit lassen sich ihre konventionellen Tranquillizer und Antidepressiva reduzieren oder sogar ganz weglassen, von denen ja häufig eine große Menge verschrieben werden, oft ohne viel darüber nachzudenken.
Wenn wir die Krankengeschichte des Patienten aufnehmen, auch manchmal nur, wenn es sich um eine körperliche Beschwerde handelt, finden wir doch dahinter oft Störungen im Gemütsbereich, die auf vorangegangene Krankheiten, familiäre oder soziale Probleme, Zurückweisungen, Ärger, Kummer oder Schreck zurückzuführen sind. Eine ruhige, sorgfältig aufgenommene Vorgeschichte erlaubt es dem Arzt,

dem Patienten zu einem besseren Verständnis seiner eigenen Symptome zu verhelfen, und manchmal genügt schon ein guter Rat. Trotzdem kann dabei ein homöopathisches Mittel, welches viele Symptome des Krankheitsbildes deckt, eine dramatische Besserung im Wohlbefinden des Patienten und seiner Fähigkeit, zurechtzukommen, herbeiführen.

Die Polychreste
Diese Mittel helfen zumeist am wirksamsten.
Beispiele:

Charakteristika	Mittel
Gleichgültigkeit gegenüber Angehörigen	**Acidum phosphoricum, Phosphorus, Sepia**
Hervorstechende Reizbarkeit	**Chamomilla, Nux vomica**
Tiefe Empfindlichkeit	**Natrium muriaticum, Staphisagria**
Furcht und Mangel an Selbstvertrauen	**Lycopodium, Silicea**
Befürchtungen	**Phosphorus, Pulsatilla**
Hoffnungslosigkeit	**Aurum, Natrium sulfuricum, Psorinum**
Folgen von Schreck	**Aconitum, Opium**
Kummer	**Ignatia, Natrium muriaticum**
Wochenbettdepression	**Cimicifuga, Natrium muriaticum, Thuja, Sepia**

Man studiere diese tiefwirkenden Mittel im Teil III und in größeren Materiae medicae, um das »Grundgefühl« dieser Homöopathika in seiner Totalität zu verstehen.

18.2 Die Depression

Aurum metallicum

Depression mit *Selbstmordneigung* und Mangel an Selbstvertrauen, Reizbarkeit und Zorn durch Widerspruch. Mürrisch, Abneigung gegen Reden, sitzt abseits, weint und denkt an den Tod. Verdammt sich selbst, aber ist kritisch gegenüber anderen. Hysterie wechselt mit Depression. Es besteht Angst, er ist voller Sorgen und hat schreckliche Träume. Unzufrieden mit seinen Verhältnissen und streitsüchtig.
Liebt die frische Luft und verlangt kalte Anwendungen, hat jedoch eiskalte Hände und Füße.

Calcium carbonicum

Manchmal hält man diese Patienten für langsame und schlappe Typen, und sie haben alle möglichen Ängste in ihrer Symptomatologie.
Verzweifeln am Leben, stellen sich vor, daß sie sterben müßten, fühlen sich sehr unwohl, *als ob* irgend ein Unfall oder ein Unglück passieren werde.
Furcht und Angst vor der Zukunft.
Furcht vor Krankheit oder Tod, daß sie den Verstand verlieren, daß Leute ihre Verwirrungen bemerken könnten, daß alle mißtrauisch auf sie schauten.
Leicht erschreckt, insbesondere Kinder mit Nachtmaren und schlimmen Träumen.
Sitzt und fummelt mit kleinen Dingen herum, brütet über irgendwelchen Sachen, die unwichtig sind.
Hartnäckig und verdrießlich.
Blasse, schlaffe, schwitzende Personen mit kalten Extremitäten, saurem Erbrechen und sauren Stühlen.

Cimicifuga (Actea racemosa)

Besonders ein Mittel für *Frauen* mit rheumatischen und hysterischen Symptomen, Depressionen, Angst und Furcht. Die *Angst vor dem Tod* ist fast so deutlich wie bei **Aconitum**.
Die Depression charakterisiert sich durch eine schreckliche *Schwermut*, wie eine schwarze Wolke, die trotzdem mit hysterischen Symptomen und Ängsten über die Art oder das Ausmaß ihrer Erkrankung vermischt ist. Schlaflosigkeit bei diesen Patienten. Dabei ein geschwätziges, mißtrauisches Temperament, sie wollen z. B. keine Medizin nehmen, weil dabei etwas nicht richtig sein könnte (ähnlich wie **Lachesis**). Ein Mittel wie das letztere wirkt hilfreich in der Menopause.

Eine ruhelose, reizbare Patientin, depressiv, aber gesprächig, mit Hitzewallungen, die häufig das blasse Gesicht färben, in dem sich dunkle Ringe unter den Augen befinden. Es ist auch ein Mittel, das Symptome in Bezug auf die Sexualorgane hat, mit schmerzhafter, unregelmäßiger Menses, mit Dysmenorrhoe während der Menses, und linksseitigen Ovarialschmerzen. Gemütsstörungen im Wochenbett und deshalb wertvoll bei der *Wochenbettdepression* (ziehe auch **Sepia** in Betracht mit seinem Verlust am Interesse an seinen Angehörigen!).
Empfindlich: gegen Kälte, Druck und Feuchtigkeit, mit rheumatischen Schmerzen, die besser werden, wenn die Geist- und Gemütssymptome schlimmer sind.
Kopfschmerzen, insbesondere im Bereich des Nackens, mit Schmerzen hinter den Augen, die durch kalte, frische Luft *gebessert* und durch *Bewegung verschlimmert* werden.

Drosera

Bei diesem Mittel denkt man hauptsächlich an Keuchhusten, aber es ist auch ein Mittel, wenn in der Vorgeschichte TBC eine Rolle gespielt hat. Es zeigt deutliche Geist- und Gemütssymptome in seinem Mittelbild.
Niedergeschlagen über das, was andere ihm angetan haben. Mutlos und betroffen über die Zukunft. Glaubt, daß er durch neidische, boshafte Menschen betrogen worden ist. Stiller Zorn über Beleidigungen, kann über Kleinigkeiten sehr zornig werden.
Angst, besonders deutlich am Abend, mit dem Wunsch, seinem Leben durch *Ertränken* ein Ende zu setzen. Träume von schlechter Behandlung. Kann unmöglich längere Zeit bei einer Sache bleiben.

Natrium sulfuricum

Ein wertvolles Mittel, wenn in der Vorgeschichte eine Kopfverletzung war, oder für einen Patienten mit Asthma oder Lungenentzündung, besonders, wenn der linke, untere Lungenflügel beteiligt und sie bei warm-feuchtem Wetter aufgetreten war.
Depressiv, tränenreich mit einer Neigung, bei Musik zu weinen oder sich traurig zu fühlen (ebenso **Graphites**). Lebensmüde, aber möchte trotzdem in Wirklichkeit dem Leben kein Ende setzen (was **Aurum** macht). Reizbar morgens, möchte nicht reden und auch nicht angesprochen werden, empfindlich gegen das geringste Geräusch.
Verschlimmerung um 4–5 Uhr.

Acidum phosphoricum

Das charakteristische Schlüsselsymptom dieses Mittels ist die bemerkenswerte *Gleichgültigkeit gegenüber allem.* Er möchte gar nichts, er

nicht sprechen, er hat kein Interesse an der übrigen Welt und kann seine Gedanken nicht richtig sammeln. Lustlos und apathisch.
Beschwerden von Sorgen, Kummer, Kränkung, Heimweh und enttäuschter Liebe, aber ohne die Empfindlichkeit und Hysterie und launische Stimmung von **Ignatia** und ohne die Intensität und die Neigung ins Einzelne zu gehen, wie wir es bei **Staphisagria**, als Folge von Beleidigung oder Zurückweisung sehen. **Natrium muriaticum** ist wesentlich heftiger und leidenschaftlicher, weint und haßt Mitleid, während Acidum phosphoricum eine dumpfe Apathie bei seinem Liebeskummer zeigt.
Zu große und übergewichtige Kinder mit Wachstumsschmerzen und Kopfschmerzen.
Obwohl sich durch das ganze Mittel *Hinfälligkeit* hindurchzieht, gibt es doch einen Widerspruch, daß nämlich bei den starken Durchfällen, die man oft bei Acidum phosphoricum sieht, keine Erschöpfung vorhanden ist und daß sich der Patient *nach der Diarrhoe besser* fühlt. (**Calcium carbonicum** fühlt sich wohler, wenn es verstopft ist).

Psorinum

Bei diesem Mittel denkt man meistens an Hauterkrankungen, aber es zeigt tiefe Geist- und Gemütssymptome.
Es ist ein sehr frostiges Arzneimittelbild mit faulem Geruch aller Absonderungen.
Hoffnungslosigkeit, Verzweiflung an der Genesung und Angst, daß er sterben müsse, voller Ängste und Vorahnungen, daß seine Geschäfte schlecht ausgehen würden. *Träume von Geschäften.*

18.3 Ruhelosigkeit, Heftigkeit und Delirium

Arsenicum album

Bei der Gruppe der ruhelosen Mittel sollte Arsenicum niemals fehlen.
Ruhelosigkeit ist ein ständiges Symptom, verbunden mit *Hinfälligkeit*, die in gar keinem Verhältnis zu den sonstigen Beschwerden steht. Angst in Bezug auf sich selbst – voller Ängste, hat das Gefühl, daß es keinen Zweck hat, überhaupt Medizin zu nehmen, da er sowieso sterben muß.
Außerordentlich pingelig und empfindlich gegen Gerüche, Berührung und seine Umgebung.
Zusammen mit der Frostigkeit, dem Brennen und der *Verschlimmerung* aller Beschwerden *zwischen* 1^{00} *und* 2^{00}, wie es schon an anderer Stelle beschrieben wurde.
Nash beschreibt **Belladonna, Hyoscyamus** und **Stramonium** als Mittel, die bei Delirium besonders häufig angezeigt sind.

Belladonna

Dieses Mittel ist eines der gewöhnlichen Akutmittel und wurde bereits bei Fieber, Entzündung und Kopfschmerzen genannt.
Der Patient ist heiß, rot und trocken, mit erweiterten Pupillen und sehr trockenem, roten Hals und ständigem Bedürfnis zu schlucken. *Plötzlicher Beginn der Symptome*. Das Kind mit hohem Fieber hat ein Delirium, Nachtmare, sieht Tiere und Geister, aber diese Ängste und die Heftigkeit sind auch bei geistig gestörten Patienten zu finden. Es besteht ein Stauungskopfschmerz, der Patient ist voller Schrecken, möchte entfliehen und sich verstecken.

Hyoscyamus

Der Patient ist blaß und schwach, ist oft schon etwas älter; dieses vom Typ nicht so heftige Delirium zeigt sich in einem stuporösen, murmelnden Zustand, der Patient starrt auf die ihn umgebenden Gegenstände, ohne sie zu sehen, und zupft an der Bettdecke. Ab und zu passieren heftige Anfälle, der Patient wird ruhelos, springt aus dem Bett, zieht sich nackt aus oder redet und singt geile Dinge. Ein solches Bild zeigt sich bei Pneumonie oder Typhus, aber auch bei älteren Patienten, die verwirrt sind und sich in einer fremden Umgebung befinden, z. B. im Hospital. Sie sind oft sehr mißtrauisch, glauben, sie würden von der Schwester vergiftet und weisen deshalb die Medizin zurück. Sie sind zudem sehr eifersüchtig auf andere (die beiden letzten Symptome finden sich auch bei **Lachesis**). Zucken der Muskeln am ganzen Körper, insbesondere im stuporösen Zustand.

Stramonium

Es ist das *wildeste und heftigste* dieser drei Deliriummittel. Es ähnelt **Belladonna** in der Röte des Gesichtes und der erweiterten Pupillen, aber vor allem sind diese Patienten sehr geschwätzig. Rasen, singen, lachen, fluchen oder beten. Häufig fahren sie mit dem Kopf vom Kissen hoch oder werfen sich umher. Sie haben Angst vor dem Alleinsein und der Dunkelheit.

19. Mittel für alte Menschen

19.1 Therapiegrundsätze

In der Homöopathie gibt es eigentlich keine Mittel, die nur für das Alter da sind. Jeder Patient kann beinahe jedes Mittel benötigen, abhängig von der Gesamtheit seiner Symptome und bis zu einem gewissen Grad von der Pathologie seiner Erkrankung. Auch hier werden *Polychreste* häufig indiziert sein und sollten immer als erstes in Betracht gezogen werden, aber es gibt einige, die man für die älteren Patienten im Gedächtnis behalten sollte und die man leicht vergißt.
Die *Potenzen* können so verschieden gegeben werden, wie bei den anderen Altersgruppen auch, obwohl man sich daran erinnern sollte, daß schwache, ältere Patienten unter Umständen nicht die Fähigkeit haben, auf sehr hohe Potenzen zu reagieren und besser mit einer **C30** bedient sind. Manche Patienten mit starken pathologischen Veränderungen benötigen möglicherweise **D6-** oder **D3-**Potenzen, die über eine längere Zeit gegeben werden, eher um eine Erleichterung als um eine Heilung zu erzielen, wo sie nicht mehr möglich ist. Trotzdem leben manche ältere Menschen ein aktives und lebhaftes Leben bis ins hohe Alter, wobei ihnen mit homöopathischen Mitteln geholfen werden kann.

Die Ärzte werden sich zunehmend der Probleme bewußt, die bei der Verabreichung orthodoxer Mittel bei älteren Patienten auftreten, die oft schlecht auf Sedativa, Antibiotika, Hypertonika und bestimmte Herzmittel reagieren und die besser mit *sehr kleinen Dosierungen* zurechtkommen oder in vielen Fällen ohne jegliche Medikation überhaupt. In dieser Beziehung hat man mit der homöopathischen Behandlung keinerlei Probleme, sie ist sanft und sicher in ihrer Wirkung.
Einige wenige Mittel für die Alten oder für solche, die Gedächtnisverlust haben oder die eine Verwirrung zeigen, werden in diesem Abschnitt behandelt.

Ambra grisea

Vorzeitiges Altern. Schwäche, Zittern, unsicherer Gang, ein träumerisches Bewußtsein mit Vergeßlichkeit. Wechsel von einem Gegenstand zum nächsten, fragen und warten die Antwort nicht ab, bevor sie sich einer anderen Frage zuwenden. Wechsel zwischen Depression und heftigen Zornesausbrüchen. Muß sich außerordentlich anstrengen, um seinen Verstand auf das zu konzentrieren, worüber er nachdenkt. Seine

Gedanken verweilen bei sehr unangenehmen Dingen und er kann sie nicht los werden.
Schwindel bei alten Menschen, so schlimm, daß sie nicht auf die Straße gehen können. Die Symptome sind *schlimmer morgens*. Die *Anwesenheit von anderen verschlimmert* die Symptome – das bemerkt man z. B. dann, wenn alte Menschen ihren Stuhl nicht in Gegenwart einer Krankenschwester oder eines Verwandten lassen können und deshalb häufig verstopft sind. *Ebenso Verschlimmerung* durch Unterhaltung, *Musik ist unerträglich*. Pruritus senilis.

Anacardium orientale

Dieses Mittel ist hilfreich bei *Gedächtnisverlust*, insbesondere der Älteren, aber es hat das charakteristische Gefühl einer *gespaltenen Persönlichkeit*, als ob zwei Willen gegeneinander streiten. Alles erscheint wie ein Traum; es besteht ein deutliches Gefühl von Minderwertigkeit und Sorge über seine Vergeßlichkeit. Dieses kommt auch bei jüngeren Patienten, wie Studenten, vor, die Angst vor dem Versagen haben und bei denen Prüfungsängste vorhanden sind.
Neben dem Gedächtnisverlust besteht noch Reizbarkeit und ein *Verlangen zu fluchen und zu schwören*, und manchmal gerade bei denen, die eine sehr strenge Moralität und einen ebensolchen Glauben haben. Dieses bringt sie förmlich zur Verzweiflung und verursacht Schuldgefühle. Sie können auch ziemlich bösartig sein. Gefühl eines Pflockes im Rektum oder Ohr, oder *als ob* ein Band oder Reifen um irgendein Teil des Körpers gelegt wäre.
Dyspepsie und Magenschmerzen, wenn er leer ist, *gebessert durch Essen*.

Arnica

Dieses Mittel ist beinahe spezifisch bei Verletzungen oder Quetschungen, aber ist auch bei schweren Erkrankungen älterer Patienten von großem Wert. Alte Menschen, die leicht müde werden oder die zuviel tun und sich dann erschöpft fühlen, bessern sich oft nach einer Dosis Arnica.
Starkes Schwächegefühl und das Gefühl, *als ob* alles gequetscht sei, ist eine *Schlüsselindikation*. Dies kann als Folge einer Überanstrengung oder eines Unfalls auftreten, aber es kann auch bei Patienten vorkommen, die im Bett liegen oder schwer krank sind z. B. mit Krebs. Das Bett fühlt sich zu hart an – er ist wund und ruhelos und bessert sich nur durch Wechsel der Lage. (Der Asenicumpatient ist ruhelos, aber ängstlich und voller Furcht und die Bewegung bessert ihn nicht; der Rhus tox-Patient muß sich bewegen und bekommt dadurch Erleichterung).

Ein sehr kranker Patient sagt möglicherweise, daß es ihm gut gehe.
Kälte des Körpers mit heißem Kopf.
Reizbar, traurig, hoffnungslos, gleichgültig. Möchte nicht berührt werden – wegen der Schmerzen; sehr empfindlich, sogar gegen die Annäherung einer Krankenschwester.
Schreckliche Träume und Einbildungen – wiederholt die Ereignisse eines Unfalles.
Angst vor plötzlichem Tod.

Barium carbonicum

Ein Mittel, wenn Kinder sich langsam entwickeln, aber auch bei degenerativen, vaskulären und zerebralen Erkrankungen älterer Menschen. Vergrößerte Drüsen und Prostatahypertrophie.
Frostig, blaß, verwelkt mit Schwäche. Vorzeitiges Altern, kindisches Benehmen älterer Menschen, nicht klar bei Verstand, Gedächtnisverlust, kann nicht klar denken.
Angst, es könnte etwas passieren. Brütet alle möglichen Beschwerden und Sorgen aus, eingebildete Kümmernisse.
Denken an seine Beschwerden verschlimmert.
Rauhes, katarrhalisches Rasseln in der Brust bei Alten, besonders bei kaltem Winterwetter **(Senega, Ammoniacum)**.

Carbo vegetabilis

Bei diesem Mittel denken wir an Ohnmacht, *Kollaps*, wobei der Patient kalt, naß und schwitzig ist mit dünnem Puls und Verlangen nach Luft (bei Herzanfällen oder postoperativem Kollaps). Es ist auch von großem Wert bei alten Menschen, wobei man eine **C30** in regelmäßigen Abständen geben kann oder in **D6** Tabletten zweimal täglich.
Es besteht Langsamkeit, Trägheit und Gleichgültigkeit.
Gefühl von innerem Brennen mit äußerer Kälte, besonders Füße und Beine, Hand und Nase. Venöse, träge Blausucht, Varizen. Viel Blähungen.

Cocculus

Ein Mittel, wo die Patienten an den Folgen von *Schlafmangel* leiden, verbunden mit Angst, z. B. bei der Pflege von Angehörigen. Sie ist schwach, hinfällig, kann nicht schlafen und leidet an ängstlichen, schrecklichen Träumen. Es besteht Stauungskopfschmerz und Schwindel mit Übelkeit bei starker *Empfindlichkeit gegen Bewegung*. Das kommt auch bei Menière vor, bei zerebralen Durchblutungsstörungen

und sogar bei Reisekrankheit. Es besteht starke Übelkeit beim Gedanken an oder Geruch von Speisen.
Lähmungsartige Steifheit der Gliedmaßen, Schwäche des Rückens und der Beine, der Nackenmuskulatur und Taubheit der Füße und Hände. Lähmung von Augenlidern und Hals gleichzeitig wie **Gelsemium**. Ängstlich, melancholisch und empfindlich gegen Beleidigungen oder Enttäuschungen. Langsame Konzentration beim Antworten, kann die rechten Worte nicht finden, kann Geräusche und Widerspruch nicht ertragen.

Conium

Fortschreitende Gedächtnisschwäche, der Geist wird müde, kann sich nicht konzentrieren und keine geistigen Anstrengungen aushalten. Er ist unglücklich, gleichgültig gegen die Dinge, klagsam, will nur sitzen und in eine Ecke starren. Jede Art von Anstrengung verursacht körperliches und geistiges Unbehagen.
Schwindel beim Umdrehen des Kopfes, *schlimmer* beim Hinlegen, beim Bewegen der Augen und *besser* bei geschlossenen Augen.
Zittern und Lähmungssymptome und ein eigentümliches Symptom: die rheumatischen oder von einem Ulcus cruris herstammenden Schmerzen in den Beinen *bessern sich*, wenn man die *Beine hängen läßt.*

20. Mittel für Kinder und junge Menschen

20.1 Therapiegrundsätze

Auch wenn bestimmte Erkrankungen normalerweise in der Praxis bei Kindern häufiger vorkommen, so sind doch die Prinzipien der homöopathischen Behandlung die gleichen, wenn man das bestpassendste Mittel für ein Kind als Ganzes finden will. Es muß sich um eines handeln, welches die ähnlichsten Symptome in seinem Mittelbild hat, wie sie der Patient darbietet. Beim Gebrauch homöopathischer Mittel können wir die *gleiche Menge* und *die gleiche Potenz* in den *gleichen Abständen geben*, gleich welches Alter, vom Neugeborenen bis zum sehr Alten, da wir nur einen Reiz für den Patienten verabreichen und nicht eine pharmakologische Dosis.

> Bei akuten Erkrankungen werden die **C30** oder **10M** am häufigsten verordnet und bei den mehr chronischen Erkrankungen helfen einige Dosen der C30 hinreichend.

Wir glauben, daß homöopathische Mittel in diesen sehr kleinen Dosierungen helfen, weil ihre Wirksamkeit auf der sorgfältigen Auswahl zum richtigen Zeitpunkt für dieses Individuum beruht, sodann weil die kranke Person gegenüber kleinen Dosierungen empfindlich ist, die bei einer gesunden Person keine Wirksamkeit zeigen würden. Aus diesem Grunde wird normalerweise eine große Menge eines potenzierten Einzelmittels oder eine Mischung von Mitteln (zur gleichen Zeit genommen), normalerweise keine Reaktion zeigen, wogegen wiederholte Dosierungen eines Einzelmittels am gleichen Tag oder in der gleichen Woche die *Effekte einer Prüfung* haben können, mit Verschlimmerung der Symptome.

Wenn ein Kind nun die Tasche mit homöopathischen Mitteln findet, (weil man nicht aufgepaßt hat) und den Inhalt mehrerer Fläschchen auf einmal schluckt, so werden sich kaum irgendwelche Wirkungen zeigen und man braucht nichts zu unternehmen.

20.2 Homöopathische Arzneimittel

20.2.1 Akute Krankheiten

Die häufigsten Krankheiten bei Kindern sind Verletzungen, fieberhafte Infekte, akute Atem- und Magen-Darmbeschwerden. Die Mittel hierzu sind in den entsprechenden Kapiteln dieses Abschnittes beschrieben, wobei die Symptomenbilder sowohl für Erwachsene als auch Kinder gelten. Wenn man einige Akutmittel gut kennt, wie

- **Aconitum**
- **Arnica**
- **Arsenicum album**
- **Belladonna**
- **Chamomilla**
- **Phosphorus**
- **Pulsatilla**
- **Sulfur**

wird man in den meisten Fällen gut zurechtkommen. Sie sind sicher und rasch in ihrer Wirkung und haben keinerlei Nebenwirkungen.

20.2.2 Chronische Krankheiten – Borland's fünf Gruppen

Wenn man mit mehr chronischen Problemen, wie z. B. rezidivierendem Husten und Erkältungen, Allergien, Ekzemen, Asthma, Bettnässen, Verstopfung oder Verhaltensstörungen zu tun hat, sollte man auch wieder nach einer *konstitutionellen Verordnung* für das Kind trachten, anstatt sich auf die Krankheit zu konzentrieren.
Der englische Arzt Borland war einer der größten Kinderbeobachter. In seinem Buch »Kindertypen« beschreibt er lebendig verschiedene Arten von Kindern, in Gruppen zusammengefaßt, numeriert von eins bis fünf, wobei nicht nur ein Bild der jeweiligen Symptome und ihrem Verhalten gegeben wird, sondern oft auch ein Vergleich der Mittel untereinander. Dies sind die bei weitem besten Kinderstudien, die wir in unserer Materia medica vorfinden und ich entschuldige mich keinesfalls, daß ich ihnen hier in diesem Kapitel in einer gekürzten Form folge.
Jede dieser fünf beschriebenen Gruppen enthält eine Anzahl verwandter Mittel. Die Beschreibung dieser verwandten Mittel folgt natürlich aufeinander, eines nach dem anderen.

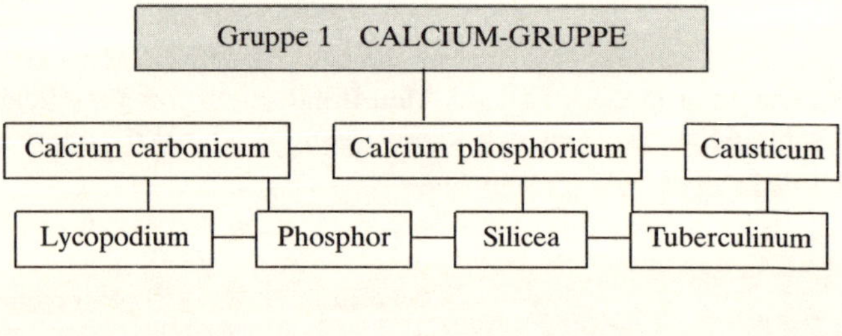

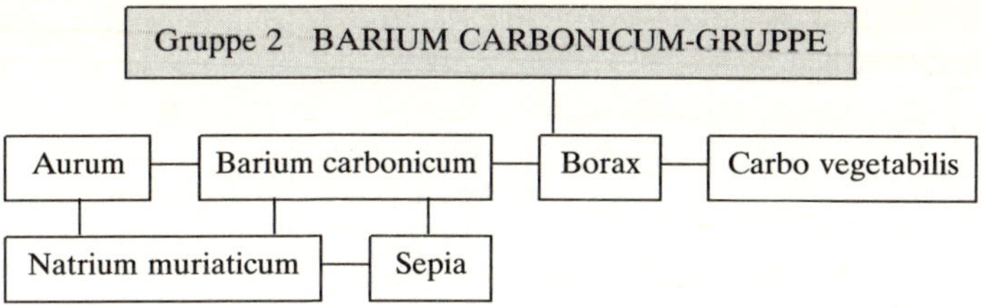

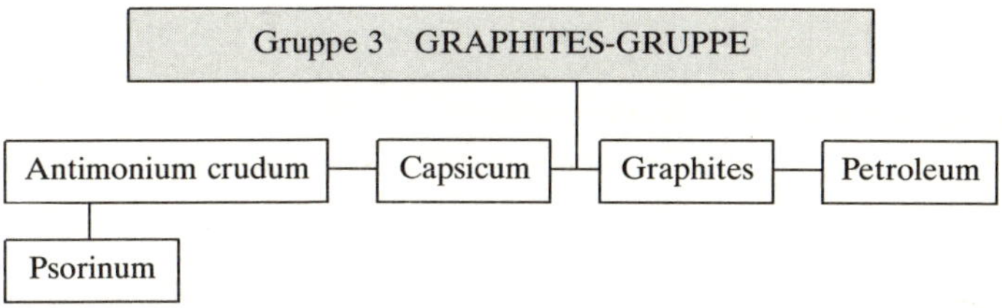

* Diese Mittel sind speziell bei Hauterkrankungen indiziert.

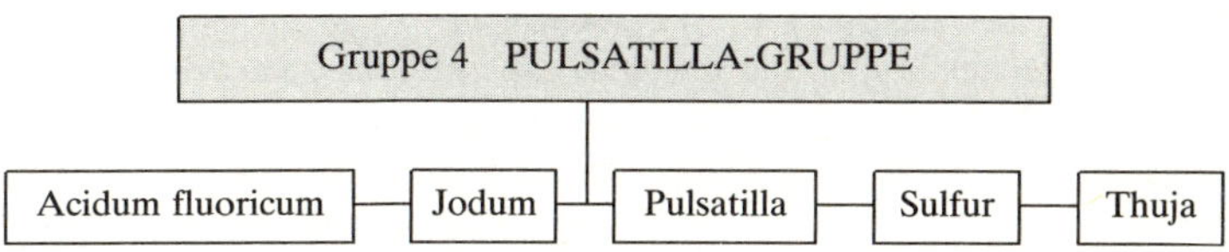

* Meist »warmblütige« Mittel.

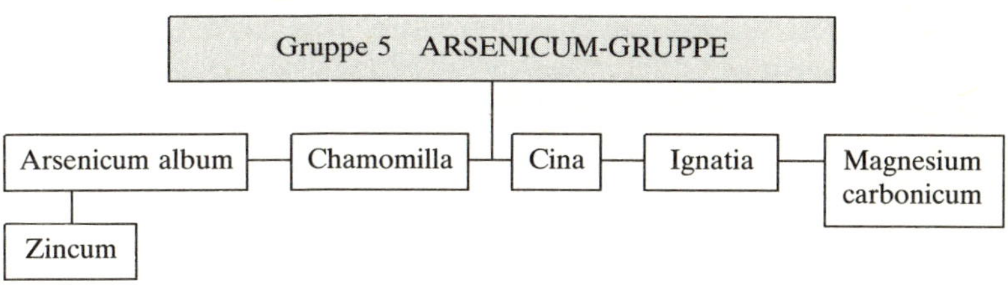

* Nervöse und emotionale Mittel.

20.2.2.1 Calcium carbonicum (Gruppe 1)

Sanfte, glatte, lächelnde Babies mit schwitzigem Kopf. Fett, hellhaarig, frostig, lethargisch. Mangel an Energie. Neigung zu Rachitis, großer Kopf, langsamer Schluß der Fontanellen. Obwohl sie frostig sind, werden sie bei der geringsten Anstrengung zu warm, schwitzen nachts und strecken ihre Füße aus dem Bett **(Pulsatilla, Sulfur, Chamomilla)**.

Geistig und physisch schwerfällig, langsam in der Schule und beim Spielen, schwache Muskeln und Knöchel. Sind zufrieden, wenn sie sitzen und nichts tun müssen, ungeschickt, geben leicht auf, empfindlich gegen Kritik oder wenn sie ausgelacht werden.

Ängstlich, insbesondere wenn sie sich nicht wohl fühlen oder alleine sind, oder wenn sie im Dunkeln ins Bett gehen.

Nachtmare und Träume – sehen Gesichter. *Verschlimmerung* durch körperliche und geistige Anstrengung, oder rasche Bewegung – Auto oder Eisenbahnkrankheit.

Abneigung gegen zu heißes Essen, *Abneigung* gegen Fleisch, *Verlangen* nach Eiern und oftmals nach unverdaulichen Dingen – Kalk oder Kohle.

Verstopfung – bei der sie sich durchaus wohlfühlen – *Abführmittel verschlechtern*. Der Stuhl ist oft blaß und es entsteht Durchfall durch Erkältung.

Neigung zu Erkältung, Mandeln und Drüsen sind vergrößert. Bei Kindern kann dieses Mittel wiederholt werden, auch wenn bei dem Kind bereits eine Besserung eingetreten ist.

20.2.2.2 Calcium phosphoricum (Gruppe 1)

Ein Kind, welches noch viele **Calcium carbonicum**-Charakteristika aufweist, aber dünner ist, hat Probleme mit den Drüsen und hat kleine Nackendrüsen. In der Schule sind diese Kinder aufgeweckter und sie wachsen rasch, oft mit Schmerzen in den Beinen, insbesondere Muskelschmerzen.

Kopfschmerzen bei heranwachsenden Mädchen, wenn sie für die Schule arbeiten. Mögen keine Einmischung. Das Kind ist ruhelos, läuft umher, will nicht reden, ist unzufrieden und klagsam – es jammert ständig, daß irgendetwas nicht in Ordnung sei. Abneigung gegen Arbeit, kann sich nicht konzentrieren. Voller unbestimmter Ängste und Befürchtungen, besonders abends. Furcht verursacht Magenbeschwerden und Durchfall, Koliken bei Kindern nach dem Essen – grüne, schleimigheiße, wäßrige Stühle. Diese Kinder *mögen würzige Speisen, Speckschwarte, geräucherten Hering*. Speiseeis und kalte Getränke bekommen ihnen nicht.

Ein gutes Mittel bei immer wiederkehrendem Husten und Erkältungen bei wachsenden Kindern.

20.2.2.3 Phosphorus (Gruppe 1)

Schlank mit eher rötlichem Haar und Sommersprossen oder braunem Haar und Augen mit langen Augenwimpern (wie **Tuberculinum bovinum**).

Frostig, außer an Kopf und Magen. Kaltes wird bevorzugt.

Schwitzt bei Angst oder starker Anstrengung.

Errötet leicht bei Erregung oder durch heißes Essen.
Liebevoll mit Verlangen nach Sympathie und Beachtung sowie nach körperlicher Berührung, aber nicht so sehr, wenn sie ernstlich krank sind – Gleichgültigkeit.
Wenn sie müde oder ärgerlich sind, können sie wütend werden.
Ängste vor Dunkelheit, Donner; empfindlich gegen atmosphärische Änderungen.
Kopfschmerzen *besser* in kalter Luft, mögen lieber erhöht liegen und nicht flach. Hunger vor den Kopfschmerzen.
Verlangen nach Salzigem, Saurem, Kaltem – Durst nach großen Mengen kalter Getränke.
Erkältung beginnt immer mit einem verstopften Nasenloch und eines läuft – blutet.
Rauher, hackender Husten, *schlimmer durch* Liegen auf der linken Seite, *schlimmer* durch Gehen vom Warmen ins Kalte, aber *Verlangen nach frischer Luft, schlimmer* durch Reden.
Lungenentzündung rechter Unterlappen.

20.2.2.4 Silicea (Gruppe 1)

Frostiges dünnes Kind mit dünnem Haar, leicht braun. Blaß, schwitzig besonders an Füßen und Händen, die leicht feucht sind – die Hände sterben ab, *besser* wenn man sie in heißes Wasser hält. Neigung zu Eiterungen, Furunkeln, entzündeten Schnittwunden oder Ekzem, schlecht wachsende Nägel.
Mangel an Kraft, leicht erschöpft durch Reden, hat deswegen eine *Abneigung gegen Sprechen.* Schüchtern, Mangel an Selbstvertrauen, Furcht vor Versagen, übergewissenhaft, empfindlich, kann aber auch witzig sein und guter Laune, wenn man es ermutigt.
Verlangen nach kaltem Essen und Getränken; Milch bekommt nicht; heiße Getränke verursachen Schwitzen.
Kopfschmerzen: *Besser* durch Hitze und Wärme, *schlimmer* durch Kälte, physische oder geistige Anstrengung.

20.2.2.5 Lycopodium (Gruppe 1)

Dünnes Kind, schlank, blasse Gesichtsfarbe und dickere Haut als **Phosphor**.
Frostig, aber empfindlich gegen stickige Atmosphäre.
Verlangen nach süßen Speisen und heißer Nahrung und Getränken.
Neigung zu Verdauungsstörungen, guter Appetit, aber keine Gewichtszunahme. Vergrößerter Bauch, aber es lassen sich keine vergrößerten Mesenterialdrüsen tasten, wie bei den Calciumkindern. Kopfschmerzen durch Überarbeitung in der Schule, wie **Calcium phosphoricum** – ein dumpfer Kopfschmerz.

Ängstlich, schüchtern, Mangel an Sicherheit, macht sich Sorgen und ist aufgeregt vor Ereignissen. Beißt die Nägel. Oft Runzeln der Stirn. *Rechtsseitige Symptome. Verschlimmerung* zwischen 16 und 20 Uhr.

20.2.2.6 Causticum (Gruppe 1)

Blasses Aussehen, gewöhnlich dünn. Rheumatische *Symptome. Besser bei feuchtem Wetter.* Haben manchmal akuten Muskelrheumatismus, besonders durch Einwirkung von kalten, trockenen Winden. Steifigkeit der Gelenke und Wachstumsschmerzen.

Facialislähmung oder Torticollis nach Einwirkung von kaltem Wind. Wenn überarbeitet oder bei nervöser Erregung bekommen sie choreatische Symptome mit ständigem Zucken während des Schlafes.

Ungeschicklichkeit und eine Neigung, die Muskeln zu zerren. (**Calcium** – die Knöchel).

Abneigung gegen süße Speisen (entgegengesetzt **Lycopodium**).

Akuter Durst nach den Mahlzeiten, wenn sie Verdauungsprobleme haben. Empfindliche Kinder – gegen Schmerzen und jegliche gefühlsmäßige Störung – schon der *Gedanke an Schmerzen verschlimmert* – wenn sie meinen, daß ein anderes Kind geschlagen werden soll, so fangen sie an zu weinen.

Warzen.

Nächtliches Bettnässen.

20.2.2.7 Tuberculinum bovinum (Gruppe 1)

Insbesondere, wenn in der Familiengeschichte *Tuberkulose* vorgekommen ist. Es ist gewöhnlich nicht gut, wenn man dieses Mittel einem Kind gibt, welches gerade an Tuberkulose in einer akuten Phase leidet.

Tuberculinumkinder sind oft den Phosphorkindern ähnlich in der Erscheinung: schlank, hübsch mit roten Lippen, braunen Augen und dunklem Haar und langen, schönen Wimpern. Sie haben oft eine feine Behaarung, die sich im Bereich der Wirbelsäule den Rücken hinunter erstreckt (persistierende Lanugobehaarung). Ein gutes Mittel bei Kindern, die häufig Husten, Erkältungen oder Brustinfektionen haben, gewöhnlich gibt man es in einer einzigen Dosis zwischen anderen Mitteln wie **Calcium phosphoricum, Phosphorus** oder **Silicea**.

Periodizität der Symptome oder intermittierende Fieber.

Verlangen nach Salz, kalter Milch. Sie essen gut, aber bleiben dünn.

Heftige Gefühlsausbrüche bei Kindern. Sie mögen den Wechsel oder reisen gerne.

20.2.2.8 Barium carbonicum (Gruppe 2)

Das ist hauptsächlich ein Mittel bei Kindern, die *zurückgeblieben* sind. Sie neigen auch dazu, kleiner zu sein, als es ihrem Alter entspricht, sie

lernen spät sprechen, gehen, die Zahnung ist verspätet und sie nehmen nicht zu.
Außerordentlich schüchtern, nervös in Gegenwart fremder Personen, Angst allein gelassen zu werden, hinauszugehen oder bei Stadtkindern in eine offene Landschaft zu gehen.
Empfindlich. *Abneigung gegen Einmischung*, leicht gestört. Vergeßlich, spielen niemals lange mit einem Spielzeug. Sie können nicht aufpassen und können sich nicht konzentrieren – dies ist besonders bei Schulkindern bemerkbar.
Jede anhaltende Anstrengung erschöpft sie – sie werden reizbar und bei älteren Kindern führt das dann zu Stirnkopfschmerzen.
Frostig und Neigung zu Erkältungen.
Immer wiederkehrende Halsschmerzen und hypertrophierte Mandeln, vergrößerte Drüsen.
Es finden sich auch vergrößerte Bauchdrüsen, schlechte Haltung, vorgestreckter Bauch.
Essen verschlimmert. Empfindlich, müde und gereizt nach dem Essen. Verstopfung.
Krustige Hautausschläge auf dem Kopf, krustige Augenlider und allgemeine *Verschlimmerung durch Waschen* (**Psorinum** hat auch diese Symptome und folgt gut). Die Hautausschläge können ziemlich gereizt sein, obwohl nicht viel auf der Oberfläche zu sehen ist.

20.2.2.9 Borax (Gruppe 2)

Blaß, erdig, leidender Ausdruck. Sie können in ihrem Erscheinungsbild **Barium carbonicum** ähneln, sind geistig etwas langsam und bestimmt auch unterentwickelt, aber leicht erschreckt. Erschreckt durch Geräusche (plötzlich) – das Kind fährt beim geringsten Geräusch hoch, und durch Schmerzen ebenfalls.
Nachtmare, obwohl auch gewöhnlich mit irgendeinem Grund – das Kind hat am Tag zuviel unternommen oder es ist abends aufgeregt worden – danach Alpträume. *Verschlimmerung* durch Abwärtsbewegung – Schrecken. (Lift oder wenn man das Baby hinlegt).
Nützlich bei Flugkrankheit (das Gefühl man würde herunterfallen und davon Schrecken).
Stomatitis; Speichelfluß mit weißen Stellen auf der Zunge, auf den Lippen oder auf der Innenseite der Wangen (Aphten).
Herpesartige Ausschläge auf den Lippen oder allgemeiner Herpesausschlag am Körper.
Entzündungen der Schleimhäute verursachen Schmerzen beim Wasserlassen, ohne daß eine richtige Infektion vorliegt. Möglicherweise Enuresis.

Gemütssymptome: Unfähigkeit zu lernen durch Nichtstun: wenn sie sich einer Sache wirklich von Herzen annehmen würden, so könnten sie es durchaus lernen. Sie befassen sich mit gar nichts, sogar beim Spielen können sie sich mit nichts anfreunden. Sie langweilen sich und wechseln von einer Sache zur nächsten.
Sie sind reizbarer als **Barium carbonicum**. Die Reizbarkeit endet in einem Wutanfall – sie treten dann und schreien.
Magen – akute Anfälle von Diarrhoe und Erbrechen, insbesondere Koliken nach Früchten.
Boraxkinder haben Übelkeit und es wird ihnen schlecht durch zu starke Konzentration; **Barium carbonicum** bekommt davon Stirnkopfschmerzen.

20.2.2.10 Natrium muriaticum (Gruppe 2)

Die Kinder sind gewöhnlich klein und untergewichtig. Sie sind schüchtern, aber in Wirklichkeit mögen sie keine Einmischung, oder sie wollen nicht, daß man ihnen hilft, dann fangen sie an zu weinen. Wenn sie weinen, dann eher aus Wut als aus Angst (letzteres bei **Barium carbonicum**-Kindern). Wenn sie weinen, so hilft ihnen Entschiedenheit, um sie zu beruhigen, oder wenn man ihnen erlaubt, sich einfach in eine Ecke zu setzen und zuzusehen. *Trösten verschlimmert* eher. Natrium muriaticum-Kinder sind ungeschickt und werfen Dinge um, was mehr durch ihre Eile bedingt ist, als durch Ungeschicklichkeit selbst. Sie lernen oft spät sprechen, sie können stottern oder sprechen fehlerhaft infolge Schwierigkeiten bei der Artikulation. Das Mittel könnte bei autistischen Kindern von Wert sein.
Sie haben oft einen dünnen Hals und kleine kugelige Drüsen im Nakken.
Hautausschläge bestehen am Haarrand; oft findet sich eine fettige Gesichtshaut und eine Akneneigung bei Teenagern. Die Zunge hat rote und weiße Flecke, die empfindlich sein können, wie eine Landkartenzunge bei Erwachsenen. Neigung zu Herpesbläschen auf den Lippen. Das Mittel hat ebenfalls drückende Stirnkopfschmerzen über den Augen, insbesondere durch Studieren und geistige Konzentration (wie **Kalium carbonicum** und **Calcium phosphoricum**). Frostige Kinder, empfindlich gegen Zugluft, sie frieren oder niesen durch Temperaturwechsel, sind aber auch sehr empfindlich gegen Hitze, schlechte Luft und Einwirkung der Sonne, die Kopfschmerzen verursacht.
Verlangen nach Salz.
Niednägel, Risse an den Seiten der Nägel, die empfindlich sind und schlecht heilen.

20.2.2.11 Sepia (Gruppe 2)
Blasse, fettige Haut.
Depressiv, launisch, träge, Abneigung gegen Arbeit und sogar kein Interesse am Spiel. Eine *negative Haltung gegenüber allem*. Wenn man sie antreibt, schmollen sie oder weinen.
Nervös, Angst vor dem Alleinsein, vor der Dunkelheit, und mögen trotzdem nicht, daß man mit ihnen spielt **(Natrium muriaticum)**. Sie haben infolge ihrer Trägheit keine Lust auf Parties zu gehen oder sich mit Freunden zu treffen, aber wenn sie sich dazu aufraffen, so strahlen sie und wenn sie tanzen, dann werden sie lebhaft und sind glücklich (Erwachsene ebenfalls).
Neigung, den Kopf zu schütteln.
Verstopfung, verbunden mit Enuresis. Gewöhnlich im ersten Schlaf vor 22 Uhr.
Neigung zu Ohnmacht, insbesondere in geschlossenen Räumen, beim Stehen in der Schule oder in der Kirche.
Empfindlich gegen Kälte – erkälten sich bei jedem Wetterwechsel.
Ein *gieriges Kind, das keine Milch verträgt.*
Neigung zu schwitzen; Hautjucken ohne viel Ausschlag.

20.2.2.12 Aurum (Gruppe 2)
Blasses, mutloses, träges Kind – mit einer depressiven, negativen Haltung.
Ein unterentwickeltes Kind – nicht unbedingt klein, aber langsam in seiner Entwicklung (wie **Barium carbonicum**).
Oft bei Jungen mangelhafter Deszensus der Hoden.
Ohne Leben, elend, ohne Antrieb; keine Initiative – *alles ist eine Anstrengung*. In der Schule zurückgeblieben, schlechtes Gedächtnis, aber wenn man ihnen widerspricht, geraten sie in Wut. Trotz ihrer Trägheit haben sie große Angst vor Schmerzen und sind gegen diese sehr empfindlich.
Empfindlichkeit gegen Geräusch, sie haben auch einen sehr empfindlichen Geruch und Geschmack.
Empfindlich gegen Enttäuschungen – danach tagelang Kummer; in gar keinem Verhältnis.
Schluchzen im Schlaf, ohne zu erwachen und ohne Störung in der Nacht davor.
Anhaltender Schnupfen. Infekte bei hypertrophierten Tonsillen, mit übelriechenden Absonderungen aus den Krypten.
Übelriechende Nasenabsonderung.
Otitis media mit Tonsillitis und häufig eitriger Ohrenausfluß.

20.2.2.13 Carbo vegetabilis (Gruppe 2)

Dieses Arzneimittelbild bildet keinen eigentlichen Typus aus, aber entwickelt sich als Ergebnis einer vorangegangenen Erkrankung, wie z. B. Masern, Bronchitis oder Pneumonie, Influenza oder Keuchhusten.
Das Kind ist träge, langweilig, ohne Unternehmungsgeist; leicht entmutigt, klagsam, langsam in seiner Reaktion.
Ebenso träger Kreislauf. Schwermütiges, blasses Aussehen mit bläulichen Fingern und Zehen und Kälte der Extremitäten.
Dumpfe Hinterhauptkopfschmerzen, die einen unfähig zur Arbeit oder Konzentration machen.
Wenn es ermüdet ist und Kopfschmerzen hat, so bekommt es heftige Nachtmare von Geistern und Gesichtern.
Obwohl sie kalt und träge sind, so neigen sie doch dazu, nachts heiß und schwitzig zu werden mit säuerlich riechendem Schweiß, am ganzen Körper aber besonders an den Extremitäten.
Nasenbluten.
Verdauungsstörungen, mit Blähungen, Verstopfung und geschwollenem Bauch.
Anfallsweise Diarrhoe, übelriechend, zwischendurch wäßrig.
Verlangen nach süßen Dingen, die Beschwerden machen, und Salz.
Abneigung gegen Fett und schweres Essen, das nicht bekommt und *Abneigung gegen* Milch.

20.2.2.14 Graphites (Gruppe 3)

Fettes, schwermütiges, blasses Kind mit großem Kopf und herabhängenden Augenlidern. Schlapp, mit muskulärer Schwäche, leicht ermüdbar, empfindlich gegen Bewegung und Reise.
Rheumatoide Schmerzen im Nacken und den unteren Gliedmaßen.
Frostig – sie möchten zugedeckt sein, aber *Verlangen nach frischer Luft*.
Instabiler Kreislauf. Wenn sie erregt sind, erröten sie und bekommen sogar Nasenbluten.
Gemütsmäßig sind sie schüchtern, elend und haben kein Selbstvertrauen. Sie zögern bei der Antwort und können sich nicht entscheiden. Sie neigen zu Faulheit und Abneigung gegen Arbeit. Obwohl sie so träge, faul und unsicher sind, sind sie ängstlich. Sie neigen dazu, alles von der hoffnungslosen Seite zu sehen, *sehen immer nur die Probleme* und fürchten einen Schulwechsel. Sie sind kritisch. Empfindlich gegen *Musik*, die sie *zum Weinen* bringt.
Haut – die meisten Graphitpatienten haben irgendwelche Hautprobleme. Rauhe, trockene Haut (und nicht die weiche schwitzige Haut von **Calcium carbonicum**). Neigung zu Rissen an den Fingern, die bluten, wenn sie der Kälte ausgesetzt sind oder im kalten Wasser.

Klebrige, gelbe, heraussickernde Absonderungen. Risse und Absonderungen hinter den Ohren, an den Winkeln von Mund und Augen, Ellbeugen und Leistenbeugen.
Analrisse. Es bilden sich Krusten mit klebrigen Absonderungen darunter.
Chronische Otitis mit Absonderung und der gleiche klebrige Ausfluß, der Ekzeme am äußeren Ohr verursacht.
Absonderung aus der Nase und große Tonsillen.
Blepharitis mit klebrigen Augenlidern.
In der Pubertät heftige Akne.
Großer Appetit, unwohl bei leerem Magen, *besser durch Essen.*
Abneigung gegen Süßigkeiten und Fisch.
Anfälle abdomineller Krämpfe, die durch *warme Milch gebessert* werden.
Verstopfung – fühlt sich unwohl davon und klagt darüber. Der Stuhl enthält fadenziehenden Schleim.
Schläfrig bei Tag – kann dagegen abends schlecht einschlafen.

20.2.2.15 Capsicum (Gruppe 3)
Brennen.
Fettes, eher faules, hartnäckiges Kind mit ungeschickten Bewegungen – nicht besonders sauber. Schlaff. Frostig.
Rote Wangen oder blaß mit leichtem Erröten wie Graphit.
Träge, eher unterentwickelt mit chronischer Heiserkeit und einer Vorgeschichte mit akuten Halsschmerzen – keine Halsabszesse, aber immer heftige Halsschmerzen und vorübergehende Anfälle von Ohrenschmerzen.
Gemütsmäßig vergeßlich, wenn man ihnen einen Auftrag gegeben hat, insbesondere infolge mangelnder Aufmerksamkeit. Empfindlich, leicht beleidigt, leicht gereizt. Eine eigentümliche *Abneigung, von zu Hause weg zu sein* – vielleicht, weil sie so empfindlich und faul sind und weil sie das Gefühl haben, daß man sie nicht liebt. Sie müssen sich dann anstrengen und können ganz angenehm sein, wenn sie weg sind – dann sind sie oft zu Hause unfreundlich. *Überempfindlich gegen* Geräusch, Berührung. Träge, in der Schule langsam, schlechtes Gedächtnis.
Lokale Hyperämie – bei Ohrenschmerzen ist das ganze Ohr hellrot. Bei Rheumatismus ist ein Gelenk befallen und hat eine lokale Rötung. Karmesinrotes Gesicht, vergrößerte Mandeln, brennende Hitze im Mund und starker Durst. Während des Fiebers verlangen sie nach kalten Getränken, aber diese verursachen Frösteln.
Von Wert bei chronischem Ohrenausfluß mit Ekzem des äußeren Ohres oder bei einer Überempfindlichkeit über dem Mastoid.
Capsicumkinder haben oft eine akute Zystitis, Brennen, starker Reizschmerz beim Urinieren.

20.2.2.16 Psorinum (Gruppe 3)

Dünne, kränkliche Kinder mit Mangel an Lebenskraft, leicht erschöpft durch jede Anstrengung, körperlich oder geistig. Sie werden unter Streß leicht durcheinander gebracht. Sie sind mutlos, hoffnungslos, klagsam und reizbar.

Sie sehen ungesund, schmutzig und ungewaschen aus.

Trockene, rauhe Haut mit Neigung zu übelriechendem Schweiß.

Hautausschläge wie **Graphites** mit wäßrigen, eitrigen, übelriechenden Absonderungen. Intensiver Juckreiz, *schlimmer durch Waschen.*

Kratzt die Haut, bis sie blutet, gerät dadurch in Verzweiflung.

Akute Blepharitis, eitrige Nasenabsonderung, die die Lippen wund macht und übelriechende Ohrenabsonderungen.

Abnormaler Appetit; Mangel an Essen verursacht heftige Kopfschmerzen.

Nützlich für *Heuschnupfenprophylaxe*, eine einzelne Dosis im Frühjahr – nicht in der akuten Phase.

20.2.2.17 Antimonium crudum (Gruppe 3)

Übergewichtige, fette, blasse Kinder mit Neigung zu Rötung um die Augen und zu feuchten Ausschlägen hinter den Ohren.

Geistig sind diese Kinder ein Widerspruch.

Auf der einen Seite sind sie reizbar, klagsam und werden durch Trost verschlimmert **(Natrium muriaticum)**. Nachtängste.

Auf der anderen Seite sind sie emotional sehr leicht zu beeindrucken, sensibel, sie brechen in Tränen aus durch emotionalen Streß, oder wenn ihre Gefühle berührt werden. Bei Streß werden sie blaß und ohnmächtig.

Hautausschläge – große, krustige, übelriechende Ausschläge – *typisch der krustige Impetigo im Gesicht.*

Hautausschläge werden sehr viel *schlimmer durch Waschen* (Sulfur, Psorinum), sie sind entzündet, schmerzen durch strahlende Hitze.

Ungeschickte, zuckende Bewegungen.

Warzen – zahlreich, flach an den Fingern.

Deformierte, verdickte Nägel; ebenso eine Neigung, Hornhaut an den Fußsohlen zu bilden.

Verdauungsstörungen durch Säuren, saure Früchte oder saure Getränke.

Die Zunge ist weich, schlaff und weiß belegt.

20.2.2.18 Petroleum (Gruppe 3)

Wieder ein Mittel mit Hautausschlägen, aber ein dünnes Kind mit abnormem Appetit, sogar hungrig zwischen den Mahlzeiten.

Ein Mittel für *See- und Fahrkrankheit*, oftmals verbunden mit Hinter-

hauptskopfschmerz, welcher die Übelkeit begleitet (was **Tabacum** nicht hat).
Reizbar, streitsüchtig, leicht beleidigt. Geistig helle, aber faul, unaufmerksam und vergeßlich in der Schule.
Empfindlich gegen Geräusche – plötzliche oder laute Geräusche erschrecken sie. *Angst vor Menschenmengen.*
Frostig.
Hautausschläge – tiefe, schmerzhafte Risse, mit gelber, wäßriger Absonderung hinter den Ohren, in Hautfalten, Mundwinkeln, Anus, Leisten, Achsel.
Empfindliche Krusten, mit Blutungsneigung.
Juckreiz, hauptsächlich tagsüber (**Sulfur** nachts). Risse und schmerzhafte, blutende Fissuren an den Fingern.
Neigung zu Erkältungen; die Nase ist verstopft, wundmachende Absonderungen, Krusten, Taubheit, Otitis mit wäßriger Absonderung, Röte und Ekzem am Ohr.
Juckende Augen, Blepharitis und Tränengangsentzündungen.
Blasenreizung, Zystitis, roh und wund, Enuresis.
Abdominelle Koliken und Diarrhoe nach Einwirkung von Kälte. Roher, roter Anus und Perineum.

20.2.2.19 Pulsatilla (Gruppe 4)

Es gibt zwei Arten von Pulsatillakindern. Das eine ist klein, zart gebaut, mit feiner Haut und feinem Haar, instabilem Kreislauf, wird durch Emotionen rot und dann wieder blaß: es ist schüchtern, empfindlich, liebevoll, pflegeleicht und sehr umgänglich, aufgeweckt und lebhaft.
Das andere, an das man *seltener* denkt, ist fetter mit mehr Farbe, eher dunkelhaarig, träge in seiner Reaktion mit größerer Neigung zu weinen, Verlangen nach Beachtung, aber weniger umgänglich. Morgens reizbar und langsam.
Empfindlich gegen Hitze – sie schlaffen ab, verlieren ihre Energie und sehen Sterne vor den Augen, hängen herum und weinen und sind gereizt.
Sie neigen zu Verdauungsstörungen – insbesondere wenn sie abkühlen, während sie erhitzt sind – dann werden sie krank oder bekommen Diarrhoe oder Zystitis oder Ohrenschmerzen.
Eisessen bei heißem Wetter verursacht Beschwerden – ebenso schwere Nahrung. Sie lieben Butter und Schlagsahne, aber mögen kein Fett.
Während des Fiebers frieren sie, sie schaudern. Sie haben oft akute Erkältungen und Schnupfen, Magenbeschwerden, Übelkeit und sogar Erbrechen. Obwohl sie so frostig sind, werden Kopfbeschwerden *besser*

an der frischen Luft und *schlimmer* in einem schlecht gelüfteten Zimmer. Ihre Nasenabsonderung ist milde.
Konjunktivitis – Augenabsonderung an der frischen Luft, empfindlich gegen kalten Zug; Photophobie, juckende Augenlider und Gerstenkörner am Unterlid.
Ohrenschmerzen – gewöhnlich nach Einwirkung von Kälte; heftige Schmerzen, die über das ganze Gesicht ausstrahlen; *Gefühl von Bersten, besser* durch kalte Anwendungen.
Verschlimmerung nach Sonnenuntergang; Nervosität, mit einer Neigung zu Nachtmaren, Angst vor Dunkelheit und allein gelassen zu werden, obwohl sie abends sehr lebhaft sein können, bevor sie ins Bett gehen. Schwindel durch Schauen aufwärts auf hohe Dinge.
Schläft mit den Händen über dem Kopf.

20.2.2.20 Sulfur (Gruppe 4)

Es gibt zwei Typen des Sulfur-Kindes. Der erstere hat einen schwereren Körperbau und struppiges Haar, einen großen Kopf, ist hellhaarig mit rauher Haut und roten Extremitäten, sowohl Hände als auch Füße. Ebenso Röte der Lippen, der Ohren und Augenlider mit Blepharitis und Gerstenkörnern.
Der zweite ist dünn mit großem Kopf, dünnen Beinen und dickem Bauch, blasser Hautfarbe und rauher Haut, die trocken ist und eine Neigung für Risse und Sprünge aufzeigt. Ein miserables und erbärmliches Kind, leicht ermüdet und weinerlich, wenn man versucht es zu trösten, wird es unwillig; kann nicht lange stehen und reagiert gereizt, wenn es hungrig ist.
Starke Sulfuriker sind streitsüchtig, ungeduldig, kritisch, kritisieren die Fehler anderer, sind unzufrieden und faul infolge ihrer Müdigkeit bei Anstrengung.
Einmischung mögen sie nicht.
Schlapp, dumpf und mißgelaunt, aber wenn sie angeregt sind, können sie auch freundlich und voller Interesse sein, geistreich und manchmal auch klug.
Von ihrem Besitz halten sie sehr viel: Spielzeug, Familie, Auto, das ihre ist immer das beste.
Hautreizung – *schlimmer* in der Wärme und nachts. Wollüstige Gefühle durch Kratzen. Jede Art von Ausschlägen mit starker Reizung aller Art.
Röte der Körperöffnungen, Nase, Ohren, Mund, Urethra, After.
Wärme verschlimmert, aber instabil in ihrem Auftreten, Hitzewallungen und Frösteln.
Manchmal heißer Kopf und kalte Hände oder heiße Hände und kalte

Füße – nicht alle Sulfuriker haben heiße Füße. *Baden verschlimmert.* Übler Geruch von Ausschlägen, Ausscheidungen und Schweiß.
Verlangen nach schmackhaften, stark gewürzten Speisen und Süßigkeiten.
Ausgefallene Nahrungsmittel. Nach dem Essen schlapp und müde.
Unverträglichkeit von Milch, davon Durchfall. Manche Kinder lieben wie die Erwachsenen Fett.
Gewöhnlich verstopft mit dickem Bauch.
Erschreckende Alpträume.
Chronische Nasenabsonderungen – übelriechend und wundmachend.
Chronische Tonsillitis infolge Infektion, heißer übelriechender Atem, viele Drüsenschwellungen.
Frösteln, Schweiß und Durst anfallsweise.
Chronischer Ohrenausfluß, wundmachend, Schmerzen verschlimmert durch heiße Anwendungen.
Lungenerkrankungen – Frieren bei Zugluft, aber vertragen keine stikkige Atmosphäre.
Gelbsucht bei Kindern.
Rheumatismus mit Schweiß, Hitze, roter Zunge und *schlimmer bei Wärme, besser durch Bewegung.*

20.2.2.21 Thuja (Gruppe 4)

Das Thujakind ist gewöhnlich klein und zart gebaut, dunkel oder hellhaarig. Manchmal ist es etwas zurückgeblieben, aber gelegentlich macht das lebhafte, aktive Kind diesen Eindruck nur, weil es zögert und Schwierigkeiten bei der Wahl oder dem Aussprechen von Worten hat, was dann den Anschein erweckt, als ob es langsam wäre.
Sie haben eine Abneigung gegen Sprechen und sind eher still. Körperliche Aktivität läßt sie lebhafter werden, aber sobald sie wieder sitzen, sind sie dumpf und schwer.
Es ist sehr sensibel, ist empfänglich für Zuwendung, ist emotional leicht aus der Ruhe zu bringen, gewissenhaft und insbesondere *gegen Musik sehr empfindlich*, fängt bei Musik sogar an zu weinen. Es kann traurig und weinerlich sein wie **Pulsatilla**. Bei *autistischen* Kindern sollte man an Thuja denken. Empfindlich gegen Kälte und Feuchtigkeit, aber *besser* an der frischen Luft. *Schlimmer morgens.* Fettige Haut, insbesondere bei dunkelhaarigen Kindern. Hellhaarige Kinder haben am Rücken, ähnlich wie **Tuberculinum bovinum** eine flaumartige Behaarung.
Schweiß bei Anstrengung und Schweiß an unbedeckten Körperteilen.
Neuralgische Kopfschmerzen bei geistiger Anstrengung oder bei Übermüdung und Überanstrengung. Die Schmerzen können an eng umschriebenen Stellen, die sehr schmerzhaft und empfindlich sind, auftreten.

Chronischer Katarrh – dick gelblich-grün, Krusten in der Nase, chronische Otitis media.
Schwache Verdauung – insbesondere *verschlimmert* durch Zwiebeln und bei älteren Kindern durch Tee.
Gurgeln im Abdomen, der Darm voll mit weichem Stuhl und Anfälle von Diarrhoe. Blasse, fettige Stühle mit Blähungen.
Warzen – weich mit Blutungsneigung.
Folgen von Impfung.

20.2.2.22 Jodum (Gruppe 4)

Dunkelhaarig, dunkelhäutig und dünn. Ähnelt etwas einem Sulfurkind, aber ohne dessen Hautprobleme.
Starke Ruhelosigkeit – Zappeligkeit.
Empfindlich gegen Wärme – Zimmer, Bad, Sonne.
Reizbarkeit – plötzlich, impulsiv; schlagen plötzlich jemanden, obwohl sie gerade ruhig und glücklich spielen. Danach werden sie depressiv und ruhig und verlieren ihr Interesse.
Hunger – erschöpft und Kopfschmerzen, wenn sie lange nichts zu essen bekommen.
Obwohl sie gut essen, nehmen sie nicht zu.
Akute Naseninfektion, heißer, wäßriger und wundmachender Ausfluß, Schmerzen der Nebenhöhlen, Niesen, tränende Augen, aber verstopfte Nase.
Chronischer Katarrh der Eustachischen Röhre und Taubheit. Bei Erkältungen bekommen sie eine Laryngitis, sind heiser und haben einen schmerzhaften Krupphusten.
Sehr heiße, trockene Haut mit Krupp – ängstlich wie **Arsenicum**. (Aber Arsenicum ist frostig und **Jodum** heiß und trocken.)
Asthmatische Atmung, besser an der frischen Luft.
Anfälle von Diarrhoe – schaumige, fettige, weißliche Stühle, möglicherweise von einer Pankreaserkrankung.
Manchmal findet man bei Kindern mit hellroten Backen Rheumatismus, heftige Schmerzen, die sich bei *Bewegung bessern* und *schlimmer durch Wärme* sind, mit scharfen und stechenden Schmerzen.
Ähnlich **Bryonia**, welches aber Durst hat, mit weißer Zunge, eher dumpf und schwer ist und eine Abneigung gegen Essen hat. (**Jodum** – wach und hungrig).

20.2.2.23 Acidum fluoricum (Gruppe 4)

Oft hellhaarig, dünn und mit zarten Knochen, sie sehen ein bißchen wie **Silicea** aus. Diese Kinder reagieren empfindlich gegen Wärme – warmes Zimmer, heiße Sonne, zuviel Kleidung. Rote schwitzige Handflächen, übelriechender Schweiß der Füße, die aber warm und wund sind. Unge-

sunde Fingernägel, die brüchig sind und absplittern. Trockene und rissige Zunge.
Geist und Gemüt: Nachgiebige Veranlagung, aber nicht sehr reizbar, geduldig und Freude am Leben – an den einfachsten Dingen – fröhlich.
Müde durch geistige Konzentration, Kopfschmerzen, in der Schule nicht sehr helle bei Bücherarbeit.
Kopfschmerzen bei Verstopfung oder wenn sie den Urin in der Schule lange zurückhalten müssen.
Fehler beim Schreiben von Worten oder Briefen.
Völlig unverständlicher Haß auf ein anderes Kind – ohne Grund.
Besser durch körperliche Anstrengung.
Können schlecht stehen – neigen zu Ohnmacht, Kopfschmerzen oder Ermüdung.
Hunger zwischen den Mahlzeiten verursacht Kopfschmerzen; Hunger mitten in der Nacht. Statt zu essen, bleiben sie dünn, klein und zart.
Verlangen nach stark gewürzten Speisen.
Zähne – schlechter Zahnschmelz, Karies, Abszesse.
Verdauungsstörungen und Diarrhoe, *schlimmer* durch heiße Getränke.
Wundmachende Diarrhoe – wunder After und Risse.
Rheumatische Beschwerden. *Schlimmer* durch Wärme, *besser* durch Bewegung. Taubheit der Gliedmaßen. (**Pulsatilla** ist schwerfälliger, weicher, durch Anstrengung ermüdet, und friert durch kaltes Wasser.)

20.2.2.24 Arsenicum album (Gruppe 5)

Sehr empfindlich und leicht erregt, nervös, zart gebaut, sauber, Haut und Haare zart.
Frostig, sie wollen zugedeckt sein, aber der Kopf soll es kühl haben, besonders bei kongestiven Kopfschmerzen. Kalter, klebriger Schweiß.
Beunruhigt, erschreckt von jedem Ungewohnten, durch Dunkelheit, Alleinsein, oder allein ausgehen.
Lebhafte Einbildungen. Nächtliche Ängste.
Möchte umsorgt werden, getröstet und jemanden in der Nähe haben.
Ruhelosigkeit. Müssen immer irgendetwas tun, gehen von einem Ding zum nächsten oder bei Nervosität von einer Person zur nächsten.
Sie sind plötzlich erschöpft nach Anstrengung, blaß und wollen sich hinlegen, fühlen sich krank und erschreckt.
Ordentlich – hassen Unordnung – werden davon unverhältnismäßig gestört.
Neigen zu Erkältungen.
Akuter Schnupfen, brennender, wäßriger Ausfluß, Niesen, geht rasch in

eine Bronchitis über, oftmals mit Heiserkeit zwischen den Erkältungs- und Brustsymptomen.
Oder plötzliches, akutes, heftiges Asthma – Angst verursachend. Tritt zwischen ein und drei Uhr oder am Vormittag auf. Dabei schaumiges, weißes Sputum.
Sehr empfindlich gegen Kälte, die Atem- oder Magenbeschwerden hervorruft. Verdauungsstörungen durch Kaltwerden oder nach Speiseeis und Früchten.
Die Beschwerden werden durch *Wärme gebessert* und sie bevorzugen warme Getränke.
Akute Diarrhoe kann sich entwickeln – plötzlicher Beginn mit Kollaps, Ruhelosigkeit, Erschöpfung nach jedem der häufigen, kleinen Stühle, dabei grau, kalt und schwitzig. Bei akuten Zuständen kann das Baby so schwach sein, daß es nur noch den Kopf ständig vor- und zurückzubewegen vermag.
Überempfindlichkeit – *empfindlich gegen* Geruch, Berührung, Geräusche und Erregung. Sie werden leicht überdrüssig, nervig oder haben Nachtmare.
Wenn sie in der Schule überfordert werden, haben sie periodische Kopfschmerzen, alle sieben oder 14 Tage, die einen oder zwei Tage dauern und sie absolut hinfällig machen; intensive, kongestive Kopfschmerzen, *schlimmer* durch Geräusche, Licht oder Störungen und wie bereits gesagt, *besser* durch frische Luft oder kalte Umschläge.

20.2.2.25 Chamomilla (Gruppe 5)
Das Chamomillakind hat bestimmte Ähnlichkeiten mit dem Arsenicumkind, aber es gibt doch einige charakteristische Unterschiede.
Überempfindlichkeit, *große Empfindlichkeit gegen* Geräusche, Schmerzen und Menschen; intensive Schmerzen, die sie in Wut und Raserei bringen – sie werfen Dinge weg und wollen sie dann wieder haben und schlagen nach einem.
Intensive Ruhelosigkeit. Sie wollen umhergetragen werden, wollen von einem zum anderen und wollen auf und nieder bewegt werden. Sobald man damit aufhört, ziehen sie einen am Haar. Sie sind durch nichts zufrieden zu stellen, sie werden einer Sache überdrüssig und werfen sie weg. Reizbarer und erregbarer um 21 Uhr.
Bei Zorn gerötet, mit heißem Kopf und häufig einer roten Wange.
Zahnen – dafür eines der großen Mittel; nachts schlecht gelaunt, schmerzhaft entzündetes Zahnfleisch, Röte einer Wange, *Verschlimmerung* durch warme Anwendungen oder warmes Zimmer, *besser* durch kalte Anwendungen.
Akute Kolikschmerzen – gewöhnlich durch Ärger oder nach Weinen;

mit Windabgang und Diarrhoe, grüne Stühle. Die Koliken werden durch heiße Anwendungen *gebessert* (gegenteilig beim Zahnen).
Heiße Kinder mit heißem Kopf, heißen, brennenden Füßen, die sie aus dem Bett strecken.
Sie können schreien bis sie blau werden oder bis sie Krämpfe bekommen.
Otitis media: Sie wollen nicht angefaßt werden, sehr reizbar, schreien durchdringend vor Schmerzen, dabei wieder einseitige Röte des Gesichtes.

20.2.2.26 Cina (Gruppe 5)
Diese Pflanze enthält als wirksame Substanz das **Santonin**. Interessant ist ein Vergleich mit **Chamomilla**:

Cina	**Chamomilla**
Hartnäckig	Unstet
Umschriebener Fleck auf der Wange und Blässe um den Mund	Eine Wange rot
Abneigung gegen Berührung oder Störung, empfindlich gegen Berührung Anhaltende passive Bewegung beruhigt Kopfschmerzen, aber unmittelbar danach hungrig Alpträume und Schrecken nach zu spätem Essen	Gemütsmäßige Empfindlichkeit
Diarrhoe, wäßriger Stuhl mit weißen Partikeln	Grüner Stuhl mit »gehacktem Ei«
Besserung durch Druck – liegt auf dem Magen bei Koliken	Umhertragen bessert

Frostig – empfindlich gegen Zugluft
Unregelmäßiges Zucken der Gesichtsmuskeln bei Erregung.
Empfindlich – versteht keinen Spaß (ältere Kinder).

Überempfindlichkeit von Kopf und Kopfhaut – man darf sie nicht berühren.
Erschütterung verschlimmert.
Gähnen. Azidose.
Ruhelosigkeit mit Verdauungsstörung; meningeale Reizung – reibt den Kopf im Kissen – manchmal schielen sie.
Reizung der Nase – rot, juckend und zupfen daran (nicht unbedingt wegen Würmern).

20.2.2.27 Magnesium carbonicum (Gruppe 5)
Empfindliche, nervöse Kinder ohne Standfestigkeit, mit schwacher Muskelkraft und weichen, schlappen Muskeln. Jegliche körperliche Anstrengung ermüdet sie. Sie fahren hoch bei unerwarteter Berührung. Empfindlich gegen Kälte, aber *besser* an der frischen Luft und *Beschwerden durch Wetterwechsel.* Rötung und Gesichtsschweiß nach warmem Essen oder warmen Getränken.
Kopfschmerzen. Heftig, neuralgisch, die oft nachts kommen, mit deutlicher Schlaflosigkeit. Das ältere Kind wird durch die Schule geistig erschöpft. Heranwachsende sind morgens müde und haben Schwierigkeiten, sich auf den Schulweg zu machen.
Verlangen nach Fleisch oder Fleischgeschmack.
Abneigung gegen Gemüse.
Unverträglichkeit von Milch; saures Erbrechen und blasse teigige, unverdaute Stühle, weiß, weich, sehen aus wie Glaserkitt oder möglicherweise wäßrig und wundmachend. (**Cina** hat auch weiße Stühle.)
Neigung zu Bronchitis mit Enteritis, fadenziehendes, schwieriges Sputum, wie **Kalium bichromicum**.
Haut trocken, schuppig, *kupferfarbene Ausschläge* auf der Kopfhaut.

20.2.2.28 Ignatia (Gruppe 5)
Bei diesem Mittel denkt man oft, daß es nur für hysterische Frauen vorgesehen sei, aber es hat einen wesentlich weiteren Wirkungsbereich und ist hilfreich bei Kindern, die sehr empfindlich und leicht erregt, die intelligent und vorsichtig sind. In der Schule arbeiten sie gut, aber wenn man sie überfordert, reagieren sie mit Kopfschmerzen. Die Kopfschmerzen treten erst am späteren Tag auf und werden *durch Wärme gebessert.*
Obwohl sie klug sind, machen sie sich Vorwürfe, wenn sie nicht mitkommen, werden dann depressiv und melancholisch. In einem geschlossenen Raum werden sie nervös und unwohl, bekommen keine Luft und werden ohnmächtig. Gespannter Gesichtsausdruck, Neigung zum Grimassieren, Zucken der Augenlider oder häufiges Schließen derselben.

Unter Streß wird ihre Schrift zittrig. Himmelhochjauchzend zu Tode betrübt. Sehr empfindlich gegen Geräusche, kann diese beim Lernen nicht aushalten, explodiert und weint dann und ist danach nicht mehr in der Lage sich zu konzentrieren oder zu denken. Ängstlich, wenn sie nervös werden – Angst, es könnte irgendetwas passieren, wenn sie etwas unternehmen oder wenn sie alleine weggehen.
Verdauungsstörungen – manchmal sind die einfachsten Speisen unverträglich und dann können sie wieder die unverdaulichsten Nahrungsmittel essen und verdauen (Widersprüchlichkeit).
Zum Beispiel auch Halsentzündungen, die durch den Druck von festen Speisen *gebessert* werden.
Husten, Reizhusten, krampfhaft – hört überhaupt nicht auf, oder akute Laryngitis.
Rheumatische Schmerzen *besser durch festen Druck.*

20.2.2.29 Zincum (Gruppe 5)

Ein nervöses, empfindsames, unruhiges Kind. Das Ignatiakind ist intelligent und rasch, das Zincumkind hat langsame Reaktionen, begreift langsam, was man sagt, ist langsam bei seinen Antworten, ist gelehriger und weniger instabil als **Ignatia**. Verzögerte Entwicklung, insbesondere verzögerte Pubertät.
Müde sowohl körperlich als auch geistig. Wenn sie müde sind, bekommen sie einen anhaltenden Schmerz in der unteren Zervikalregion mit Drängen den Rücken hinunter.
Krämpfe der Wadenmuskulatur im Bett.
Ruhelosigkeit, ruhelose Zuckungen – insbesondere der Füße.
Frostig, sehr empfindlich gegen Kälte.
Entzündete Augen durch Kälte, mit chronischer Blepharitis und starker Lichtempfindlichkeit.
Empfindlich gegen Geräusche, insbesondere Sprechen. Wenn das Kind bei der Arbeit ist, so macht es das Reden anderer verrückt.
Generalisierte Hautausschläge in der Kindheit.
Akute Hungerzustände um 11 Uhr.
Neigung ihre Speisen – ohne zu kauen – hinunter zu schlingen.

21. Die Nosoden

21.1 Darmnosoden

Diese Mittel wurden ursprünglich von EDWARD BACH und dann von JOHN PATERSON aus Glasgow entwickelt, einem Bakteriologen und Arzt. Er wurde bei dieser Arbeit von seiner Frau Elisabeth unterstützt und beide veröffentlichten ihre Arbeiten im »British Homeopathic Journal«.
Die Mittel wurden ursprünglich aus Stuhlkulturen entwickelt und gemäß des Prozentsatzes der Organismen, die man im Stuhl der Patienten gefunden hatte, verordnet. Seit der Einführung der Antibiotika war es schwierig, nicht Laktose fermentierende Organismen aus Stühlen zum Wachstum zu bringen, und so werden die Mittel jetzt nur bei bestimmten klinischen Indikationen verwendet oder in Verbindung von mit ihnen verwandten Mitteln. Sie sollten *nur bei chronischen Erkrankungen* verordnet werden. Es wird gewöhnlich empfohlen, daß man *nur eine einzelne Dosis* von ihnen gibt, und dann mehrere Monate nicht wiederholt, wobei man in der Zwischenzeit verwandte Mittel verabreicht. Sie können auch gut als *Startmittel* verwendet werden, wenn das Symptomenbild nicht genügend klar ist, um ein Einzelmittel zu verordnen, bei dem aber die Nosode eine ähnliche Gruppe von Mitteln deckt, z. B. **Morgan Co.** (oder **Compound**).

Die Darmnosoden werden gewöhnlich in der 30. Potenz verordnet.

21.1.1 Bacillus Nr. 7

Geistige oder physische Ermüdung.
Unfähig zu geistiger Anstrengung, führt zu extremer physischer Erschöpfung.
Aufblähung, Völlegefühl nach dem Essen.
Schwacher Urinfluß, Verlust der Sexualfunktion, vorzeitiges Altern.
Asthma, Katarrh, zäher Schleim.
Niedriger Blutdruck und Herzmuskelschwäche.
Rheumatische Knoten, Rückenschmerzen, können nicht lange stehen, werden leicht ohnmächtig.
Empfindlich gegen Kälte.
Verwandte Mittel sind **Bromum, Jodum** und insbesondere die **Kalisalze**, vor allem **Kalium carbonicum**.

21.1.2 Dysentery Co.

Das *Schlüsselsymptom* dieses Mittels ist nervöse Anspannung, insbesondere *Erwartungsspannung*. Der Patient hat einen gespannten Gesichtsausdruck, nicht ängstlich, aber wach und bereit zu reagieren. Er ist ängstlich, ruhelos mit nervöser Unruhe, schüchtern und unwohl in Gegenwart Fremder; leicht aufgebracht durch Kritik, unwillkürliche Bewegungen, Tics oder Zuckungen (wie Chorea) treten auf. Es findet sich Instabilität des Kapillarsystems, Erröten verursachend, Stirnkopfschmerzen durch Erregung und Klaustrophobie. Die Haut ist trocken, schuppig mit kreisförmigen Effloreszenzen.
Der hauptsächliche Wirkungsbereich sind Pylorusspasmen und wo die Pylorusstenose eher spastisch als mechanisch ist (bei welchen letzteren Fällen chirurgische Operation notwendig wird). Es besteht Auftreibung des Magens, Erbrechen und eine *Verschlimmerungszeit um 1 Uhr*. Oftmals gut bei Duodenalbeschwerden, besonders wenn die Schmerzen durch Krämpfe oder infolge nervöser Anspannung entstehen. Bei Erwachsenen hilft es auch bei Herzbeschwerden, gemütsmäßiger Anspannung und Herzklopfen.
Wir sehen eine nahe Verwandtschaft von Dysentery Co. zu **Argentum nitricum** und **Arsenicum album**. Es hat ebenso Verwandtschaft mit **Kalmia. Nux vomica** und **Lycopodium** folgen gut bei Magenbeschwerden.

21.1.3 Gärtner (Bach)

Dies Mittel ist sehr wertvoll bei *Mangelernährung*, entweder wegen fehlender adäquater Diät oder bei Stoffwechselstörungen, d. h. Steatorrhoe, Zöliakie, nach Magenoperationen oder bei manchen Fällen von Colitis. Es muß also die Diät verbessert und ebenso müssen Vitamine und Proteine unbedingt ergänzt werden, aber Gärtner hilft, dieselben assimilieren zu können. Es ist wertvoll bei ausgezehrten Kindern und hat sicher seinen Platz in unterentwickelten Ländern und bei Flüchtlingen, die an Mangelernährung leiden. Auszehrung bei bösartigen Erkrankungen und bei alten Menschen ist eine weitere Indikation.
Die Kinder sind *übersensibel* gegenüber allen Eindrücken, physischen und psychischen. Sie haben Angst im Dunkeln und beim Alleinsein. Sie haben ein aktives Gehirn, aber unterernährte Körper und schwache Muskelentwicklung. Sie sind ruhelos – sie wandern umher und schauen sich alles an, aber ihre Aufmerksamkeit läßt rasch nach.
Die Mittel, die dieser Nosode am nächsten kommen, sind **Phosphorus, Silicea** und **Mercurius**.

21.1.4 Morgan Co. (Bach)

Das *Schlüsselsymptom* dieses Mittels ist *Kongestion*. Es wirkt speziell auf Haut und Leber, bei Kopfschmerzen mit gerötetem Gesicht, *Verschlimmerung* durch Wärme und bei erhöhtem Blutdruck. Die kongestiven Züge sind bei Bronchopneumonie zu sehen, wenn ein gut gewähltes Mittel nicht einmal im akuten Zustand hilft oder um eine unterschwellige Infektion zu klären; bei Beckenkongestion und Dysmenorrhoe, Hitzewallungen in der Menopause, Kreislaufstörungen der Gliedmaßen, Blauverfärbung, Frostbeulen, Varizen, Ödemen und heißen Füßen usw.; ferner bei Hautbeschwerden mit Hitze und Jucken – Ekzemen, rot, wund mit Absonderungen, juckend und blutend. Daher seine Verwandtschaft mit **Sulfur** und seiner Hyperämie des Oberflächenkreislaufs, **Carbo vegetabilis** und seiner tiefen inneren Stase und ebenso mit **Graphites, Petroleum** und **Psorinum**.
In der Verdauungsregion – Kongestion der Magenschleimhaut und der Leber mit einem schmutzigen Mund, Verdauungsstörungen und Galleerbrechen. Ein großes Mittel bei Gallenblasenerkrankungen, Verstopfung und Hämorrhoiden.
Diese Patienten haben ein rotes, ungepflegtes, fleckiges Aussehen, sind oft selbstbezogen, ängstlich über ihre Gesundheit und reizbar mit Neigung zur Depression.
Es kann hilfreich bei Kongestionen der Gelenke bei Arthritis sein. Es gibt noch zwei Untermittel dieser Nosode – **Morgan Pure**, welches dem **Sulfur** am nächsten steht und insbesondere bei Hauterkrankungen gut ist und **Morgan Gärtner**, welches wie **Lycopodium** wirkt und bei Cholezystitis und Nierenkoliken hilfreich ist. Man kann es oft bei Hiatushernien und Divertikulosis anwenden.

> Manchmal kann man die Nosode Morgan in der **30. Potenz** geben und anschließend **Sulfur C3** oder **C6** Tabletten 2mal täglich, welches dann bei heftigem Jucken bei schlimmen Ekzemen oder Dermatitis hilft.

21.1.5 Proteus

Das *Schlüsselsymptom* dieses Mittels ist *Plötzlichkeit* und *Gewaltsamkeit*, mit nervösen Symptomen und Krämpfen.
Gewalttätige Anfälle bei einem Kind mit Treten. Emotionale Hysterie, wie man es beispielsweise von **Ignatia** und **Natrium muriaticum** kennt und Petit mal-Anfälle bei Epilepsie.

Das Element der Spasmen in den peripheren Gefäßen macht es wertvoll bei Raynaud-Syndrom ähnlich wie **Secale** und bei manchen Fällen von Krämpfen. Migränekopfschmerzen mit Sehstörungen und Menièresyndrom sind ebenso Indikationen.
An der Haut finden wir Herpesausschläge mit unverhältnismäßig starken Schmerzen und ein angioneurotisches Ödem.
In der Verdauungssphäre ist der *plötzliche Beginn* wichtig, entweder Blutungen oder Perforation, ohne irgendwelche vorangehenden Magensymptome mit einer Vorgeschichte von immer mehr anwachsendem, nervösem Streß. Dieses langsam anwachsende Streßsyndrom, sowohl bei den Geschäften als auch im Zusammenleben mit einer plötzlichen Katastrophe ist heutzutage typisch für die westliche Welt. Es ist sicher nicht nötig zu sagen, daß Patienten mit schweren Blutungen oder einer Perforation selbstverständlich Transfusionen und chirurgische Eingriffe notwendig machen. Ähnliche Mittel sind

- **Ignatia**
- **Natrium muriaticum**
- **Apis**
- **Cuprum.**

21.1.6 Sycotic Co.

Inhaltsstoffe sind nicht-Laktose-spaltende Kokken des Verdauungstraktes. Das *Schlüsselsymptom* ist die *»Reizbarkeit«*, insbesondere in Bezug auf die *Schleimhäute*.
Indiziert bei:
Katarrhalischen Zuständen des Atmungstraktes, der Blase und der Vagina sowie bei Asthma, Sinusitis, Enuresis, chronischer Zystitis, Vulvovaginetis, Leucorrhoe, Albuminurie und Gastroenteritis. Ferner erweist es sich als nützlich bei Warzen, vergrößertem Lymphgewebe der Tonsillen und Adenoiden, Drüsen und bei Reizungen der Synovia bei Rheumatismus, meningialen Reizungen und Konvulsionen.
Die Patienten sind blaß, haben eine schmutzige Hautfarbe, sind lasch und weich mit langen Augenwimpern (wie **Tuberculinum bovinum**) und haben Kopfschweiße.
Die Stühle machen wund, sind locker, riechen übel und verursachen einen heftigen Stuhldrang beim Aufstehen.
Der Husten beginnt um zwei Uhr, ist *schlimmer* bei Wetterwechsel, und die Symptome sind im allgemeinen *schlimmer* durch Feuchtigkeit.
Es finden sich Furcht, Reizbarkeit und Wutanfälle. Verwandte Mittel sind

- **Thuja**
- **Nitricum acidum**
- **Natrium sulfuricum**
- **Bacillinum.**

21.2 Nosoden von Krankheitsgeweben

Diese sind Mittel, die aus *kranken Geweben* oder *infizierten Absonderungen* hergestellt werden. Sie werden potenziert, enthalten keine aktiven Organismen und sind deshalb absolut sicher.
Es gibt dazu zwei Hauptgruppen: Die eine wird entweder prophylaktisch gebraucht oder häufiger nach akuten Infektionskrankheiten, es gibt kein wirkliches Mittelbild und keine Prüfungen. Die andere Gruppe hat eine genaue Symptomatologie, nach der verschrieben wird.

GRUPPE I	
Nosode	*Entsprechende Grundsubstanz*
Morbillinum	Masern
Diphterinum	Diphterie
Scarlatinum	Scharlach
Parotitinum	Mumps
Pertussinum	Keuchhusten
Variolinum	Pocken
Influenzinum	Grippe
Rubellannosode	Röteln
Drüsenfiebernosode	Pfeiffer'sches Drüsenfieber

Zu dieser Gruppe zählen zusätzlich:
- **Brucella-abortus-Nosode**
- **Coxsackiennosode**

- **Staphylococcin**
- **Streptokoccin**
- **Escheria-coli-Nosode.**

Diese Nosoden werden alle bei Patienten verwendet, die sich seit einer bestimmten Infektion nicht mehr wohlfühlen oder an einer fortdauernden Sepsis leiden. Sie werden gewöhnlich nicht während der akuten Erkrankung angewandt, bei denen jeweils das indizierte Mittel angewendet wird.
Inzwischen gibt es auch Potenzen von Allergenen und man benutzt sie ebenfalls in einzelnen Dosen, wo sie indiziert sind.

Z. B. Hausstaub oder Hausstaubmilbe, Pollen, Gräser, Hundehaare, Katzenhaare, Pferdehaare, Schimmel.

Potenzen von Arzneimitteln oder Metallen kann man benutzen, um die *Nebenwirkung* derselben *zu antidotieren* oder allergische Reaktionen der speziellen Substanzen zu behandeln.

Z. B.:

- Penicilline
- Cortison
- Seifenpulver oder Detergenzien
- Nickel.

GRUPPE II	
Nosode	*Entsprechende Grundsubstanz*
Tuberculinum	Tuberkulose
Bacillinum	Tuberkulose
Medorrhinum	Gonorrhoe
Syphilinum (Luesinum)	Syphilis
Psorinum	Krätze
Carcinosin	Krebs

Diese Gruppe enthält Nosoden, die ein vollständiges Mittelbild besitzen und die man entweder auf Grund des Symptomenbildes verordnet oder wenn in der Vergangenheit der Familie diese Erkrankungen aufgetreten sind.

Die meisten dieser Mittel sind im einzelnen in der Abteilung III beschrieben.

Literatur

Allen, H. C.: Nosoden. Barthel u. Barthel, Berg 1992

III.
Materia medica

22. Fünfundfünfzig gebräuchliche Mittel – ausführlicher beschrieben

22.1 Alumina

Dieses Mittel ist eines der größten *Antipsorika* ähnlich **Graphites** und **Sulfur**. Es ist ein *Antidot für Blei.* Obwohl Experimente, die diejenige Höhe der Aluminiummenge feststellen sollten, die durch Kochen in Aluminiumtöpfen resorbiert werden, vermuten lassen, daß dadurch ein leichtes Anwachsen über den physiologischen Level erfolgt, so scheint es doch so zu sein, daß es Menschen gibt, die dagegen empfindlich sind und die durch das Verzehren von Speisen, die in Aluminiumgeschirren gekocht wurden, erkranken.
Charakteristisch für den Aluminiumpatienten ist ein blasses, graues, metallisch aussehendes, häufig trockenes, faltiges und alt wirkendes Gesicht.
TROCKENHEIT zieht sich durch die Symptome von Haut, Atmungstrakt und Verdauung. Es ist ein *Mittel der Lähmung*, Ptosis der Augenlider **(Causticum),** Darmlähmung **(Plumbum).** Es verursacht Langsamkeit beim Urin lassen, Verstopfung und Schwäche, sowohl geistig wie physisch mit Schwere der Beine.
Es ist ein frostiges Mittel, jedoch mit *Verlangen nach* frischer Luft.

Geist und Gemüt
Langsamkeit des Geistes und des Begriffes.
Gefühl von Resignation, daß man geisteskrank wird. Tiefe Hoffnungslosigkeit.
Gefühl von Eile. Die Verzögerung in den geistigen und physischen Funktionen vermittelt einem das Gefühl, daß alles zu langsam geht (Zeit vergeht zu langsam). Das führt zu der Befürchtung, daß man nicht in der Lage ist, eine Arbeit fertig zu bringen oder verursacht Angst, daß irgend etwas passieren wird.
Depression mit Suizidgedanken – *beim Sehen eines Messers möchte sie sich töten* (andere zu töten: **Platinum, Arsenicum, Mercurius**).
Trotz Intelligenz besteht eine morgendliche Dumpfheit; größere Wachheit abends, mit Angst und Furchtsamkeit.
Gefühl von Unwirklichkeit **(Medorrhinum)**. Hypochondrische Menschen mit Müdigkeit und Gleichgültigkeit gegenüber Arbeit, reizbar.
Das Nachlassen der physischen und geistigen Kräfte geschieht gradweise und wird vom Patienten kaum wahrgenommen. Die Symptome haben große Ähnlichkeit mit der Alzheimer Krankheit.

Augen
Die Augenlider sind entzündet, klebrig, trocken und brennen, die Wimpern fallen aus.

Atmung
Es besteht Trockenheit der Schleimhäute in Nase und Hals mit einer verstopften Nase. Kopfschmerzen durch chronischen Katarrh, Kopfschmerzen oft am Scheitel, *besser* durch Druck und manchmal zusammen mit Schwindel.
Trockener, hackender Husten, schlimmer morgens, mit Heiserkeit insbesondere bei Sängern (**Argentum metallicum**, hat einen ähnlichen hackenden Husten und Heiserkeit während des Tages.)

Magen-Darm
Gefühl von Zusammenschnüren im unteren Ösophagus.
Appetitverlust, Aufstoßen, ißt unverdauliche Dinge.
Verlangen – Früchte und Gemüse.
Abneigung – Fleisch.
Verschlimmerung durch Kartoffeln und reizende Dinge wie Salz, Essig, Pfeffer, Alkoholika und Tabak.
Verstopfung – kein Verlangen, keine Kraft beim Pressen, sogar bei weichem Stuhl – Wundheit des Afters mit weichem Stuhl.

Haut
Die Haut ist rauh und trocken mit Ausschlägen, die rissig sind, jucken und brennen und sich in der *Bettwärme verschlimmern*.

22.2 Apis

Das Mittel wird aus dem Stachel der Honigbiene gewonnen und wirkt hauptsächlich auf die Haut und die Schleimhäute, ferner auf Hals, Nieren, Meningen, Pericard und Gelenke.
Es ist durch BRENNENDE, STECHENDE Schmerzen charakterisiert, mit Röte, deutlicher Schwellung und ÖDEMEN. Es besteht große EMPFINDLICHKEIT gegen Berührung in allen Bereichen außer dem Kopf (der wird durch *Druck gebessert*), und große Schmerzhaftigkeit, die dann zu RUHELOSIGKEIT führt (wie **Rhus toxicodendron**), aber nicht durch Bewegung gebessert wird.
WÄRME VERSCHLIMMERT in jeder Form; warme Zimmer, warmes Bad, warme Umhüllungen. Heftiger, plötzlicher Beginn.

Geist und Gemüt
Erkrankungen in Folge von Kummer, Schreck, Ärger, Eifersucht und unterdrückten Ausschlägen. Tränenreich, aggressiv, ängstlich, ständiges Weinen und Wimmern.
Können reizbar, mißtrauisch und eifersüchtig sein.
Wenn die Infektionen schwerer werden, so ist der Patient gleichgültig, apathisch, indifferent und eventuell stuporös.
Bei Meningitis besteht ein murmelndes Delirium mit plötzlichen durchdringenden Schreien. Alle Geist- und Gemütssymptome werden durch *Wärme verschlimmert*.

Kopf
Heiß und kongestioniert mit plötzlichen, stechenden Schmerzen, *verschlimmert* durch Bewegung und *besser* durch Druck (andere Symptome werden durch *Berührung verschlimmert*).

Augen
Entzündliche Erkrankungen der Augen, Iritis, Keratitis, Trachom, mit Röte, Ödemen der Lider; brennend stechende Schmerzen *durch Kälte gebessert*.

Gesicht
Rot, brennend, stechend; wertvoll bei Erysipel.
Bei Nierenerkrankungen ist das Gesicht blaß und wächsern.

Zunge
Feurig, heiß und rot, oder trocken und Zittern.

Hals
Rote, weiche Schwellung mit ödematösem Zäpfchen, brennend stechende Schmerzen, ebenfalls *schlimmer* durch Wärme und *besser* durch Kälte.
Durstlosigkeit, sogar bei Fieber.

Atmung
Heftiger, trockener, spastischer Husten mit Wundheitsgefühl und Empfindlichkeit des Kehlkopfes. Gefühl von Ersticken.

Magen-Darm
Erbrechen – Aufblähung, Zusammenschnürungsgefühl, Entzündung, brennende Hitze, *schlimmer durch Berührung*.
Wäßrige Diarrhoe.

Uro-Genital
Nephritis mit deutlichen Ödemen, mit Ruhelosigkeit, Schläfrigkeit und Durstlosigkeit. Schmerzen der Ovarialregion, insbesondere rechts; Dysmenorrhoe. *Schlimmer durch lokale Wärme*.

Haut
Urtikaria, unerträgliches Jucken, deutliche Schwellung, stechende und brennende Schmerzen und Empfindlichkeit gegen Berührung.

Gliedmaßen
Zittern, Zucken und Auffahren von Muskelgruppen.
Entzündungen der synovialen Häute und Gelenke, geschwollen und glänzend, scharf stechende Schmerzen, Empfindlichkeit und deutlicher Erguß. Ruhelos, *schlimmer durch Wärme.*

22.3 Argentum nitricum

WÄRME verschlimmert – haßt stickige Räume.
Verlangen nach frischer Luft, kalten Getränken, kalten Speisen.

Geist und Gemüt
Ein Mittel mit vielen nervösen Symptomen, insbesondere erregt durch Erwartungsangst, die Durchfall erzeugt. Hat Angst, daß er in der Öffentlichkeit ein närrisches Bild abgibt.
Irrational, macht eigentümliche oder verrückte Dinge; quälende Gedanken, die ihn zur Eile antreiben – er läuft immer schneller und schneller.
Angst vor dem Tod, vor vollen, geschlossenen Räumen, Kirchen, Höhen. Hat das *Gefühl hinunterspringen zu müssen.* Hat das Gefühl, daß hohe Gebäude auf ihn herabstürzten. Überarbeitet, übermüdet, geistige Erschöpfung und Zittern.
Impulsiv, sowohl in der Liebe, als auch im Zorn.

Kopf
Kopfschmerzen *schlimmer* durch Wärme, *besser* durch festen Druck. Das Gehirn fühlt sich erschöpft an.

Magen-Darm
Verlangen nach süß, insbesondere Zucker, der Durchfall erzeugt, und Salz, deftig schmeckenden Speisen. Blähungen und Auftreibung deutlich.
Schmerzen im Bauch, Epigastrium, nach links ausstrahlend.
Schlimmer nach dem Essen, *besser* durch Erbrechen.
Erbrechen und Diarrhoe gleichzeitig (wie **Arsenicum album**). Diarrhoe oft grün wie gehackter Spinat. Die Zunge ist entweder weich, rot und wund oder blaß, trocken und schlaff.
Ulcera der Schleimhäute im Mund, Blase, Magen mit Blutung.

Andere Symptome
Augen sind oft befallen: Ulcera, eitriger Ausfluß.
Schlimmer durch Wärme, *besser* durch Kälte.

Gefühl eines Splitters im Hals (wie **Hepar sulfuris**), aber *gebessert durch Kälte*.
Herzklopfen beim Liegen auf der rechten Seite. *Schlimmer* vor und während der Menses mit Dysmenorrhoe durch Erregung, und starker Blutung.
Taubheitsgefühle der Arme nachts – ebenso Hyperästhesie.

22.4 Arnica montana

Dieses Mittel ist hauptsächlich durch seine Wirkungen bei VERLETZUNGEN und Quetschungen bekannt, obwohl es auch noch weitere Indikationen hat.
Es ist ein Mittel, an das man bei jeder Form von Verletzung denken muß, nach chirurgischen Operationen, oder nach der Verletzung durch eine Hirnblutung oder eines Myokardinfarktes, bei Rheumatismus, Gicht und bei alten Menschen.

Geist und Gemüt
Reizbar, mürrisch, traurig, möchte nicht berührt werden.
Vergeßlich, abwesend, hoffnungslos, gleichgültig. Plötzliche Angst vor kurz bevorstehenden Tod – Herzerkrankungen. Schreckliche Träume und Vorstellungen – bessert die Schreckfolgen eines Unfalls.
Sagt, er fühle sich wohl, auch wenn er sehr krank ist.
Kalte Nase.
Brennend heißer Kopf mit kaltem Körper.
Große Angst vor Berührung infolge Überempfindlichkeit, z. B. bei Gicht.

Kopf
Hirnblutung – nach vorangehendem, berstendem Kopfschmerz.
Blutungen in die Augen; leicht Blutungen, Ecchymosen.

Atmung
Keuchhusten, schmerzhafter Husten, spastisch mit blutgestreiftem Auswurf, zerquetschtem Gefühl, welches sich durch *Berührung verschlimmert*. Das Kind ist ärgerlich und empfindlich. Stechende Schmerzen in der Brust wie **Bryonia**, aber schlimmer durch Berührung.

Magen-Darm
Übelriechender Atem und Geruch wie bei typhusähnlichen Erkrankungen, mit Stupor und Koma.
Übelriechend: Flatus, Stuhl und Aufstoßen.

Andere Symptome
Ruhelosigkeit, weil das Bett zu hart ist. Die Schmerzen werden durch *Lagewechsel gebessert* (**Rhus toxicodendron** muß sich bewegen – Unwohlsein besser durch Bewegung, **Arsencium album** ist ängstlich und wird auch durch Bewegung nicht gebessert). Gefühl, wie überall gequetscht und geschlagen.
Allgemeine Schwäche und Müdigkeit – besonders bei alten Menschen.
Schmerzen in Gliedmaßen und Gelenken bei Rheumatismus, Schmerzen wie zerquetscht.
Folgen von Übermüdung, sowohl physisch als auch geistig.

> Kann lokal angewandt werden bei Wespenstichen: In der 1. Potenz 5–10 Tropfen in einer Tasse Wasser aufgelöst. Zu lange Anwendung kann eine Dermatitis hervorrufen. Warnung: Arnicalösung niemals auf offene Wunden geben!!

22.5 Arsenicum album

Diese Patienten sind immer sehr sorgfältig in ihrer Erscheinung, Kleidung und ihrem Benehmen. Dieses kann man auch an ihrem Haus oder Garten feststellen.
RUHELOSIGKEIT, BRENNEN, HINFÄLLIGKEIT, MITTERNACHTSVERSCHLIMMERUNG.
Außerordentliche Frostigkeit, kalte Hände, Steifigkeit und Frostschauer, als ob Eiswasser durch ihn hindurch ginge mit Durst während des Schweißes, aber Durstlosigkeit während der Hitze. Kalte Luft *verschlimmert*, außer am Kopf, der frische Luft und Kälte verlangt.
Ruhelosigkeit ist ein *ständiges Symptom*, Eile, schüttet seine Vorgeschichte aus. Unverhältnismäßige Schwäche bei trivialen Symptomen.
Brennen in allen Teilen, *gebessert durch Wärme*. Absonderungen sind scharf und wundmachend – Nase, Augen, Fluor, aus Ulcera.
Verschlimmerung um Mitternacht und um 1 Uhr.

Geist und Gemüt
Tiefsitzende Unsicherheit.
Ängstlich, Angst um sich, um seine Gesundheit. Betrachtet die Dinge von seinem persönlichen Standpunkt aus – »was bedeutet dieses Ereignis für mich persönlich?«

Traurigkeit, Hoffnungslosigkeit, glaubt, daß es unnütz sei, noch Medizin zu nehmen, da er mit Sicherheit sterben werde.
Angst beim Alleinsein in der Nacht.
Sorgfalt, besessen von Ordnungsdrang und Sauberkeit – verursacht durch Angst und Unsicherheit.
Das Gefühl, verletzlich und hilflos zu sein. Empfindlich gegen Umgebung, Berührung, Geruch.
Gierig auf fremden Besitz. Ergreift Besitz von Menschen, ist selbstsüchtig, nimmt, aber gibt nicht.

Kopfschmerzen
Kongestiv, klopfend, brennend, *besser durch Kälte*. Periodizität: alle 7 oder 14 Tage.

Atmung
Asthma: muß sich aufsetzen, Atemlosigkeit bei Bewegung, scharfe Schmerzen in der rechten, oberen Lunge.
Erstickender Katarrh beim Niederlegen.
Niesen bei jedem Wetterwechsel.

Magen-Darm
Erbrechen und Diarrhoe, akute Magen- und Darmschmerzen, Nahrungsmittelvergiftung. Durst auf kleine Mengen Flüssigkeit, insbesondere warme, aber ebenso eiskalte bei akuten Erkrankungen. Bei chronischen Erkrankungen möglicherweise durstlos.

Geschlechtsorgange
Herpesbläschen – brennende kleine Geschwüre.

Haut
Haut zart, schuppig, wie gepudert, oder dicke trockene Schuppen.
Schwere Sepsis.
Jucken und entzündliches Brennen, *besser durch Wärme*.
Haare weich und sehr sorgfältig gekämmt.

Andere Symptome
Blutungen überall.
Ödeme mit Durst (**Apis** ohne Durst). Hilft bei Schmerzen und Ruhelosigkeit in Fällen von inoperablem Krebs.
Bringt alte, unterdrückte Ausschläge wieder zurück, z. B. Ekzeme.

22.6 Aurum metallicum

Die primären Charakteristika aller Aurumverbindungen sind SELBSTMÖRDERISCHE DEPRESSION mit Mangel an Selbstbewußtsein, abwechselnd mit Hysterie und einer Art hysterischer Erregung und Zorn. Ruhelos und gemütsmäßig in Eile, werden aber durch *körperliche Eile verschlimmert.*
Verlangen nach frischer Luft (außer **Aurum sulf.**). *Besser* durch Kälte und kalte Anwendungen, obwohl sie eiskalte Hände und Füße haben. *Verschlimmerung* beim Erwachen wie **Lachesis**.

Geist und Gemüt
Depression und Lebensüberdruß.
Sie sind korrekt, gerecht, fair, verantwortungsvoll, arbeiten hart, aber können ihre innersten Gefühle nicht äußern und Emotionen nicht zeigen.
Empfindlich gegen Kritik, leicht verletzt, zornig bei Widerspruch.
Freudlos, unzufrieden mit den Umständen, streitsüchtig.
Sie sind voller Selbstvorwürfe, aber auch kritisch gegenüber anderen.
Wirft sich mit krankhaftem Fleiß auf die Arbeit, um seinen Gefühlen zu entfliehen.
Das Gefühl von Versagen, daß er seinen Status nicht verdient habe noch seinen Reichtum oder Leben – deshalb Selbstmord.
Ängstliche Furcht, Überempfindlichkeit gegen Geräusche, die ihn ängstlich machen, Furcht vor Menschen, Angst vor Herzerkrankung.
Schreckliche Träume von Tod, Räubern, Sturz aus der Höhe.

Augen
Hornhautgeschwüre und Entzündung der Iris.

Ohren
Ohrgeräusche.

Atmung
Katarrhe, Ulcerationen der Nase und übelriechende Absonderung, alles riecht zu stark – hat das Gefühl eines eitrigen Geruches aus der eigenen Nase. Die Nase ist rot und geschwollen. Metallischer Geschmack.

Magen-Darm
Verlangen nach Alkohol. Fühlt sich dadurch besser (hilft bei Alkoholikern).

Haut
Tiefe Geschwüre der Haut mit bösartigen Hauterkrankungen.
Verhärtung der Drüsen.

Rheuma
Tiefsitzende, bohrende, ziehende Schmerzen in Knochen und rheumatischen Gelenken, *schlimmer nachts*.

Andere Symptome
Ernsthafte Herzerkrankungen mit chronischer Nephritis, zeitweise Blut im Urin. Sterilität. Aurumerkrankungen können als Folge einer Syphiliserkrankung auftreten oder nach Verlust von Vermögen oder aus Angst davor.
Man bemerke die vielen **Syphilinum** ähnlichen Symptome.

22.7 Barium carbonicum

Ein Mittel für Kinder und alte Menschen.
FROSTIGKEIT, empfindlich gegen Kälte, außer bei den DRÜCKENDEN KOPFSCHMERZEN, die sich an der frischen Luft *bessern*.
Auszehrung, Schwäche. Blaßes, welkes Gesicht.
VERGRÖSSERTE DRÜSEN, insbesondere der Tonsillen, aber auch allgemein, chronisch und verhärtet, auch Mesenterialdrüsen.
Degenerative Erkrankungen, Herz und Gefäße, Aneurysma, Gehirn.
Prostatahypertrophie.

Geist und Gemüt
Kinder lernen spät laufen.
Langsame Reife bei Heranwachsenden und jungen Erwachsenen.
Geistig zurückgeblieben.
Gedächtnisverlust, geistige Schwäche, Konfusion, Verlust des Selbstvertrauens.
Abneigung gegen Fremde, scheues Kind, schüchtern. Unentschlossenheit, macht Ausflüchte, um einer Entscheidung auszuweichen.
Vorzeitiges Altern – kindisches Benehmen alter Menschen oder von Erwachsenen, die unter tiefem, emotionalem Streß leiden.
Mangel an klarem Bewußtsein bei alten Menschen – sie sind nicht klar bei Verstand.
Das Kind versteckt sich, ist leicht erschreckt, bildet sich alle möglichen Arten von eigentümlichen Dingen ein, versteht nicht und kann sich nicht erinnern. Sitzt und kann nicht denken. Angst, es könnte irgendetwas passieren **(Causticum)**. Jammern, brüten Beschwerden und Kümmernisse aus. Denken an Beschwerden *verschlimmert*.

Ohren
Geräusche, Knacken beim Schlucken, verbunden mit vergrößerten Tonsillen und Drüsen.

Mund und Hals
Trockener Mund, schlechter Geschmack, brennende Zunge. Schwäche und Lähmung der Zunge bei alten Menschen.
Hals – chronische Eiterung, langsamer Beginn, granuliertes Aussehen.
Feste Speisen bleiben stecken und verursachen Würgen.
Spasmen im Ösophagus, wenn die Speise hinunterrutscht, bei alten Menschen.

Atmung
Schnupfen mit geschwollener Oberlippe, dicker, gelber Schleim, Schuppen und Bluten. Schwäche der Stimme, Heiserkeit.
Trockener, erstickender Husten. Rasseln in der Trachea, *verschlimmert* durch kaltes Wetter. Kann nicht auswerfen. **(Senega, Ammonium carbonicum, Barium muriaticum).**

Herz
Herzklopfen, *schlimmer* durch Liegen auf der linken Seite und *schlimmer* beim daran Denken.

Magen-Darm
Schwäche der Verdauung, Winde, Schluckauf und Schmerzen nach Nahrungsaufnahme.
Verstopfung, Mangel an Tätigkeit, knotiger Stuhl, Hämorrhoiden fallen vor.

Andere Symptome
Granulierte, klebrige Augenlider.
Trockener Ausschlag auf der Kopfhaut von Kindern.
Gichtische, rheumatische Schmerzen, *schlimmer durch Kälte*.
Übelriechender Fußschweiß verursacht Wundsein und Geschwüre.

22.8 Bryonia

Bei diesem Mittel findet sich ein hervorragendes Charakteristikum: *Intensive Verschlimmerung* DURCH JEGLICHE BEWEGUNG. Dies findet sich bei Kopfschmerzen, Gelenkschmerzen und Pleuritis und in der Gemütsphäre bei jeder Störung oder Anstrengung.
TROCKENHEIT der serösen oder mukösen Schleimhäute – trockener Mund, trockene Verdauungsschleimhaut mit harten Stühlen, trockenem Husten und trockene Pleuritis.
KALTE TROCKENE OSTWINDE *verschlimmern*, obwohl die mei-

sten Bryoniasymptome sonst bei warmem Wetter schlimmer werden, ebenso durch warme Zimmer und durch Überhitzung. Es besteht eine allgemeine *Besserung* durch Kälte und kalte Anwendungen.
DRUCK erleichtert: Kopfschmerzen, Gelenke, Brustschmerzen außer Abdominalschmerzen, die durch Druck verschlimmert werden.
Verschlimmerungszeit 21 Uhr und früh morgens um 3 Uhr.

Geist und Gemüt
Schlechte Laune und Reizbarkeit, will bei akuten Krankheiten nicht gestört sein, will möglichst nicht sprechen. Bei ernsthaften Erkrankungen wie Lungenentzündung oder Fieber verhält er sich ruhig wie ein Klotz, mit dumpfen Sinnen und Intellekt, und lehnt jede Einmischung oder Befragung ab.
Anfälle von Wut, schwachem Gedächtnis, Delirium und Träumen von Geschäften oder Tagesereignissen. Das Kind will irgend etwas haben und weiß nicht was.
Verzweifelt, Angst mit Furcht vor dem Tode und ohne Hoffnung auf Genesung.
Unsicher und einsam. Angst vor Armut oder finanziellem Ruin.

Kopfschmerzen
Schwere, dumpfe, klopfende Schmerzen mit heftigen Stichen über den Augen, *erleichtert* durch harten Druck und kalte Anwendungen, *schlimmer* durch Bewegung und jegliche Anstrengung von Geist oder Körper.

Fieber
Wertvoll bei Influenza, Typhus und typhoiden Fiebern. Deutlicher Durst nach großen Mengen mit langen Pausen. Reichlicher, saurer Schweiß, Lippen und Mund trocken mit einer weißen oder gelben Zunge, auch Delirium und Gemütssymptome, wie oben beschrieben.

Atmung
Laryngitis und Tracheitis mit Heiserkeit und trockenem Husten, der *schlimmer* ist beim Betreten eines warmen Zimmers und *besser* durch kalte Luft (Gegenteil von **Phosphorus**).
Pleuritis mit scharfen, stechenden Schmerzen, *besser* durch Druck oder Liegen auf der schmerzhaften Seite (welches die Bewegungen verhindert). Bei Lungenentzündungen sieht der Patient schwer und düster aus, mit trockenem Mund, weißer Zunge, Durst und Schweiß, und wird immer durch kalte Luft und kalte Anwendungen *gebessert*.

Magen-Darm
Schmerzen und Unwohlsein in der Leberregion, auch Gelbsucht, epigastrische Schmerzen, und an dieser Stelle *schlimmer* durch Druck.

Übelkeit, Aufschwulken und saures Aufstoßen, schmutzig-gelbe Zunge und Durst auf Kaltes, obwohl die Magenbeschwerden in Wirklichkeit durch warme Flüssigkeiten *gebessert* werden.
Stuhl trocken und krümelnd.
Alle Verdauungssymptome sind ebenfalls *schlimmer durch Bewegung*.

Rheumatismus
Muskeln, Bindegewebe, Gelenkhäute sind befallen: Schmerzen, Röte, Hitze und Schwellung durch Erguß, alles *verschlimmert durch Bewegung*.
Schmerzen sind schlimmer durch Bewegung (Gegensatz von **Rhus toxicodendron**).
Bei Rheumatismus besteht saurer Schweiß und Reizbarkeit. Manchmal hilft lokale Wärme, aber häufiger *bessern* kalte Anwendungen die Schmerzen.
Bryonia ist oft bei akuten Erkrankungen indiziert und wird nach der akuten Phase gut von **Natrium muriaticum** gefolgt, z. B. bei Migräne.

22.9 Calcium carbonicum

Inhaltsstoff ist unreines Calciumcarbonat aus der Mittelschicht der Austernschale.
Calciumpatienten sind immer empfindlich gegen KÄLTE, und fürchten die frische Luft. Die geringste Kälte, insbesondere KALTES, FEUCHTES WETTER *verschlimmert* ihre Symptome. Kalte feuchte Füße, obwohl sie nachts brennen, wenn sie warm geworden sind. Die Hände sind weich, feucht, kalt, ein Gefühl, *als ob* keine Knochen darin wären; häufig Frostbeulen.
Es findet sich LANGSAMKEIT: geistig und körperlich, bei Bewegungen, beim Denken, beim Lernen und Wachstum. Physische und geistige Überanstrengung erschöpft.
Sie erkälten sich leicht und entwickeln vergrößerte Drüsen, Polypen, Geschwüre und Krampfadern. *Verschlimmerung* von 2–3 Uhr.
Das KIND ist fett, schlaff und blaß und hat einen großen Kopf mit langsamem Schluß der Fontanellen und verzögerte Zahnung. Krustige Ausschläge auf der Kopfhaut. Frostigkeit mit reichlicher Schweißbildung am Kopf, die das Kopfkissen durchnäßt.
Husten bei zahnenden Kindern. Nachtmare, sie sehen Dinge und erwachen schreiend.
Bei ERWACHSENEN ist Calcium auch blaß, schlaff, phlegmatisch, nicht unbedingt fett, aber mit einem großen Kopf und mageren Hals. Atemlos, anämisch, frostig mit Neigung zu Herzklopfen.

Geist und Gemüt

Das Kind ist lethargisch, dumpf und sitzt meistens herum. Es ist ungeschickt, leicht gekränkt, empfindlich gegen Kritik oder ausgelacht zu werden und fühlt sich nutzlos. Die Nachtmare wurden schon erwähnt.

Ältere Menschen sind depressiv, geistig langsam, ängstlich über ihre Gesundheit und Zukunft, voller Befürchtungen, z. B. daß sie ihren Verstand verlieren könnten, daß sie eine Hirnblutung bekämen, daß etwas passieren könnte, vor der Dunkelheit, vor Infektionskrankheiten, vor Krebs, vor dem Tod. Sie machen sich Sorgen über andere, über dumme Sachen, sie sind empfindlich gegen Ungerechtigkeit, die anderen zugefügt wird. Die Tränen tröpfeln leise über die Wangen. Klagsam, hartnäckig, können nicht denken oder sich erinnern – sie machen eine Pause, bevor sie antworten. Sie haben Angst, daß andere ihre Verwirrung bemerken. Sie stecken ihre Arbeit auf, nehmen sich zurück und lassen andere für sich sorgen – z. B. Eltern verlangen das von ihrer Tochter, obwohl sie durchaus noch in der Lage sind, ihre Sachen selbst zu besorgen.

Kopf

Schwindel und Ohnmachtsgefühle. Kopfschmerzen.

Augen

Photophobie, krank bei kalten Winden; Katarakt.

Atmung

Chronischer Katarrh, Nasenpolypen, vergrößerte Tonsillen und Adenoide.

Trockener, reizender Husten mit Schmerzen in Larynx, Kehlkopf und Brust, *schlimmer nachts* mit Giemen und Keuchen.

Magen-Darm

Verlangen nach Eiern. Essen unverdauliche Dinge, wie Kalk, Kohlen und Erde (Kinder). Als Erwachsene lehnen sie Fleisch, Kaffee und Milch ab. Milch bekommt nicht. Sie benötigen ein gutes Frühstück, sonst bekommen sie Kopfschmerzen.

Sauer, saures Erbrechen, saurer Geschmack; trockene, weißbelegte Zunge.

Aufgeblähtes Abdomen. Verstopfung, aber sie fühlen sich immer wohl, wenn sie verstopft sind (Abführmittel machen sie krank). Sauer riechender, wundmachender Durchfall.

Genitalien

Reichliche und zu frühe Menses.

Dicker, scharfer Ausfluß.

Gliedmaßen
Zittern, Zucken, Spasmen. Krämpfe in Füßen und Waden beim Gehen oder im Bett.
Schwache Knöchel, Schmerzen entlang der Knochen, Gelenke und zwischen den Scapulae. Der Rücken fühlt sich an wie zerschlagen.
Belladonna ist das **Akutmittel** bei Calcium carbonicum. Man wird es bei akuten Erkrankungen benötigen und dann wird es gut von Calcium carbonicum gefolgt (Calcium carbonicum ist auch ein mit **Rhus toxicodendron** verwandtes chronisches Mittel).

22.10 Calcium phosphoricum

Eines der Gewebesalze, enthält Kalk und Phosphor und ist essentiell für die Ernährung, das Wachstum und die Heilung von Knochen.
Beim kleinen Kind besteht Langsamkeit der Entwicklung und beim Lernen, Langsamkeit beim Schließen der Fontanellen, ein eingesunkenes Abdomen, Schwäche von Hals und Gliedmaßen und Schweiß.
Koliken von KLEINEN KINDERN, nach dem Essen, und wäßrige, grün-schleimige, heiße, spritzende Stühle.
DAS ÄLTERE KIND ist dünn, dunkel, kann auch hellhaarig sein mit blauen Augen, bekommt lange Beine und Schmerzen in den Gliedmaßen. Kälte von Gliedmaßen und Gesicht. Feuchte Haut, fettig (wie Schmalzpudding). Die rheumatischen Schmerzen sind *schlimmer bei* kaltfeuchtem Wetter, Bewegung, in Frühjahr und Herbst – schmerzhafte Taubheit und Krämpfe.
Neuralgische Gesichtsschmerzen, *besser* durch Wärme, aber *schlimmer* durch Anstrengung und Druck. Schmerzen beim Wachstum der Muskulatur.

Geist und Gemüt
Das Kind ist ruhelos, bewegt sich vor und zurück, hat keine Lust zu reden, ist müde, hat ein schwaches Gedächtnis und ist unzufrieden, klagsam – jammert ständig, daß irgendetwas nicht gut sei (z. B. die Schule usw.). Voller undeutlicher Ängste und Befürchtungen – insbesondere abends. Angst vor Gewittern. Unlust zu arbeiten, kann sich nicht konzentrieren. Die Angst verursacht Bauchbeschwerden und Diarrhoe. Mitleidig, mit Angst um andere.

Kopfschmerzen
Bei Schulkindern, *verschlimmert durch* geistige Anstrengung, Einwirkung von Zugluft, kalte Luft, mit einem Gefühl von Eis im Nacken. Es

bekommt Kopfschmerzen vom Baden in kaltem Wasser, *schlimmer durch* Druck, Anstrengung und engen Hut.

Atmung
Kitzelhusten – Sputum gelb, übelriechend, *schlimmer* bei kaltem Wetter; der Kopf schwitzt, spastische Bronchitis, *besser* durch Hinlegen, *schlimmer* durch Aufstehen. Gestielte Polypen. Drüsen am Hals. Chronischer Katarrh, *besser* im warmem Zimmer, *schlimmer* durch Kälte.

Magen
Guter Appetit, *Verlangen* nach schmackhafter Nahrung, Speckschwarte, geräuchertem Hering (aber nicht so viel Salz wie **Phosphorus**). Beschwerden von Speiseeis und kalten Getränken.

Menses
Späte Reife und schmerzhafte Menstruation, *besser* durch den Fluß.

22.11 Carbo vegetabilis

Bei den Inhaltsstoffen handelt es sich um Holzkohle. Diese ist unwirksam, solange sie nicht trituriert wird.
HAHNEMANN nahm die **C3**-Potenz. Carbo vegetabilis wirkt hauptsächlich auf das Gefäßsystem, besonders auf den venösen Kreislauf. ALLES AN DEM PATIENTEN IST TRÄGE, faul, voll, aufgebläht, geschwollen und gedunsen. Die Hände sind gedunsen, die Venen sind gefüllt, der Körper fühlt sich voll und gespannt an, der Kopf ist voll, die Gliedmaßen haben ein Völlegefühl, so daß der Patient die Füße nach oben legt. Es finden sich viele Krampfadern und Geschwüre mit schwarzen oder bläulichen Flecken, Stagnation in den Venen, schlechtes Gewebe.

Allgemein
Brennen innerlich in Venen, Kopf, Haut, entzündeten Teilen, Magen. Aber Eiseskälte von Nase, Zunge, Atem, Knien und Füßen. Kollaps mit kaltem Schweiß, kaltem Gesicht und kaltem Atem. Die Lebenskraft ist fast vollständig erschöpft. Blauverfärbung des Gesichtes.

Geist und Gemüt
Der Gemütszustand ist langsam, träge, dumm, faul. UNENTSCHLOSSENHEIT, kann sich nicht konzentrieren. Große Indifferenz, es ist ihm egal, ob er lebt oder stirbt.

Kopf
Kopfschmerzen hauptsächlich am Hinterkopf, Gefühl eines Gewichtes, der Druck des Hutes ist unerträglich, *schlimmer durch Hinlegen*.

Atmung
Atemnot mit Auswurf, erschöpfendem Schweiß und großer Kälte. Akuter, heftiger, spastischer Husten in Anfällen, mit kaltem Schweiß und kaltem, spitzem Gesicht. Sehr nützlich bei Keuchhusten.
Bei akutem Asthma und Herzinsuffizienz wünscht der Patient bei geöffnetem Fenster zu sitzen und möchte gefächelt werden, obwohl er so kalt und schwitzig ist.

Magen-Darm
Eines der großen *Blähungsmittel*, Völle, Aufblähung mit Luftrülpsen, *schlimmer nachts*. Säure kommt nachts hoch. Übelriechende Flatus. (**Carbo animalis** ist häufig besser, um Blähungen nach einem chirurgischen Eingriff zu bessern).
Verlangen nach Kaffee, sauren Nahrungsmitteln, Süßigkeiten, Salz. Ißt gerne schwer verdauliche Speisen, wie Pudding, Erbsen, Soße und hat Abneigung gegen leicht verdauliche Nahrung. Übelriechende, grüne Diarrhoe. Ein sehr wichtiges Medikament bei *kollabierten Patienten*, die ohnmächtig sind oder einen Herzanfall haben oder postoperativ, wenn sie kalt, blaß und schwitzig sind und einen schwachen Puls haben, aber nach frischer Luft verlangen.

22.12 Carcinosin

Es handelt sich hierbei um eine aus Karzinomgewebe hergestellte Nosode. Das Mittel basiert weitgehend auf den Beobachtungen von FOUBISTER und COOPER.

Allgemeine Indikationen für die Anwendung:
Wenn sich in der Familienvorgeschichte KREBS, Tuberkulose, Diabetes und perniziöse Anämie findet. Wenn in der Vorgeschichte Keuchhusten, Pneumonie, Drüsenfieber, Amöbenruhr oder Diphterie aufgetreten sind und sich der Patient seit dieser Krankheit nicht mehr erholt hat.
Bei chronischer Tonsillitis, Sinusitis und Kopfschmerzen kann dieses Mittel nützlich sein und im akuten Stadium eines Drüsenfiebers kann man dieses Mittel einmal täglich 2 Tage lang geben.
Bei akuten Ateminfektionen, wenn der Patient am Anfang auf ein akutes Mittel anspricht und später nicht mehr.
SCHLAFLOSIGKEIT.

Allgemein
Empfindlich gegen Extreme von Hitze und Kälte.
An der See entweder *besser oder schlechter*.
Verschlimmerung durch Ablegen der Kleidung (Husten, Haut – **Rumex**).

Verschlimmerung durch Sprechen, Lachen (Husten – **Phosphorus**).
Besser durch kurzen Schlaf.
Periodizität – *schlimmer* von 1–6 Uhr.
Wechsel der Symptome von einer Seite zur anderen **(Lac caninum)**.
Bei Patienten, insbesondere bei Kindern, finden sich möglicherweise eine Café-au-lait-Hautfarbe, blaue Skleren, eine Neigung zu Tics und zum Erröten.

Geist und Gemüt
Geistige Trägheit, Engegefühl und Zusammenschnüren am Kopf, langsames Denken, gedankenverloren, kann sich nicht konzentrieren.
Wertvoll bei Mongoloiden und psychotischen Patienten mit Selbstmordneigung.
Anhaltende Angst oder anhaltendes Unglücklichsein.
Erwartungsspannung – besorgt und ängstlich (Examina, oder wenn Frau oder die Kinder spät nach Hause kommen).
Übergenau – sehr ordentlich, aber gelegentlich auch das genaue Gegenteil.
Hartnäckigkeit – starker Sinn für Rhythmus. Sie lieben Tanz **(Sepia)**.
Empfindlich gegen Musik – bringt sie zum Weinen **(Graphites)**.
Sie lieben Gewitter **(Sepia)**.
Mitleid mit anderen (**Phosphorus**).
Empfindlich gegen Tadel **(Medorrhinum)**.
Wenn sich in der Vorgeschichte stark dominierende Eltern finden, oder starke Selbstbeherrschung durch Furcht oder Pflichtbewußtsein. Das Mittel **Folliculinum** ist in solchen Situationen ebenfalls stark indiziert und man kann es nach Carcinosin geben.

Magen-Darm
Verlangen: Salz, Milch, Eier, Fleisch, Fett, Obst. Manchmal Abneigung gegen Salz.
Verstopfung – mit Zusammenschnüren und Schmerzen, *schlimmer* von 16–18 Uhr, *besser* durch Beugen, heiße Getränke, manchmal auch ohne Stuhldrang **(Opium)**.

Schlaf
Gestört, mit Schwierigkeit einzuschlafen, mit Ruhelosigkeit und Schauder, aufgeregte Träume, überaktive Gedanken. Liegt den meisten Teil der Nacht wach oder erwacht um 4 Uhr und kann nicht mehr einschlafen.
Schlaflosigkeit ganz allgemein.
Geistige Müdigkeit mit Kopfschmerzen (bei Studenten). *Besserung* durch kurzen Schlaf.

Schlafhaltung – auf den Knien mit der Brust auf dem Kissen (wie **Calc-ph., Lyc., Med., Phos., Sepia, Tub. bov.**) oder auf dem Rücken mit den Armen über dem Kopf **(Pulsatilla)**.

Haut
Ekzem, insbesondere an der Vorderseite oder auf dem Rücken des Brustkorbes.
Verhindert Keloidbildung, man soll es vor plastischen Operationen geben (PASCERO).
Nach Impfreaktionen.

Andere Symptome
Gefühl von Schlagen oder Klopfen.
Die Absonderungen sind dick oder scharf.

22.13 Causticum

Gemäß HAHNEMANN »Reine Arzneimittellehre« eine spezielle Zubereitung von Pottasche.
Blaß, kränklich aussehend, dunkle Haare, dunkle Augen, dunkle Stimme, Lähmung, Kontrakturen, rheumatoid, Warzen.
Nach Unterdrückung von Ausschlägen. Zusammengebrochene Konstitution.

Allgemein
Schlimmer durch kalte, trockene Winde und Frost, die Lähmung und Rheumatismus verursachen.

Geist und Gemüt
Hoffnungslos, weinerlich, Vorahnungen, Ängstlichkeit, verzweifelt an der Gesundung, Angst, daß irgendetwas passieren könnte. Angst im Dunkeln, Zwielicht.
Reizbar, mürrisch und mißtrauisch, aber Mitleid mit dem Leiden anderer.
Beschwerden durch Kummer, Schlafmangel, Ärger. Sie sitzen still herum und achten auf nichts. Gedächtnisausfälle und geistige Anstrengung verursachen Symptome. Sie können zornig und diktatorisch sein und allem widersprechen.

Schwindel
Schlimmer durch Hinlegen, Bücken, während Menses; Neigung, nach vorne oder zur Seite zu fallen. Das Gefühl, *als ob* ein Zwischenraum zwischen Hirn und Hirnschale sei, *besser* durch Wärme.

Kopfschmerzen
Pulsieren oder stechen, Gesichtsneuralgie.

Lähmung
einzelner Teile – Facialis, beim Schlucken, der Stimme – Hals, Augenlider, Gliedmaßen mit Zittern (alles ähnlich **Gelsemium**). Insbesondere nach Einwirkung von sehr kaltem Wind.

Augen
trocken, stechend; möchte die Augenlider ganz leicht berühren.

Atmung
Heiserkeit, *schlimmer morgens* (**Phosphor** abends). Brennend rauhes Gefühl, Stimmverlust.
Unfähigkeit, Sputum hochzubringen, teilweise kommt es hoch und dann schlüpft es zurück.
Harninkontinenz beim Husten. Husten *besser* durch ein Schluck kaltes Wasser.

Magen
Setzt sich hungrig zum Essen, aber der Geruch von Speisen verursacht Unbehagen **(Ars., Sepia, Cocculus)**.

Rektum
Lähmung – inaktiv, ist voll ohne Stuhldrang – *besser* durch aufrecht Stehen.

Urogenitalsystem
Ein sehr wertvolles Mittel bei Zystitis – starke Empfindlichkeit gegen Kälte. Starker Harndrang mit der Unfähigkeit den Harn zu lassen, danach kommt es zum unwillkürlichen Abgang von Urin ohne Vorwarnung. Schießende Schmerzen im Darm, wenn der Urin nicht gelassen werden kann.
Inkontinenz beim Husten, Niesen oder bei Anstrengung. Wertvoll nach Operationen, wenn der Patient den Urin nicht lassen kann.
Menseskoliken mit ziehenden Rückenschmerzen, *besser* nachts. Epilepsie mit Inkontinenz während unregelmäßiger Menses.

Warzen
Hände, Gesicht, Nase, Augen, groß, leicht blutend **(Thuja, Dulcamara)**.

Rheuma
Fortgeschrittenes Rheuma mit Kontrakturen der Sehnen, ziehenden Schmerzen, finden keine Erleichterung, Ruhelosigkeit nachts.
Schlimmer bei trockener Kälte, *besser* durch Wärme und Feuchtigkeit.
Langsam fortschreitender Verlust der Muskelkraft.

Schmerzhafte Steifigkeit von Nacken und Rücken beim Erheben vom Stuhl.
Spannende und ziehende Schmerzen in Oberschenkeln, Unterschenkeln, Knien und Füßen, *schlimmer* an der frischen Luft und *besser* im Bett.

22.14 Chelidonium majus

Schöllkraut ist für seine Wirkung in Fällen von Gelbsucht oder Leberbeschwerden bestens bekannt und auch als Mittel für Lungenentzündung.
Das charakteristische Symptom ist ein *festsitzender Schmerz*, entweder dumpf oder scharf, am unteren, inneren Winkel des RECHTEN SCHULTERBLATTES. Dieses Symptom kann man bei Hepatitis, Gallenblasenentzündung oder partieller Lungenentzündung finden.

Geist und Gemüt
Machtvolle, starrsinnige Menschen, die andere dominieren wollen. Entschiedener Sinn für das, was richtig oder falsch ist – sie zwingen ihre Meinung anderen auf.

Allgemein
Schlimmer durch Kälte, außer Kopfschmerzen und Nebenhöhlen.
Schlimmer von Wetterwechsel.
Supraorbitalneuralgie hauptsächlich an der Stirn, verbunden mit Gallenbeschwerden oder Erbrechen, hervorgerufen durch Wärme, *verschlimmert* in warmen Räumen oder durch warme Anwendungen.

Atmung
Bei Lungenentzündung ähnelt es in vieler Beziehung **Bryonia**. Entzündung des rechten Unterlappens mit stechenden, pleuritischen Schmerzen, besonders unter dem rechten Schulterblatt. Der Patient sitzt aufrecht und vollständig ruhig, da jede Bewegung Schmerzen verursacht, aber anders als **Bryonia**, welches Druck auf der schmerzhaften Stelle wünscht, ist **Chelidonium** schlimmer durch Berührung. Der Patient entwickelt alsbald Zeichen von Gelbsucht und Gelbwerden der Haut. Dabei findet sich eine *Besserung durch Wärme*.

Magen-Darm
Bitterer Geschmack im Mund. Die Zunge ist dick belegt, gelb mit Zahneindrücken am Rand **(Mercurius)**. Neigung zu Gelbsucht, die Stühle sind weißlich verfärbt, Empfindlichkeit oder stechende Schmerzen im Bereich von Leber und Galle, die zum rechten Schulterblatt

ausstrahlen. *Besserung* von Schmerzen bei Cholecystitis oder Gallensteinkolik.
Verlangen nach heißen Getränken, heißer Milch oder warmen Speisen.
Übelkeit, Magenschmerzen oder Kopfschmerzen werden durch Essen meistens *gebessert*.
Auftreibung nicht gebessert durch Abgang von Blähungen oder Aufstoßen, aber *besser durch* Umhergehen.

Andere Symptome
Blutungen vom venösem Typus, Menorrhagien, nach der Geburt.
Klingen in den Ohren (China oder **Chininum sulfuricum** sind nützlich bei Morbus Menière).

22.15 China

Frostig, blaß oder gelbaussehender Patient. Blässe, Schwäche, Nervosität, empfindlich gegen Berührung, Bewegung, frische Luft; ist ständig erkältet, hat Darm und Leberbeschwerden. Folgen von VERLUST VON KÖRPEREIGENEN FLÜSSIGKEITEN.

Schwäche
Verlust von Körperflüssigkeiten: Blutungen, Schweiß, Diarrhoe, Speichel, Samenergüsse, Abführmittel. (Nicht die Schwäche durch Anämie von **Ferrum**, nicht die nervöse Schwäche von **Acidum phosphoricum**; nicht die Schwäche durch Schlafmangel und Pflege, welches **Cocculus** erfordert; nicht die Folge von Überanstrengung und Überarbeitung von **Arnica**; aber die Folgen von Verlust von Körperflüssigkeiten).

Überempfindlichkeit
Extreme Schmerzempfindlichkeit, *verschlimmert* durch Berührung oder Bewegung, aber *besser* durch festen Druck, z. B. bei Kopfschmerzen oder bei Aufblähung des Bauches.

Allgemein
Periodizität der Symptome – *jeden zweiten Tag*.
Malaria, Frost gefolgt von Fieber, gefolgt von Schweiß.
Durst während des Schweißes, aber nicht während des Fiebers.
Ständige Frostigkeit nach Influenza.
Sehr frostig.

Geist und Gemüt
Emotionale Überempfindlichkeit, übersensibel – Abneigung gegen Gesellschaft und Verlangen, alleine zu sein. Furchtsame Veranlagung,

glaubt, daß Leute kritisch über ihn denken, wenn sie ihn nur ansehen. Glaubt sich behindert, was ihn in Wut bringt, aber er hat nicht die Heftigkeit von **Nux vomica**.

Magen-Darm
Zunge ist schlaff und belegt, ist gelblich – weiß belegt.
Diarrhoe: schmerzlos, unverdaut, reichliche, wäßrige Stühle mit deutlicher Schwäche.

Andere Symptome
Rheumatische und neuralgische Schmerzen in den Gliedmaßen.
Große Müdigkeit und Schläfrigkeit.

22.16 Cimicifuga (Actea racemosa)

Ein Mittel für Nerven (NEURALGIEN) und Muskeln (Myalgien). Rheumatisch, choreatisch, spastisch, hysterisch und Uterussymptome.
Alles wird gebessert durch Fluß – Diarrhoe oder Uterus, obwohl alle Symptome während den Menses schlechter sind. Insbesondere ein Mittel für Frauen wegen seiner Beziehung zum Uterus, mit menstruellen und Menopausensymptomen. Muskelrheumatismus, Pleurodynie, Lumbago, Torticollis.

Allgemein
Frostig, schlimmer durch feuchte Kälte – Rheumatismus, Neuralgien.
Kälte der Stirn, Blässe, Ohnmacht. Ruhelosigkeit, Zuckungen, Schmerzhaftigkeit und Taubheit.

Modalitäten
Besser durch Wärme, frische Luft, Druck, ständige Bewegung.
Schlimmer durch Feuchtigkeit, Kälte, während der Menses.

Geist und Gemüt
Angst verrückt zu werden, bildet sich alle möglichen eigentümlichen Erscheinungen ein, daß jemand sie töten will.
Ununterbrochenes Reden, Wechsel von einem Gegenstand zum anderen **(Lachesis)**.

Magen-Darm
Übelkeit und Erbrechen, insbesondere bei Frauen. Hilfreich bei Schwangerschaftsübelkeit, wenn die übrigen Symptome passen.
Zwerchfellschmerzen – Myalgien, die auf das Brustbein drücken und die zum Ösophagus und Pharynx ausstrahlen, Kitzeln im Hals, welches zur

Schulter, zum oberen Brustkorb und zu den Armen und Fingern ausstrahlt. *Schlimmer nach* Nahrungsaufnahme, beim Gehen, *besser durch* Ruhe (möglicherweise Angina pectoris oder eine Hiatushernie).

Urogenital
Schmerzen in der Uterusregion, die von einer Seite zur anderen schießen. Dysmenorrhoe, Wochenbettdepression. Es wird empfohlen, es in der **C1**-Potenz während der letzten Wochen der Schwangerschaft zu geben, um für gute Wehentätigkeit zu sorgen (auch **Caulophyllum**).
Herabdrängede Beschwerden.
Menopause – Herabsinkendes Gefühl im Magen, Schmerzen im Scheitel, Reizbarkeit.
Merke: Alle Symptome sind *schlimmer* während der Menses.

Extremitäten
Rheumatische Schmerzen bei feuchtkaltem Wetter, oft an entgegengesetzten Stellen, z. B. eine Schulter und auf der anderen Seite das Knie. Rheumatoide Arthritis, Schmerzen *schlimmer* nachts und bei feuchtem Wetter, auch verbunden mit Uterusproblemen.

22.17 Conium maculatum

Der »Gefleckte Schierling« ist ein tiefwirkendes Mittel.
LÄHMUNG, VERHÄRTUNG, DRÜSEN. Harte, infiltrierte Drüsen, Brustknoten, Verhärtung von Ulcera. Verhärtung der Testes, Impotenz.

Geist-Gemüt
Gedächtnisschwäche, fortschreitende; der Geist wird müde, kann sich nicht konzentrieren oder ist keinen geistigen Anforderungen gewachsen.
Vollständige Gleichgültigkeit.
Fühlt sich unglücklich. Langsam sich entwickelnde Schwäche des Geistes.
Sitzt herum und stiert in eine Ecke.
Reizbar, alles ärgert ihn.
Aufregung verursacht körperliche oder geistige Beschwerden.

Schwindel
Beim Kopfdrehen. *Schlimmer* beim Liegen, *als ob* sich das Bett im Kreis herumdrehen würde, *schlimmer* beim Bewegen der Augen, *besser* durch Schließen derselben.
Kopfschmerzen beim Sehen auf sich bewegende Gegenstände, Autos.

Augen
Schwäche der Augenmuskeln und der Lider, Verhärtung der Lider. Unverhältnismäßige Photophobie ohne Entzündung.

Magen-Darm
Lähmung des Ösophagus – die Speisen stoppen bei der Abwärtsbewegung; bei nervösen Frauen Gefühl von Druck, der vom Magen aufsteigt. Verstopfung – vergeblicher Drang, harter Stuhl, Lähmung des Rektum, kann den Darminhalt nicht entleeren.

Harnorgan
Unterbrochener Urinstrahl.

Andere Symptome
Trockener Husten, *schlimmer* durch Liegen im Bett.
Taubheit mit Schmerzen oder Schwäche. Schmerzlose Beschwerden.
Schwäche und aufsteigende Lähmung der Muskeln.
Stechende Schmerzen im Kopf.
Zittern, Zucken und Werfen.
Schmerzen in den Beinen oder Geschwüre, *gebessert durch* Hängenlassen der Beine.
Schweiß während des Schlafes – reichlich.

22.18 Cuprum metallicum

Krämpfe, Spasmen, Konvulsionen (Cholera, Keuchhusten), Zucken. HEFTIGKEIT DER SYMPTOME. Alle Symptome GEBESSERT DURCH KALTES TRINKEN (Keuchhustenkrämpfe). Atemnot, blaue Lippen, eiskalt; heftiger spastischer Husten, ebenso heftige Diarrhoe.
Cholera:
- **Cuprum** – krampfig
- **Veratrum album** – kalter Schweiß und Erbrechen
- **Camphora** – extreme Kälte – trocken.

Wenn Entzündungen und Absonderungen aufhören und danach Krämpfe beginnen.

Geist und Gemüt
Delirium, Durcheinander. Möchte ständig beschäftigt sein. Sehr gelangweilt, wenn es nichts zu tun gibt.

Magen-Darm
Metallischer Geschmack **(Cocculus, Mercurius, Natrium carbonicum, Rhus toxicodendron, Senega)**.
Ißt schnell. Verlangen nach kalten Speisen. Würgeneigung.

Gliedmaßen
Kälte der Füße.
Krämpfe der Waden.
Verwandt mit der Darmnosode **Proteus**.

22.19 Ferrum metallicum

Eines unserer vier Mittel für *Fettsucht*.
Herzklopfen, Atemlosigkeit, SCHWÄCHE, SOGAR IN DER RUHE.
Gesichtsröte bei der leisesten Erregung, und trotzdem kalt.
FROSTIG.
Blaß, wächsern. ANÄMIE.
SCHMERZEN sind *schlimmer* in der Ruhe. *Besser* durch leichte, langsame Bewegung (wie **Pulsatilla**); besser durch Wärme, schlimmer bei rascher Bewegung.
Die Muskeln sind schlaff und ohne Spannung. Prolaps: Rektum, Vagina, an der Blase.
Erweiterung der Blutgefäße (Plethora, Varizen und Blutungen. – Nasenbluten.)
Folgen von Flüssigkeitsverlust wie **China**.

Geist und Gemüt
Empfindlichkeit der Nerven auf Schmerzen. Ruhelos, reizbar, wechselnde Stimmung und impulsiv. Depression, Angst, geistige Müdigkeit. Aufgebracht durch Geräusche.

Kopf
Schwindel beim Überschreiten einer Brücke.
Kongestive Kopfschmerzen *besser* durch Druck, *schlimmer* durch Husten.

Atmung
Spastischer Husten, erstickend.

Magen-Darm
Erbrechen ohne viel Übelkeit – Aufstoßen von Nahrungsmitteln.
Nächtliches Erbrechen. Diarrhoe während des Essens.
Abneigung gegen Fleisch, Eier, saure Früchte.

Rheuma
Schmerzen insbesondere des Deltoidmuskels, *schlimmer* bei Bewegung, *besser* durch langsame Bewegung, *besser* durch Wärme. Häufiger auf der rechten Seite.

22.20 Graphites

Frostige, blasse, fette Frauen. Aber auch ein wertvolles Mittel bei Hautausschlägen von Männern und Frauen aller Altersstufen. Empfindlich gegen ein warmes Zimmer, Verlangen nach frischer Luft.
Errötet leicht und neigt zu Nasenbluten.
Oft HAUTAUSSCHLÄGE in den Beugen der Gliedmaßen, hinter den Ohren, auf der Kopfhaut. Es besteht Absonderung von dickem, honigartigem Exsudat.
Es findet sich auch ein Juckreiz am ganzen Körper ohne Ausschlag, die Haut ist nachts hitzig.
Die Absonderungen sind abstoßend. Auch Psoriasis mit Schuppenbildung.
Narben und Keloide können durch dieses Mittel weichgemacht werden.

Geist und Gemüt
Träge, lethargisch, traurig, verzweifelt, faul, weint leicht – besonders bei Musik – in einer nichtswürdigen Weise, schüchtern, furchtsam.
Entschlußlosigkeit und Unentschiedenheit.
Abends starke Aktivität des Geistes und im ersten Teil der Nacht, hält ihn wach.

Schwindel
Beim Erwachen, beim Aufwärtssehen oder beim Sichaufrichten vom Bücken.

Augen
Die Augen sind häufig durch starke Photophobie beeinträchtigt, durch pustelartige Entzündungen, Zysten und Blepharitis mit aufgesprungenen, rissigen Augenlidern (bei **Sulfur** sind die Augenlider immer rot.)

Nase
Chronischer Nasenkatarrh mit Wundheit der Nasenlöcher, Schuppen und Ulcera.

Gesicht
Risse an den Mundwinkeln.
Gefühl einer Spinnwebe auf dem Gesicht.
Taubheit – Absonderung aus den Ohren. Hört besser bei Geräuschen.

Magen-Darm
Zwölffingerdarmgeschwüre mit Schmerzen, die durch Essen und Trinken *gebessert* werden, ebenso durch warme Nahrung, warme Milch und durch Niederlegen.

Abneigung gegen Süßigkeiten und Fisch.
Verstopfung – knotiger, klumpiger Stuhl mit Schleim oder Diarrhoe, unverdaut, übelriechend.

Extremitäten
Taubheit der Unterarme mit Krämpfen. Die Nägel sind brüchig und deformiert.

22.21 Hepar sulfuris (Austernschale und Schwefelblume)

ÜBEREMPFINDLICHKEIT (gegen Berührung, Schmerzen, kalte Luft), ÜBLER GERUCH, REIZBARKEIT.

Allgemeines
Verschlimmerung durch Zugluft, durch Entblößen der Hand (**Silicea** ist *schlimmer* in naßkaltem Wetter, *besser* bei warmem, trockenem Wetter).
Besser bei feuchtem Wetter (warmfeucht), *Verschlimmerung* durch trokkene Kälte).
Drüsen, Schwellungen, Eiterungen ziemlich schmerzhaft, empfindlich sogar gegen die Atemluft oder Berührung.
Saurer Schweiß, übelriechend Tag und Nacht – ohne Erleichterung.
Übelriechende Absonderungen. Die Ausschläge sind feucht, ungesund, eiternd, empfindlich.
Splitterartige Schmerzen **(Arg.n., Kalium carb., Nitri acidum, Silicea)**.

Geist und Gemüt
Überempfindlich und reizbar, erregbar, ungestüm, unverhältnismäßige Wut, unzufrieden, brummig, weigert sich zum Arzt zu gehen, plötzliche Impulse einen Mord auszuüben.
Die Leiden sind unerträglich, bricht zusammen unter Streß, ärgerlich und bösartig gegenüber Ehefrau oder Ehemann, ohne irgendwelchen Grund. Nervöse Erregung mit Eile beim Sprechen oder Essen.

Augen
Eitriger Augenausfluß.

Ohren
Absonderung aus Ohren, Mastoid – übelriechend und empfindlich.

Atmung
Erstickender Husten, Engegefühl (mehr als Kitzel), trockener, aus der Tiefe kommender Husten – fährt auf und ringt um Atem, *schlimmer*

beim leichtesten Zug (**Spongia** – Heiserkeit, kann schlecht Luft einziehen, wie Kehlkopf zu eng). Schwitzt beim Husten, weint während oder nach dem Husten, giemendes Rasseln und Asthma (wie **Natrium sulfuricum**, aber das hat Verschlimmerung durch feuchtes Wetter.)

Magen
Verlangen nach Pickles und Essig.
Mercurius, Hepar sulfuris und **Silicea** folgen gut aufeinander und sollten in dieser Reihenfolge verordnet werden.

22.22 Ignatia

(Aus der Ignatiusbohne, enthält Strychnin).
Die Symptome von Ignatia sind WIDERSPRUCHSVOLL, UNERWARTET UND VERDREHT. Sie sind auch wechselhaft.
Wenn der Patient sich im Froststadion eines Fiebers befindet und dabei friert, so will er abgedeckt sein.
Wenn er fiebrig und heiß ist, so verlangt er nach Wärme.
Er hat Durst, wenn er kalt und frostig ist, aber keinen Durst, wenn er Fieber hat. Je mehr er hustet, um so schlimmer wird der Hustenreiz.
Wenn ein Teil entzündet ist, so wird er durch harten Druck *gebessert.*
Wenn er eine Halsentzündung hat, so *bessern* sich die Schmerzen durch Schlucken von festen Speisen.
Bei Magenbeschwerden sind es die einfachen, nicht reizenden Nahrungsmittel, die dem Patienten nicht bekommen.
ÜBEREMPFINDLICHKEIT GEGEN SCHMERZEN. Die Symptome und Schmerzen werden durch die Entleerung von großen Mengen Urin *gebessert.*

Allgemeines
Frostigkeit – Beschwerden *schlimmer* bei kaltem Wetter oder im Freien, *besser* durch die Sonne, Wärme und Kleidung.
Ruhe bessert die Schmerzen und *Bewegung verschlimmert* sie; obwohl überempfindlich gegen Schmerzen, wird er doch durch harten Druck *gebessert.*
Die Schmerzen treten an eng umschriebenen Stellen auf **(Kali-bi)**. Es bestehen Krämpfe, Spasmen und Zuckungen der Muskeln, besonders im Gesicht.

Geist und Gemüt
Obwohl sowohl **Nux vomica** als auch **Ignatia** Strychnin enthalten, ist die Ignatiapatientin doch selten gewalttätig. Sie kann wütend werden durch

Widerspruch, Schreck oder Kummer, aber hat das Gefühl, daß Wut und Weinen ungehörig sind. Sie ist außerordentlich emotional, eigensinnig, launisch und wechselhaft. Empfindliche, feinsinnige Frauen mit intuitiver Wahrnehmung, raschem Begriffsvermögen, rasch in ihren Handlungen. Durch Verletzungen werden sie immer härter.
Rascher Wechsel der Stimmung – Fröhlichkeit wechselt schnell mit Schwermut und Tränen, aber es besteht kein Selbstmitleid wie bei **Pulsatilla**. Die Symptome entstehen oft durch Sorgen über Verlust von Freunden oder aus Mitleid mit den Beschwerden anderer. Die Folgen von KUMMER bei empfindlichen Naturen deuten oftmals auf Ignatia – ebenso Angst mit Kummer. Diese Patienten weisen Trostversuche nicht zurück, wie es bei **Natrium muriaticum** oder **Sepia** vorkommt. Ignatia ist ein kurzwirkendes Mittel bei Kummer. Möglicherweise muß man Natrium muriaticum danach geben, wenn lang zurückliegende Ursachen bestehen und die Unfähigkeit zu weinen vorhanden ist.

Kopfschmerzen
Erscheinen plötzlich und sind sehr heftig – *verschlimmert* durch Geräusche und Licht und hervorgerufen durch Gerüche, insbesondere Tabak. Sie werden durch Ruhe und Wärme *gebessert*, durch Liegen auf der schmerzhaften Seite, manchmal sogar durch Ruckeln.
Schmerzen wie ein Nagel, der in den Kopf eindringt **(Thuja)**.
Die Kopfschmerzen *bessern* sich durch reichlichen Abgang von Urin **(Gelsemium)**.

Augen
Photophobie mit Lichtblitzen und Flackern, mit glitzernden Zickzacks und Einschränkung des zentralen Gesichtsfeldes, aber auch Konjunktivitis, Tränenfluß und Blepharitis.

Atmung
Trockener, hackender, spastischer Husten, anfallsweise, je mehr einer hustet um so mehr reizt der Keuchhusten.
Seufzen, kann nicht tief genug Luft holen.

Magen-Darm
Krämpfe im Hals, Gefühl eines Klumpens beim Schlucken oder *besser* durch Schlucken von festen Speisen.
Launischer Appetit – entweder Appetitverlust oder Verlangen oder *Gier* auf Essen. Kalte Speisen werden bevorzugt und es besteht eine *Abneigung gegen* Alkohol, Kaffee, Fleisch. Schluckauf, Erbrechen und Auftreiben, oft durch Emotionen hervorgerufen.

Urogenital
Reichlicher Urin, der die Kopfschmerzen *bessert*.
Dysmenorrhoe, heftig, krampfartige, wehenartige Schmerzen mit starker Blutung und Klumpen, *gebessert* durch Ruhe und harten Druck (bei einer Ignatiafrau).

Extremitäten
Heftige, plötzliche Neuralgien, mit Krämpfen und Spasmen, Ischias bei jeder Bewegung, *besser* durch Ruhe, harten Druck, Wärme.

Haut
Hautjucken – oft bei Älteren angezeigt, wenn keinerlei Hautausschlag besteht.
Natrium muriaticum, Sepia sind gute Folgemittel.

22.23 Jodum

Unverträglichkeit von Wärme, Ruhelosigkeit.
UNGEWÖHNLICHER HUNGER MIT ABMAGERUNG.
Er fühlt sich nur während des Essens wohl.
VERGRÖSSERUNG VON DRÜSEN überall, außer den Brüsten, welche abmagern.
Dunkelhaarig, dunkle Augen und dunkle Haut.

Geist und Gemüt
Angst und Ruhelosigkeit, muß sich ständig bewegen (wie **Arsenicum album**, aber das Mittel ist warm, Arsenicum album ist frostig).
Impulse von Heftigkeit, insbesondere wenn er Ruhe halten muß – deshalb läuft er herum, ist in Eile, und ist erschöpft vor Schwäche.

Atmung
Wundmachender Schnupfen, Speichelfluß.
Trockener Husten mit Stichen und Brennen, Ersticken – alle Halogene **(Bromum, Fluorum** und **Jodum)** haben Reizung der Schleimhäute mit Rauhigkeit, Entzündung oder Krupp.
Husten *schlimmer* in einem warmen Raum.

Magen-Darm
Aufstoßen, starker Hunger, besser durch Essen.
Schmerzen im linken Hypochondrium und in der Milz.

Andere Symptome
Schmerzen in den Gliedmaßen, nachts und bei chronischer Arthritis.
Ausfluß gelb und wundmachend.

Schilddrüsenerkrankungen, wenn die übrigen Symptome dazu passen, mit Herzklopfen und dem Gefühl, *als ob* das Herz zusammengequetscht würde **(Lilium tigrinum)**.

22.24 Kalium bichromicum

Das Mittel hat eher spezielle Charakteristika und lokale Indikationen, als daß es ein konstitutionelles Bild abgibt. Es betrifft Schleimhäute und Haut und ist charakteristisch durch Ulcusbildung, Bildung von fadenziehendem Schleim, Gelbfärbung und Schmerzen an umschriebenen Stellen. Die Beschwerden sind im allgemeinen *schlimmer* bei heißem Wetter. Rheumatische Schmerzen wandern von Gelenk zu Gelenk und wechseln mit anderen Symptomen ab, z. B. Schnupfen.
DICKE, FADENZIEHENDE ABSONDERUNGEN, insbesondere aus der Nase, dem Hals und den Bronchien, ebenso bei Gastritis und Fluor.
ULCERATIONEN der Nasenscheidewand (das hat man bei Chromarbeitern festgestellt), Krusten, Trockenheit, Verstopfung der Nase und Neigung zu Nasenbluten. Schmerzen an der Nasenwurzel und in den Nebenhöhlen – es hilft auch, wenn nur Nebenhöhlenschmerzen vorhanden sind und keine Nasenabsonderung besteht.
GESCHWÜRSBILDUNG in Hals und Mund, Ödem der Uvula. Die Zunge ist gelb und belegt oder glänzend rot und rissig.

Geist und Gemüt
Eine Person, die ihrer Wege geht, sauber, gewissenhaft, rigide. Materialistisch – sie genießen Heim, Familie, Auto, Nahrung, traditionelle Werte und Moral. Er hat es nicht gerne, wenn seine tiefere Gefühlswelt angerührt wird.
Schwäche im körperlichen und gefühlsmäßigen Bereich – leicht entmutigt, fühlt sich isoliert, schlecht gelaunt, ist oftmals von einer schlimmen Gleichgültigkeit.

Kopfschmerzen
Mit Anfällen von Blindheit – das Sehen kehrt zurück, wenn die Kopfschmerzen sich verschlimmern, begleitet von Magenbeschwerden. Heftige Kopfschmerzen, die durch Licht und Geräusch *verschlimmert* und durch Wärme und Druck *gebessert* werden.

Magen
Magengeschwüre, wie ausgestanzt, tiefe Ulcera mit einem Gefühl von Leere, aber rasch Völlegefühl **(Lycopodium)**, sowohl die Blähungen als

auch die Schmerzen sind auf einem Punkt links vom Xiphoid lokalisiert. Erbrechen von saurem und fadenziehendem Schleim (manchmal bei einem Ösophagusdivertikel oder einer Hiatushernie). Nützlich beim Erbrechen von Trinkern.

Andere Symptome
Geschwürsbildung von Haut und Beinen – tief, wie ausgestanzt. Knochenschmerzen. Die Schmerzen erscheinen an genau festgelegten Stellen, am Kopf oder im Epigastrium. Sie kommen plötzlich und gehen genauso plötzlich. Es findet sich Gelbsichtigkeit, gelbe Absonderungen, gelbwäßriges Erbrechen. Nützlich bei Masern, wo sich Pusteln auf der Cornea gebildet haben und die Schmerzen vom Hals in die Ohren ausstrahlen, mit geschwollenen Speicheldrüsen und katarrhalischer Taubheit.

22.25 Kalium carbonicum

Blasse, weiche, schlaff aussehende Leute mit Schweiß bei der geringsten Anstrengung.
FROSTIG, *schlimmer* durch Kälte, kalte Winde, kalte Anwendungen (außer bei Hämorrhoiden).
Schwellung der oberen Augenlider.
Allgemeine Verschlimmerung der Symptome zwischen 2 und 4 Uhr.
Symptome oft RECHTSSEITIG.
STECHENDE, SCHNEIDENDE SCHMERZEN, SCHLIMMER bei Ruhe oder bei Bewegung, bei Kälte, durch Druck oder durch Liegen auf der befallenen Seite. (**Bryonia** ist besser durch Ruhe und Druck). Diese Schmerzen können an Pleura, Pericard oder Gelenken auftreten, die empfindlich gegen Druck und Berührung sind. Es besteht Verlust von Elastizität und Kraft in den Bändern und in der Umgebung der Gelenke, die dort Schlaffheit und Schwäche verursachen. Die Schmerzen finden sich oft an der äußeren Seite des Oberschenkels zwischen Hüfte und Knie.
SCHWÄCHE DES RÜCKENS und Schmerzen bei alten Menschen, oder Jahre nach einer Bandscheibenverletzung oder Niederkunft.

Geist und Gemüt
Humorlose, uninteressierte Leute, die ihre Symptome übertreiben, die einen Mangel an Willen haben und die Unfähigkeit, sich den Dingen entgegen zu stellen und die deswegen ständig zum Doktor gehen. Starkes Pflichtbewußtsein, unflexibel, korrekt, sauber, lieben Routine. Ihre tiefer liegenden Gefühle bringen sie nicht hervor. Reizbar, überempfind-

lich, nervös, erschreckt durch Geräusche, und schreien auf, wenn sie erschreckt werden oder bei Schmerzen. Ein plötzliches Geräusch setzt sich ihnen im Magen fest. Sie sind nie zufrieden, versuchen verschiedenste Dinge gleichzeitig zu machen und kommen durcheinander. Sie haben Angst vor dem Alleinsein, vor der Zukunft, vor dem Sterben und vor Gespenstern – sie haben eine lebhafte Phantasie.

Kopfschmerzen

Kongestive – über der rechten Stirn und Schläfe, schwer und schießend, *gebessert* durch Absonderung von Katarrh.

Atmung

Ein Mittel mit viel Katarrh, schaumig und fadenziehend. Sie erkälten sich oft. Gefühl eines Splitters im Hals **(Nit-ac., Hep sulf.)** oder eines Klumpens. Nützlich bei Keuchhusten und Asthma, insbesondere wenn eine *3 Uhr-Verschlimmerung* vorhanden ist und der Patient sich aufsetzen und vorwärts lehnen muß.

Rechte Unterlappenpneumonie mit hartem Husten und dann einem reichlichen schleimig-eitrigen Auswurf und den charakteristischen, stechenden Schmerzen.

Herz

Wie bei der Pottasche zu erwarten, finden wir einen schwachen, unregelmäßigen, aussetzenden Puls mit niedrigem Blutdruck.

Magen-Darm

Verlangen nach Süßigkeiten oder Zucker – sie essen zuviel Teigwaren.

Schlaffe Zunge, die an der Basis dick belegt ist.

Dyspepsie von alten Menschen – Gefühl, vollständig aufgebläht zu sein mit Gas in den Därmen. Bei Magengeschwüren in der Nähe des Pylorus kommen die Beschwerden zwei oder drei Stunden nach den Mahlzeiten mit Erbrechen von fadenziehendem Schleim.

Fühlen sich *schlechter durch* Essen, insbesondere durch warme Speisen – Auftreibung nach dem Essen.

Koliken sind gewöhnlich mit Gallenblasenerkrankungen verbunden (**Colocynthis** hat sie durch Darmkrämpfe). Wenn Koliken nach Colocynthisgabe trotzdem wieder auftreten, so versuche man Kalium carbonicum.

Brennende Hämorrhoiden, die durch kalte Anwendungen *gebessert* werden.

Menses

Reichlich.

22.26 Kalium phosphoricum

Dünn, blaß, wächserne Haut, gewöhnlich dunkelhaarig, mit einer Neigung, nach dem Essen zu erröten, mit Schweißbildung auf dem Gesicht.
Reizbar, nervös, schwach und KÖRPERLICH ERSCHÖPFT.
Geht leicht gebeugt, mit der Neigung, infolge Schwäche der Gliedmaßen zu taumeln.

Allgemein
Empfindlich gegen Kälte, aber warmes Wasser *verschlimmert* auch.
Schlimmer am frühen Morgen (wie **Kalium carbonicum**). *Schlimmer* durch Essen, morgens beim Aufstehen, nach Anstrengung und vor Menses.

Geist und Gemüt
Kleinmütig, ängstlich, müde, Mattigkeit, Lebensüberdruß (aber nicht selbstmörderisch).
Reizbarkeit infolge von Schwäche, Erbitterung; Unfähigkeit, mit ihrer Situation fertig zu werden – sie brechen zusammen, weinen und sind erschöpft mit Zittern und Furcht – sie möchten sich an jemandem festhalten.
Scheu, Nervosität durch Freunde oder Fremde mit Mißtrauen gegenüber ihnen, nervös, wenn weg von zu Hause (Furcht vor einer fremden Umgebung). Trotzdem können sie hartnäckig sein.
Angst um die Zukunft, die Gesundheit, Angst vor Menschenmengen und offenen Plätzen.
Empfindlich gegen Geräusche.
Emotionale Erregung verursacht Zittern und Erschöpfung (schlimme Nachrichten).

Kopf
Kopfschmerzen, besonders bei Schulkindern. Sie beginnen nachts und beim Erwachen, sie *bessern sich*, wenn man unterwegs ist und werden abends wieder *schlimmer*.
Schlimmer durch Kälte, Geräusch, geistige Anstrengung, Erregung.
Besser durch Wärme, Einhüllen, Essen.
Kopfhaut und Haare sind empfindlich gegen Berührung.

Herz-Kreislauf
Schwäche, Herzklopfen, niedriger Blutdruck, Angina pectoris-Schmerzen mit Taubheit.

Magen-Darm
Gefühl von Leere, doch Völle nach dem Essen, aufgetrieben mit Blähungen; trotzdem bald danach erneut hungrig. Nervöse Dyspeptiker, die nur so herumnaschen.
Verlangen nach süßen Keksen, Schokolade, sauren Dingen, Essig und eiskaltem Wasser.
Abneigung gegen Brot und Fleisch. Hunger um 5 Uhr. Entzündetes, weiches, blutendes Zahnfleisch, die Zunge ist schlaff und gelblich.

Urogenital
Rezidivierende, heftige Zystitis mit Schmerzen in der Blasenregion, Inkontinenz bei alten Menschen. Spärliche Periode, wundmachender Ausfluß mit Ovarialschmerzen.

Schlaf
Heftige Träume und Nachtmare.

Extremitäten und Rücken
Schmerzen am 7. Zervikalwirbel und an der Wirbelsäule bei Ermüdung mit Schwäche im Rücken, *schlimmer* durch Liegen oder Sitzen und *besser* durch leichte Bewegung.
Taubheit, Zittern, Schmerzen bei Anstrengung.
Nervendegeneration (u. U. von Wert bei multipler Sklerose).

22.27 Kalium sulfuricum

Ein »Misch-Typus« zwischen **Sulfur** und **Pulsatilla**.
Schwer, schlaff, hellhaarig, langsame Bewegungen, rauhe Haut.
Immer müde – körperliche Erschöpfung, Abneigung gegen Arbeit.
Erkältet sich leicht.
Allgemein schlimmer durch Wärme, besser an der frischen Luft.
Schlimmer abends, aber Kopfschmerzen sind schlimmer morgens.
Schlimmer bei Anstrengung. *Besser* durch langsame und leichte Bewegung.

Geist und Gemüt
Depressiv, Mangel an Selbstvertrauen – das Gehirn will nicht arbeiten.
Wechselhaft – lebhaft/depressiv. Angst um sich selbst, trübe Aussichten, das Leben betreffend. Empfindlich gegen Geräusche.

Kopf
Kongestive Kopfschmerzen – Gefühl von Hitze, *besser durch* Druck und Niederlegen. Hauptsächlich an der Stirn, sich über den Kopf erstreckend, insbesondere rechtsseitig. Schwindel.

Augen
Jucken, zusammengeklebt, gelbe Krusten.

Nase
Starke Reizung, Ulcerationen, schlimmer im warmen Zimmer.

Ohren
Chronische Otitis media.

Atmung
Husten *besser* durch kalte Luft oder kaltes Trinken.
Reizung der Trachea, Sputum gelb, schwer auszuwerfen.

Magen-Darm
Gelbliche Zunge – Geschmacksverlust. *Verlangen nach* Süßem, Saurem, kalter Nahrung.
Juckende Hämorrhoiden.

Schlaf
Während des Fiebers schlimme Träume von Geistern, Tod und Mord.

Haut
Jucken überall.

Rheuma
Die Schmerzen wandern umher, sind *schlimmer* durch Wärme, aber Füße und Hände sind kalt.

22.28 Lachesis muta

(Das Gift der Surukuku oder Buschmeisters).
Das Mittel ist charakterisiert durch seine Blaufärbung, das livide, aufgeschwollene Gesicht bei Herzfehlern, livide Adern oder Ulcera, die bluten oder schlecht heilen, Petechien und Ecchymosen. Nützlich bei schwerer Sepsis oder Pneumonie und insbesondere in der Menopause.
Es gibt einige charakteristische Symptome.
Es findet sich VERSCHLIMMERUNG aller Symptome NACH DEM SCHLAF; Schmerzen oder Asthma beim Erwachen; Angst vor dem Schlafen, weil sie sich nach dem Erwachen so schlecht fühlt. Deutliche EMPFINDLICHKEIT GEGEN BERÜHRUNG, ZUSAMMENSCHNÜRUNG durch enge Kleidung, insbesondere am Hals und gegen Geräusch.
BESSERUNG durch Absonderung, insbesondere Mensesfluß.
LINKSSEITIGE Symptome – viele Lachesissymptome finden sich auf der linken Seite.

WÄRME *verschlimmert* – Ohnmacht in der Wärme, heiße Getränke verschlimmern, deutliche Hitzewallungen.
Die Symptome sind oft UNMÄSSIG – das Gefühl des Erstickens, eines Klumpens oder des ZUSAMMENSCHNÜRENS DES HALSES, sie sind deutlicher als aufgrund des Befundes zu vermuten ist.
Schlimmer durch Berührung oder heiße Getränke und Leerschlucken.
Allgemeine Verschlimmerung der Symptome im Frühjahr, ferner bei mildem, regnerischem, wolkigem Wetter.

Geist und Gemüt
Eifersucht, Mißtrauen, (denkt, die Leute wollten sie vergiften).
Geschwätzigkeit – wechselt ständig das Thema, aber manchmal sind sie auch langsam beim Sprechen und schweigsam.
Glaubt, verdammt zu sein oder voller Sünden.
Denkt, er sei unter der Kontrolle einer übermenschlichen Macht und man befehle ihm, bestimmte Dinge zu tun.
Störung des Zeitsinnes. Empfindlich gegen Geräusche.

Kopfschmerzen
Hämmernd oder pulsierend, oft linksseitig und *schlimmer durch* Druck und nach dem Schlaf.

Herz
Herzklopfen mit Ohnmacht, krampfartige Schmerzen, Atemnot und rascher unregelmäßiger Puls. Angina pectoris.

Magen-Darm
Die Zunge zittert, kann nur schwer herausgestreckt werden, verfängt sich an den Zähnen. Sie ist entzündet, geschwollen, schmerzhaft – deutlicher Durst.
Aufblähung mit Unerträglichkeit enger Kleidung, schmerzhafte Diarrhoe, Spasmen des Anus und große, livide, blutende Hämorrhoiden.

Genitalien
Ein wunderbares Mittel in der Menopause, wenn die Periode unterdrückt wurde oder aufgehört hat, oder wenn Hitzewallungen oder Herzklopfen und das Gefühl von Ersticken auftreten. Vermehrter Sexualtrieb in der Menopause. Dysmenorrhoe mit Schmerzen des linken Ovars.

22.29 Lilium tigrinum

Gewöhnlich fett und hellhaarig, spärliche Farbe, HEISS, EILIG, ÄRGERLICH – fast wie eine heiße **Sepia**, aber Sepia hat eine deutliche Gleichgültigkeit.

Geist-Gemüt
Melancholie, wortkarg, depressiv, weinerlich.
Schlecht gelaunt, etwas aggressiv, ärgerlich. Fordernd – alles dreht sich um sie. Sie hat das Gefühl, daß sie etwas sehr Wichtiges zu tun hat, für das nur sie allein verantwortlich sei, niemand sonst kann es zustande bringen und deshalb ist sie in Eile.
Voller Ängste – verrückt zu werden, oder was nach dem Tode passieren wird, oder daß sie an einer schrecklichen Krankheit leide.

Kopfschmerzen
Mit Augenstörungen und einem benebelten Gefühl, verursacht durch geistige Anstrengung, schlimmer während der Menses.

Herz
Das Gefühl, *als ob* das Herz »gepackt« würde mit Herzklopfen – muß sich zusammenkrümmen. (Gegensatz zu **Spigelia**).

Magen-Darm
Verlangen nach Wärme (Gegensatz zu **Sepia**). Hungrig, sogar nach einer reichlichen Mahlzeit.
Empfindlichkeit im Epigastrium, verträgt keinen Gürtel an der Taille.
Druck im Dickdarm. Ständiger Stuhldrang.

Urogenital
Druck in der Blase mit ständigem Urindrang.
Gefühl, *als ob* die gesamten Innereien durch die Vagina herausfallen würden; nicht diese Art von passivem Gewicht, wie bei Sepia, sondern ein starker Druck.
Kann nicht stehen, muß sich hinsetzen.
Dieser intensive Druck abwärts in die Vagina, Blase oder Dickdarm ist charakteristisch für Lilium tigrinum. (Das Herabdrängen von **Belladonna** ist besser durch Stehen. Das von **Pulsatilla** ist schlimmer durch Liegen und besser bei Bewegung).
Unkontrollierbare sexuelle Erregung mit einem Gefühl von Eile, *schlimmer vor den Menses*. Die Menses sind stark, klumpig und unregelmäßig.

22.30 Lycopodium clavatum (Schlangenmoos)

Dieses Mittel stammt aus den Sporen des Schlangenmooses. Sie sind erst dann medizinisch wirksam, wenn sie durch die Trituration aufgeschlossen wurden, wodurch die aktiven Inhaltsstoffe gelöst werden. Lycopodium ist bei Patienten indiziert, die blaß sind, eine GERUNZELTE

STIRN HABEN, die älter aussehen, als es ihren Jahren entspricht (vorzeitiges Ergrauen). Es besteht eine Auszehrung von Gesicht und Hals, bei im übrigen gut ernährtem Körper.
Paßt häufig gut auf intellektuelle Menschen mit verantwortlichen Stellen – Rechtsanwälte, Buchhalter, Doktoren, Minister.

Allgemein

Empfindlich gegen Kälte, kalte Luft, kalte Getränke, aber die Kopfschmerzen werden durch warme Atmosphäre *verschlimmert*. Die Symptome sind oft auf der rechten Seite und gehen von rechts nach links.
Verschlimmerung von 16–20 Uhr.
Sorgenvoll, gerunzelte Stirn und Bewegungen der Nasenflügel, besonders bei Lungenentzündung.

Geist und Gemüt

Fühlt sich schwach und unpäßlich – unfähig, seine Verantwortlichkeiten zu erfüllen. Ständiger Kampf gegen die eigene Feigheit und Moral, sozial und körperlich.
Macht den Eindruck einer fähigen Person, mit nach außen gekehrter Freundlichkeit und Mut. Hat aber Angst, daß andere seine Unfähigkeit herausbekommen könnten. Verlangen nach sexuellen Abenteuern ohne die Verantwortung für eine Heirat zu übernehmen – fühlt sich der Ehe selber nicht gewachsen – kann dadurch impotent sein. Die Angst verursacht physische und emotionale Leiden – entflieht möglicherweise seinen Aufgaben durch Krankheit. Verlangt Bewunderung und Respekt durch andere. Kann dadurch ein Eigenbrötler, Spinner, Junggeselle bleiben (VITHOULKAS). Erwartungsangst, Furcht vor Versagen, Abneigung, irgend etwas Neues zu unternehmen. Gefühl von Unfähigkeit, aber wenn er mal seine Rede begonnen hat oder seine Versammlung, so ist er durchaus fähig und schafft es gut.
Empfindliche, gefühlvolle Personen mit ängstlichen, sorgenvollen Gedanken, sie weinen, wenn sie einen Freund sehen oder wenn sie ein Geschenk bekommen, manchmal sind sie auch verzweifelt und mürrisch.
Angst beim Alleinsein, in einer Menschenmenge, bei Dunkelheit, vor dem Tod, vor Geistern, aber hat trotzdem Abneigung gegen Gesellschaft, insbesondere gegen Fremde. Möchte, daß jemand im Hause ist, jedoch am besten im Nebenzimmer.
Unter Umständen kann er auch beherrschend und diktatorisch sein, wenn er krank ist, mit Schweigsamkeit, weil er nicht reden will. Da ist er auch vergeßlich, macht Fehler beim Sprechen und Schreiben.

Kopfschmerzen
Schlimmer durch Wärme, Bettwärme, Hinlegen. *Besser durch* Kälte, kalte Luft und durch Essen.

Halsschmerzen
Hauptsächlich auf der rechten Seite oder von rechts nach links gehend, *besser durch* warme Getränke.

Atmung
Katarrhalische Affektionen der Augen.
Die Nase ist verstopft, besonders bei Kindern und dabei eitrige Absonderung.
Das Mittel ist oft bei Lungenentzündung indiziert, besonders rechtsseitig, mit trockenem, quälendem Husten, ängstlichem Blick, Nasenflügelatmen und *Verschlimmerung* der Symptome und des Fiebers zwischen 16 und 20 Uhr.

Magen-Darm
Häufig indiziert bei peptischen Ulcera, Gastritis, Leber- und Gallenblasenbeschwerden oder -krankheiten.
Ein Mittel mit viel Blähungen (wie **China, Carbo vegetabilis**); deutliche Auftreibung, muß seine Kleidung lockern, ist hungrig und trotzdem voll nach ein paar Bissen. Luft in den Därmen.
Verlangen nach süßen Speisen und heißen Getränken.
Abneigung gegen Fleisch, Kaffee. Austern bekommen nicht.
Saures und scharfes Aufstoßen.
Jedesmal *schlimmer* durch kalte Getränke und *besser* durch Wärme.
Verstopfung ohne Drang; ebenso Diarrhoe bei auch sonst vorhandenen Lycopodiumsymptomen.

Harnorgane
Inaktivität der Blase mit langsamem oder schwachem Harnstrahl.
Ablagerung von rotem Sand im Urin. Enuresis und häufiges, nächtliches Wasserlassen.

Genitalien
Das Mittel ist häufig bei Impotenz indiziert, insbesondere, wenn diese als Folge von sexueller Überaktivität in den vorangegangenen Jahren auftritt.
Neuralgische Schmerzen im rechten Ovar, Trockenheit der Vagina, verspätete oder unterdrückte Menses.

Gliedmaßen
Ruhelosigkeit und rheumatische Schmerzen, die *besser* sind durch Bewegung und durch die Bettwärme. *Schlimmer* durch Feuchtigkeit.
Ein Fuß heiß, der andere kalt, Taubheit der Gliedmaßen. Brennende Empfindungen zwischen den Schulterblättern.

22.31 Medorrhinum

(Nosode, gewonnen vom Tripperausfluß aus der Harnröhre. Durch die Potenzierung ist es nicht mehr infektiös, da es keine Mikroorganismen mehr enthält.)
Ein Mittel für katarrhalische Erkrankungen, ASTHMA, Ausfluß und ARTHRITIS. Es hilft für die allgemeine Gesundheit und bei der Entwicklung des Mongoloiden. Personen, die dieses Mittel benötigen, wirken ein wenig plump, mit großen Nasenlöchern, vollen Lippen und starkem, grobem Haarwuchs und mit buschigen Augenbrauen. Sie haben oft Schuppen und Tumoren, Atherome, Molen und Warzen **(Der sykotische Typ)**. Es finden sich noch weitere Charakteristika: Die Symptome sind oft BESSER AN DER SEE. (Asthma, Rheumatismus).
Allgemein SCHLIMMER während des TAGES oder von 3 bis 5 Uhr (**Syphilinum** ist schlimmer nachts).
Feuchtes Wetter *bessert*, aber kaltes Wetter *verschlimmert*.
BRENNENDE FÜSSE. *Schlimmer* vor einem Gewitter, *besser* durch Liegen auf dem Bauch.

Geist und Gemüt
Wechselhafte, launische Symptome, die von einem Extrem ins andere gehen. Entweder Übermaß an Absonderungen, Wut, Impulsen, sexuellem Verlangen oder Umkehrung mit Unterdrückung, Furchtsamkeit, Verlust der körperlichen und gefühlsmäßigen Kräfte.
Sie sind aggressiv, kraftvoll, mit wilden, sexuellen Wünschen oder im Gegenteil schwach, verwirrt, vergessen Worte, sind träge.
Extreme – entweder übermäßige Liebe zu einem Tier oder Grausamkeit ihm gegenüber. Starker Sinn für Schönheit von Blumen oder vollständige Interesselosigkeit daran (VITHOULKAS).
Überempfindlich, wollen nicht berührt werden oder haben eine Abneigung gegen Menschen, die sie umgeben.
Leicht ermüdet; weil sie das wissen, beeilen sie sich oft, um etwas zu erledigen, bevor die Schwäche und Depression wieder über sie kommt.
Körperliche Ruhelosigkeit, können nicht still sitzen, müssen sich ständig bewegen.
Angst um die Zukunft, macht sich Sorgen, ist depressiv – sogar selbstmörderisch, eigensüchtig, Angst vor dem Tod (es ist eines der Mittel mit Vorahnungen). Angst, verrückt zu werden.
Schwierigkeiten, sich auszudrücken, findet Worte nicht, ist unklar, Neigung zu Übertreibungen.
Hellsichtigkeit, Gefühl von Unwirklichkeit (außer sich zu sein), die Zeit

vergeht zu langsam, er hat deshalb eine Abneigung gegen Arbeit oder er vermeidet jede Anstrengung.

Kopfschmerzen
Rechte Stirn, Schwindel durch Bücken, aber *besser durch* Niederlegen (**Conium** ist schlimmer beim Liegen).

Atmung
Katarrh, Sinusitis, Bronchitis.
Asthma, *besser durch* Liegen in der Knie-Ellenbogen-Lage, mit dem Gesicht auf dem Kissen (ein eigentümliches Symptom von großem Wert bei der Wahl dieses Mittels). Erinnert sei auch an die *Besserung an der See*.

Magen-Darm
Verlangen nach Salz, Süßigkeiten, Saurem, Pickles, geeisten Dingen.
Bauchschmerzen, *besser* durch Liegen auf dem Bauch.
Grüne, wundmachende Stühle bei Säuglingen.
Muß sich rückwärts lehnen, um Stuhl zu entleeren. Absonderungen aus dem Anus mit Fischgeruch.

Menses
Reichlich. Ausfluß, der Flecke in der Wäsche hinterläßt, Sterilität.

Harnorgane
Oft nützlich bei Enuresis. Ammoniakalischer, wundmachender Urin. *Besserung durch* Entleerung großer Mengen von Urin.

Rheuma
Arthritis, *besser* an der See, *schlimmer* während des Tages, mit empfindlichen Wirbeln und Steifigkeit im Lumbalbereich. Schmerzen an den Fersen. Feuchtes Wetter *bessert*, aber kaltes Wetter *verschlimmert*.

22.32 Mercurius solubilis

Quecksilber ist bekannt durch seinen früheren Gebrauch zur Behandlung von Syphilis, und tatsächlich finden sich viele Ähnlichkeiten zwischen den Zügen der Syphilis und den Wirkungen von Quecksilber. Möglicherweise ist die Wirksamkeit dieses Mittels bei der Erkrankung eigentlich homöopathisch gewesen.
Die charakteristischen Symptome, die Mercurius indizieren, sind:
Empfindlichkeit gegen WECHSEL der Temperatur – *Verschlimmerung durch* alle Arten von WÄRME, insbesondere Bettwärme, aber auch durch Kälte, frische oder feuchte und naße Luft. Sucht die Wärme und wird dann durch sie *verschlimmert*.

Verschlimmerung der Symptome NACHTS.
Reichlicher SCHWEISS ohne Erleichterung.
Kriechender Frost am Beginn einer Erkältung oder eines Fiebers.
Fauler Geschmack mit übelriechendem Atem.
SPEICHELFLUSS.
Mangel an Reaktion und Ineffektivität der Funktionen.

Geist und Gemüt
Langsame, hinterhältige Reaktionsschwäche. Bei schweren Erkrankungen antwortet oder versteht er nur langsam. Eilig und ruhelos, aber ineffizient; braucht u. U. lange Zeit, um eine einfache Sache fertig zu bringen – kein Typ, der in seiner Eile produktiv ist.
Impulsiv, unberechenbar. Folgen flüchtigen Gedanken. Er hat Impulse zu schlagen, zu werfen oder zu töten, aber er kontrolliert diese Verlangen (VITHOULKAS).

Atmung
Der Hals ist rauh und schmerzhaft, mit Belägen oder Geschwüren. Die Zunge ist schlaff, gelb oder weiß belegt, ist feucht und zeigt Zahneindrücke am Rand.
Speichelfluß mit Durst und feuchter Zunge, übelriechender Atem. Die Zähne sind kariös oder schwarz, das Zahnfleisch ist schwammig und blutig, und häufig finden sich Zahnschmerzen. Metallischer Geschmack.
Dicke, grüne oder gelbe Absonderung aus der Nase, mit wunden Nasenlöchern.
Otitis media, bei Masern, benötigt u. U. Mercurius solubilis.
Der rechte, untere Lungenlappen ist gewöhnlich bei Pneumonie befallen und der Patient fühlt sich *schlimmer* beim Liegen auf der rechten Seite.

Magen-Darm
Verlangen nach Stimulantien, eher Verlangen nach Flüssigem als nach Festem und, wie schon erwähnt, Durst und Speichelfluß.
Es besteht eine Empfindlichkeit der Lebergegend, *schlimmer durch* Liegen auf der rechten Seite. Akute Colitis, und häufig indiziert bei Ruhr oder Colitis ulcerosa mit schleimigen, blutigen Stühlen mit Koliken, Ohnmacht und deutlichem Tenesmus, der nach dem Stuhlgang anhält. (Kann die Toilette kaum verlassen, weil der Stuhldrang weiterhin so stark ist – hier ist **Mercurius corrosivus** häufig besser). Es kann auch Verstopfung bestehen mit harten, knotigen Stühlen und Schleim.

Urogenital
Nephritis, Reizung der Penisspitze, nächtliche Erektionen und verstärktes Verlangen, aber große Schwäche. Ulcera am Penis (Syphilis).

Schweiß an den äußeren Genitalien.
Starke Periode, reichlicher Ausfluß, wundmachend und *schlimmer nachts.* Ausschläge aller Art, Papeln, Pusteln, Urtikaria und chronische Ulcera.

Andere Symptome
Entzündlicher Rheumatismus mit Gelenkschwellungen, *schlimmer durch* Bettwärme und ebenso durch Abdecken. Knochenschmerzen, *schlimmer nachts.*
Ständig das Schwitzen und die Frostigkeit von Mercurius.
Zittrigkeit der Hände und der Zunge.
Große Schwäche von Körper und Geist.

22.33 Natrium muriaticum

Blaß, fettige Haut, Akne, Abmagerung trotz reichlichem Essen, Erröten bei Erregung.
Sind schweigsam und nervös, sie müssen allen Mut zusammennehmen, um überhaupt zum Arzt zu gehen. Wenn sie einmal da sind, so sind sie vorsichtig, verbergen ihre Nervosität mit selbstsicherem Auftreten, aber sie zeigen Zittrigkeit in ihren Bewegungen.

Allgemein
Schlimmer durch Wärme, *besser* in der frischen Luft, aber auch Frostigkeit. *Schlimmer* an der See, aber manchmal *besser* im Meeresklima; *Verschlimmerung durch Donner. Schlimmer* zwischen 10 und 11 Uhr.
Malaria mit Frost, aber *schlimmer* während der Hitze. Durst nach Kaltem während des Frostes. Periodizität.
Verlangen: Salz, Fisch, Durst. *Abneigung:* Fett, Brot, schwere Speisen, Fleisch, Kaffee.
Unverträglichkeit von Milch.

Geist und Gemüt
Emotional sehr verletzlich; jede Zurückweisung, Erniedrigung oder Kummer ist unerträglich. Baut sich eine Mauer auf, um Verletzungen zu verhindern. Verständnisvoller Zuhörer, wobei er jedoch kalt und ernst erscheint, um seine Verletzlichkeit nicht zu offenbaren. *Schuld* ist ein stark motivierender Faktor.
Folgen von Kummer oder Liebesaffären; weinerliches Gefühl, kann jedoch nicht weinen – aber weint, wenn man ihn tröstet. Schweigsam, brütet, speichert Groll, haßt Mitleid, aber mag Aufmerksamkeit, die man ihm schenkt. Schwieriger Umgang. Empfindlichkeit gegen Geräusche, Musik; leicht auffahrend.

Klaustrophobie. Ungeduld. Kein Sinn für Humor – lacht bei ernstzunehmenden Dingen.
Instabilität (die Stimmung schwankt auf und nieder, nimmt Beziehungen zu anderen auf und läßt sie wieder fallen, ganz nett, wenn man sie kennt, aber schwer mit ihnen zusammen zu leben.)
Der Schlaf wird durch unangenehme Gedanken gestört.
Das Kind leidet innerlich – durch Streit der Eltern. Bei Ermahnungen treten sie und schreien – *Trost verschlimmert.*
Zieht sich zurück, sitzt abgesondert, phantasiert romantisch – entwickelt intensive emotionale Beziehungen zu Menschen, aber behält die Gefühle für sich, doch kann es passieren, daß er zusammenbricht mit Hysterie oder Schluchzen.

Kopf
Kopfschmerzen mit Hämmern, mit Zickzacks, Lichterscheinungen; erwacht mit Kopfschmerzen. Empfindlich gegen Geräusche. Kopfschmerzen von Mittag bis Abend, besonders in der Sonne. Die Sehfähigkeit läßt nach beim Lesen, die Augen sind schmerzhaft und müde, wäßrige Augen im Wind.

Atmung
Schnupfen, dick weiß, aber Trockenheit der Schleimhäute, häufige Erkältungen, entzündete Nase.

Magen–Darm
Leeregefühl um 11 Uhr. Ißt gut, aber bleibt mager.
Landkartenzunge.
Verstopfung, trockener, krümeliger Stuhl.

Urogenital
Menses verspätet – fühlt sich während der Menses schlechter, nicht vorher. Rückenschmerzen. Langsames Harnlassen – kann Harn nicht in Gegenwart anderer lassen.

Haut
Klebrige, feuchte Ausschläge, die jucken und schuppen.
Herpes, Riß in der Mitte der Unterlippe, schmerzhafte Stellen an Nase oder Kinn, Akne entlang dem Haarrand.

Rücken
Wirbel empfindlich, trotzdem *Besserung durch* Liegen auf etwas Hartem.
Das Mittel ist oft bei nervösen oder emotionalen Zuständen hilfreich, Tyrotoxikose, Herzklopfen. Lange Wirkung. **Bryonia** ist das Akutmittel

von **Natrium muriaticum** – man nehme Bryonia bei den akuten Kopfschmerzen und lasse Natrium muriaticum folgen. **Apis** und **Ignatia** sind gleichfalls verwandte Mittel.

22.34 Natrium sulfuricum (Glaubersalz)

Nützlich bei Fällen von Asthma, Rheumatismus, Diarrhoe und nach Kopfverletzungen.
Es ist ein sykotisches Mittel mit Warzen und Kondylomen, katarrhalischen Erkrankungen und starker *Verschlimmerung durch* Feuchtigkeit und KÄLTE, oder nahe der See. Die Symptome sind ebenfalls *schlimmer* in der Wärme, bei feuchtem Wetter **(Lachesis, Carbo vegetabilis, Silicea**). Empfindlich gegen warme Atmosphäre, *besser* an der frischen Luft.
Hitze der Fußsohlen und auf dem Schädeldach. Kälte im Rücken.

Periodizität
Schlimmer im Frühjahr **(Lachesis, Rhus toxicodendron).**
Schlimmer von 4 bis 5 Uhr – insbesondere Husten und Asthma.
2–3 Uhr Koliken.
Diarrhoe nach dem Aufstehen morgens.

Geist und Gemüt
Depressiv, tränenreich, morgens reizbar, voller Angst, empfindlich gegen geringe Geräusche; Musik macht traurig oder stört sie. Weint an einem stillen Ort.
Angst vor der Zukunft, lebensmüde aber will sich nicht wirklich umbringen (**Aurum** kann Selbstmord begehen). Mag nicht reden und will nicht angeredet werden. Geistige Anstrengung verursacht Kopfschmerzen.

Kopfschmerzen
Hinterkopf, insbesondere nach einer Kopfverletzung. Möglicherweise auch Gedächtnisausfall, Zuckungen und sogar Epilepsie nach einer Kopfverletzung.
Speichelfluß nach Kopfschmerzen.
Ohrgeräusche.

Atmung
Katarrhalisch – grünliche Absonderungen überall, Nase, Auswurf, Ausfluß.
Loser Husten mit Schmerzen und Wundheit in der Brust – muß sich die Seiten mit den Händen festhalten. Das Sputum ist grün und salzig

(**Bryonia:** trockener Husten). Gefühl von Druck auf der Brust, *verschlimmert durch* Feuchtigkeit.
Asthma, *schlimmer durch* Feuchtigkeit, von 4–5 und durch Seeluft.
Unterlappenpneumonie mit Schmerzen, wie oben erwähnt.

Magen-Darm
Ziehen und Schmerzen in der Leber, Galleerbrechen, Übelkeit, Aufstoßen, Blähungen und Geräusche in den Därmen. Koliken von 2–3 Uhr.
Mehlspeisen, Milch und Kartoffeln sind schlecht verdaulich.
Durchfall morgens nach dem Aufstehen (vergleiche **Sulfur** – Diarrhoe treibt ihn aus dem Bett). Fühlt sich *besser* und ist besser gelaunt nach dem Stuhlgang.

Rheuma
Rheumatische Schmerzen und rheumatoide Arthritis, insbesondere durch Feuchtigkeit und Kälte. Es besteht Ruhelosigkeit wie bei **Rhus toxicodendron,** aber *Verschlimmerung bei Bewegung* wie bei **Bryonia.**
Komplementär zu **Arsen** und **Thuja.**

22.35 Nitricum acidum – Acidum nitricum

Eher Dunkelhaarige mit braunen Augen.
Große Schwäche und Mangel an Standvermögen, wie alle Säuren.
Ein FROSTIGER Patient mit reichlichem Schweiß an Händen und Füßen.
Neigung zu WARZEN, Ulcerationen, Fissuren, Blutungen, üblem Geruch. Schmerzlose Ulcera. SPLITTER – ähnliche Schmerzen – in Knochen, Hals, Nase und Anus.
Allgemeine Verschlimmerung durch WIND, Donner und NÄSSE.

Geist und Gemüt
Diese Patienten sind depressiv, unglücklich, unzufrieden und haben keine Hoffnung auf Genesung, sind ängstlich und trotzdem gleichgültig.
Reizbar, Unverträglichkeit von Mitleid. Sie bewahren Groll und verzeihen nie.
Mißtrauisch, hartnäckig und ruhelos. Die Reizbarkeit, besonders bei Kindern, wird durch Fahren im Wagen oder leichte Vibrationen *gebessert.*
Empfindlich gegen Geräusche, Schmerzen, Berührung und Erschütterung.

Angst vor dem Tod und vor Krebs (in mancher Beziehung ähnlich **Sepia,** aber Sepia hat Abneigung gegen Fett und mag kein Salz).

Schlaf
Nicht erfrischend; reizbar beim morgendlichen Erwachen.

Kopfschmerzen
Völlegefühl im Kopf und das Gefühl eines festen Bandes um den Kopf – *empfindlich gegen* Berührung.

Atmung
Nasenkatarrh scharf, macht die Oberlippe wund; die Nasenlöcher sind ulzeriert. Risse in den Mundwinkeln. Mundgeschwüre. Splitterartige Schmerzen im Hals beim Schlucken.
Übelriechender Speichelfluß wie bei **Mercurius.**
Lungenentzündung.

Magen-Darm
Schlimmer Mund, wie schon beschrieben.
Verlangen nach Fett und Salz (wie **Sulfur**), obwohl Fett auch unbekömmlich sein kann.
Die Körperöffnungen sind oft betroffen, Mund, Nase, After, Vulva. Analfissuren und Hämorrhoiden – sehr schmerzhaft, scharfe und splitterartige Schmerzen halten stundenlang nach dem Stuhl an, auch wenn der Stuhl weich war (**Nux vomica**-Schmerzen sind besser nach dem Stuhl und die Schmerzen von **Mercurius** sind ständig vorhanden).

Urogenital
Blutungen und Ulcerationen der Vulva; Kondylome.
Der Urin stinkt wie Pferdeharn. Der Urin fühlt sich beim Harnlassen kalt an.

22.36 Nux vomica

Von Natur aus haben Nux vomica-Menschen eine kräftige Konstitution, sie sind ehrgeizig, rasch, haben einen guten Verstand und sind kompetent mit einem starken Pflichtgefühl, sie sind effizient und harte Arbeiter. Sie arbeiten Tag und Nacht. Sie lieben den Konkurrenzkampf, Verantwortung und glauben, daß sie alles richtig machen. Sie sind von feurigem Temperament, sind schon durch ein harmloses Wort beleidigt, sie können aber auch bösartig und REIZBAR sein, mit Ärger und Heftigkeit, und in extremen Fällen tritt ein Verlangen auf, jemanden zu töten.
Sie hassen Widerspruch. Sie sind von einer zwanghaften Genauigkeit

im Erreichen der höchsten Effizienz. Sie können nicht schlafen, weil ihnen ihre geschäftlichen Dinge durch den Kopf gehen, sie werden von vielen kleinen Einzelheiten umhergetrieben – schlafen dann nach 3 Uhr ein und wachen später mit Kopfschmerzen und üblem Mundgeschmack auf. Sie machen sich Sorgen über andere, sind manchmal schlecht gelaunt, ein anderes mal ruhig und haben dann keine Lust, etwas zu arbeiten. Sie benötigen Stimulantien, Kaffee, Alkohol, Medikamente, um ihre Ziele zu erreichen. Ein Mittel, um die Folgen von zuviel Essen, Trinken, Überarbeitung und Sex zu behandeln.

Allgemein
Frostige Menschen, *schlimmer* in trockenem oder windigem Wetter, durch Zugluft, obwohl sie eine stickige Atmosphäre nicht mögen.
Brennende Hitze mit rotem Gesicht bei Fieber, aber sie dürfen sich nicht bewegen oder abdecken, weil sie sonst ein Frostschauer überläuft.
Empfindlich gegen Gerüche, Lärm und Schmerzen.
Krämpfe und Konvulsionen, *schlimmer durch* die leichteste Berührung des Kopfes.

Kopfschmerzen
Dumpfe Kopfschmerzen morgens, nach Überessen oder zuviel Trinken oder wenn sie unter Streß stehen.
Hinterhauptkopfschmerzen morgens.
Kopfschmerzen, verbunden mit Verdauungsstörungen oder Leberbeschwerden.

Atmung
Reichlicher Schnupfen aus einem Nasenloch mit gleichzeitiger Verstopfung.
Rauher Hals und Larynx.
Frühmorgens Husten, heftig und Kopfschmerzen verursachend.

Magen-Darm
Verlangen nach schmackhaftem Essen, fetten und reichhaltigen Speisen, die aber nicht bekömmlich sind.
Rotwerden und Ohnmachtsgefühl beim Essen, *verschlimmert durch Fleisch.*
Übelkeit mit viel Würgen, Schwierigkeiten, den Magen zu entleeren.
Schwangerschaftsübelkeit mit Schlaflosigkeit. Leberstauung.
Schmutzigbraune hintere Hälfte der Zunge.
Auftreibung und Verdauungsstörungen 2 bis 3 Stunden nach Nahrungsaufnahme.
Spastische Verstopfung – mit erfolglosem Drang und dem Gefühl, nicht fertig zu sein, mit viel Pressen und Hämorrhoiden.

Kolikartige Diarrhoe mit Übelkeit, harten Klumpen mit wäßrigem Stuhl, Schleim und Drängen. Ebenso erfolgloser Harndrang.

Nux vomica ist ein Antidot zu Sulfur.

22.37 Opium

Man erinnere sich an die gegensätzlichen Wirkungen einer Überdosierung – zuerst das Gefühl von körperlichem und geistigem Glücklichsein, Anregung und Übererregung und dann langsam zunehmender Stupor. Opium ist eine der wenigen Drogen, die keinerlei Schmerzen bei den Prüfungen hervorgerufen hat.
VERLUST JEGLICHEN MORALISCHEN GEFÜHLS, lügt und stiehlt – oder bei Kindern mangelhafte Entwicklung des moralischen Sinnes.
SCHMERZLOSIGKEIT – Ulcera, die schmerzlos sind.
INAKTIVITÄT UND TORPOR – PARALYSE – zeigt das typische Bild eines Schlaganfallpatienten.
Bewußtlos, stertoröse Atmung, der Unterkiefer ist heruntergefallen, die Pupillen sind kontrahiert, das Gesicht ist gesprenkelt, purpurrot, heiß mit Schweiß, die Wangen sind aufgeblasen und es besteht Lähmung – keine Reaktion.
INAKTIVITÄT der Därme, symptomlose Verstopfung.

Man verschreibe die **C6-Potenz** zweimal täglich 10 Tage lang.

Inaktivität der Blase – Urinverhaltung bei voller Blase.
FOLGEN VON SCHRECK – wenn lange nach dem Schrecken Furcht besteht, gelähmt vor Angst.
GEGENSÄTZLICHES. Wir finden auch Schlaflosigkeit, Angst, vermehrte Empfindlichkeit gegen Geräusche – hört die »Fliegen an der Wand laufen«.
Delirium, Augen sind weit offen, das Gesicht ist rot und aufgedunsen. Lebhafte Einbildungen, reizbar, leicht erschreckt.
Zucken, Rucken, Krämpfe – in dieser Situation möchte er abgedeckt sein – *Verlangen nach* kalter Luft.
Im Bett ist ihm zu heiß – sucht eine kalte Stelle auf oder möchte abgedeckt sein.
Wenn der Patient nicht auf das indizierte Mittel reagiert, so sollte man an die Notwendigkeit einer Opiumgabe denken.

22.38 Phosphoricum acidum – Acidum phosphoricum

Der charakteristische Zug dieses Mittels ist GLEICHGÜLTIGKEIT und APATHIE.

SCHWÄCHE, die in der Geist- und Gemütsphäre beginnt und sich dann zu körperlicher Hinfälligkeit entwickelt, mit Abmagerung und Schwäche. Es ist bei Menschen indiziert, die durch Kämpfe mit widrigen Umständen müde und apathisch geworden sind, sowohl geistig als auch körperlich, nach langer Pflege eines Angehörigen – sie sind ausgewrungen. Kinder, die zu rasch gewachsen sind und die unter Schulstreß stehen. (**China** hat ebenfalls Apathie und Gleichgültigkeit, aber die Schwäche hat ihren Ursprung im Verlust von körpereigenen Flüssigkeiten.)

Allgemein

Kälte mit Neigung zu kalten Schweißen am Rücken oder an Armen und Händen, insbesondere nachts. *Besser durch* Wärme, absolute Ruhe und Alleinsein.

Geist und Gemüt

Depression mit Lustlosigkeit, Apathie und Gleichgültigkeit. Beschwerden durch Sorgen, Kummer, Trübsal, Enttäuschung, Heimweh und unerwiderte Liebe. Bei Sorgen und Kummer ist **Ignatia** das Mittel bei empfindlichen, aufgeregten Personen mit Stimmungswechseln, aber Phosphoris acidum hat mehr Apathie und Gleichgültigkeit. Bei den Folgen von Enttäuschungen und Zurückweisung hat **Staphisagria** mehr Intensität und Energie, sie zittern und brechen zusammen. Bei enttäuschter Liebe ist **Natrium muriaticum** leidenschaftlicher, intensiver, weint und haßt Mitleid, aber hat nicht die dumpfe Apathie von Phosphoris acidum.

Mangel an Konzentration, kann seine Gedanken nicht sammeln, ist langsam im Antworten, Reden erschöpft ihn. *Besser durch kurzen Schlaf* **(Phosphorus, Sepia).**

Kopf

Zermalmendes Gewicht im Hinterkopf und über dem Scheitel in den Schläfen. »Hirn wie ausgeblasen«. *Schlimmer,* wenn angesprochen.

Schwindel, mit Klingen in den Ohren.

Frühzeitiges Ergrauen und Ausfallen der Haare (auch **Selenium** und **Natrium muriaticum**).

Atmung

Schwäche und Gefühl von Druck auf der Brust hinter dem Sternum, trockener Kitzelhusten, Heiserkeit. Bekommt schnell Schnupfen, der dann in die Brust absteigt. Salziger Auswurf.

Magen-Darm
Verlangen nach erfrischenden, saftigen Dingen, Verlangen nach kalter Milch.
Reichliche, dünne oder wäßrige, geruchlose, blasse Stühle. Obwohl die Stühle u. U. sehr reichlich sind, so ist der Patient nicht geschwächt durch die Diarrhoe, sondern fühlt sich sofort *besser.* Das ist ganz das Gegenteil von **Podophyllum,** das ebenso schmerzlose Stühle hat, die gelb und sehr erschöpfend sind; der Patient hat bei Podophyllum ein starkes Krankheitsgefühl und sieht krank aus.

Urogenitalsystem
Häufiger, reichlicher, milchiger Urin.
Nächtliche Samenergüsse und Impotenz.

Extremitäten
Schmerzen im Hüftgelenk und in den langen Knochen. Entzündung des Periostes mit brennenden Schmerzen, *als ob* die Knochen mit einem Messer abgekratzt würden.

22.39 Phosphorus

Der Phosphoruspatient ist gewöhnlich groß und schlank, entweder mit dunklem Haar und braunen Augen und langen Augenwimpern, und er wirkt blaß oder er ist pink mit weißer Hautfarbe, bei solchen, die eine Anlage zu Tuberkulose haben; oder rothaarig mit Sommersprossen, bei lebhafter, empfindlicher Veranlagung.
Die Konstitution ist schwach, mit Erkältungsneigung und Husten, neigt zu Leber- oder Darmerkrankungen oder blutet leicht. Reichliche Schweiße bei Anstrengung oder morgens im Bett – Schweiß auf der Oberlippe bei körperlichen oder geistigen Anstrengungen. Quetschungen und Wunden bluten leicht, die Menses sind reichlich und hellrot.

Allgemein
Frostige Patienten.
Symptome von Kopf und Magen sind *besser durch Kälte.* Die Symptome der Gliedmaßen und Brust sind *besser durch Wärme.*
So finden wir Kopfschmerzen, die *schlimmer* in der Wärme und in einem warmen Zimmer sind und *besser* durch kalte Anwendungen oder durch Schlaf.

Geist und Gemüt
Gleichgültigkeit gegen geliebte Personen, Apathie, antwortet langsam, starkes Müdigkeitsgefühl, Abneigung gegen Arbeit. Anders als **Sepia,**

haben Phosphorpatienten *Verlangen nach* Mitleid, Gesellschaft, Berührung, Streicheln; sie wollen, daß man ihnen Mut macht, sie benötigen die immer wiederholte Versicherung, daß man noch da ist, daß man sie liebt, daß man ihnen hilft.
Sie sind ängstlich, ruhelos, voller Ängste – vor Gewitter, Dunkelheit, Tod, daß irgendetwas passieren könnte, vor drohender Erkrankung, Krebs; Hyperventilation, voller eigentümlicher Einbildungen – lebhafte Einbildung bei Kindern. Künstlerisch, extrovertiert, musikalisch, oft unsauber. Attraktive, empfindliche Menschen. *Schlaf bessert alles* – sie fühlen sich danach immer besser, sogar nach einem kurzen Schlaf.

Atmung
Oft bei Brustinfektionen indiziert. Harter, trockener, enger Husten, der den Patienten erschüttert; dunkle, rauhe Stimme abends (**Causticum** morgens). Husten *schlimmer* beim Liegen auf der linken Seite, *schlimmer* beim Gehen ins Kalte, vom Reden oder Lachen.
Das Sputum ist salzig und blutig, oft ist bei Pneumonie die rechte untere Lunge befallen. Durst auf kalte Getränke.

Magen-Darm
Magensymptome wie Erbrechen, Brennen oder Bluten werden durch kalte Getränke *gebessert,* die aber erbrochen werden, sobald sie im Magen warm geworden sind. Leeregefühl mit Schwäche und dem *Verlangen zu essen,* Brennen im Rücken zwischen den Schulterblättern. *Verlangen nach* Salz, schmackhafter Nahrung, sauer und scharf, *Verlangen nach* eiskalten Getränken und Speiseeis. Chronisch dünne Stühle mit reichlicher Diarrhoe und Verlust der Afterkontrolle. Manchmal blutiger Schleim und Tenesmus oder lange, dünne, harte und trockene Stühle, die schwer zu entleeren sind (wertvoll bei Colitis).

22.40 Phytolacca decandra

Dieses Mittel ähnelt **Mercurius** in vieler Beziehung, insbesondere bei seinen Hals- und Mundsymptomen.
Es befällt Haut, Hals, Bänder- und Knochengewebe, die Brüste. Die Symptome sind *schlimmer* NACHTS, an KALTEN Tagen, in kaltem, feuchtem Wetter, in kalten Räumen, aber ebenso *schlimmer durch* BETTWÄRME. Die Schmerzen sind schießend – wie elektrische Schläge, *schlimmer* bei Bewegung und nachts. Verlangen, sich zu bewegen, aber *Verschlimmerung durch Bewegung.*

Hals
Trocken-roter Rachenring und Pharynx, kongestiert, dunkelrot (**Belladonna,** hellrot). Heißes Gefühl, wie eine glühende Eisenkugel. Schlukken schwierig und schmerzhaft – die Schmerzen strahlen zu den Ohren aus. Beim Schlucken wird durch die Nase entleert, auch beim nur Wasserschlucken.
Ulcera von Mund und Hals. Unabwendbare Neigung, die Zähne aufeinander zu beißen.
Schlimmer durch Kälte in jeder Beziehung, außer beim Hals, der schlimmer bei Wärme ist.

Brustdrüse
Mastitis – schmerzhaft, entzündet, heiß, unerträglich schmerzhafte, wunde Brustwarzen mit Fissuren. Auch harte, schmerzhafte Knoten, *schlimmer* bei feuchter Kälte. Bei stillenden Müttern und bei chronischer Mastitis. Schmerzhaftigkeit während Menses.
Auch gut bei Kühen mit solchen Erkrankungen.

Rheuma
Rheumatische Schmerzen, brennend, schießend, *schlimmer* nachts und bei feuchtem Wetter. Entzündung der fibrösen Häute. Die Schmerzen ziehen umher wie elektrische Schläge, insbesondere bei Befall des Deltoids.
Schießende Schmerzen im rechten Schultergelenk, mit Steifigkeit und Schmerzhaftigkeit am Trapezius.
Spannung und Druck in der Gegend der Parotis – periartikulärer Rheumatismus.
Steifer Nacken – Schmerzen bei der leichtesten Bewegung (wo **Bryonia** und **Rhus toxicodendron** versagen).

22.41 Platinum

Geist und Gemüt
Schlank, dunkel, empfindlich, idealistisches Individuum. Widerspruchsvolle Gefühle mit mächtigem Sexualverlangen, oder idealistischer Romantik bei ihren Liebesaffären. Dieser Konflikt führt zu wiederholten Enttäuschungen in der Liebe. Sie möchte, daß ihre Beziehungen sich emotional erfüllen – aber es ist oftmals unmöglich für einen Mann, sie zu befriedigen und deshalb geht sie von einem zum anderen. Das kann sich bis zur Nymphomanie steigern, ebenso zu der ARROGANZ, dem Hochmut und der VERACHTUNG, die wir mit diesem Mittel verbinden. Sie fühlt sich ERHÖHT und schaut auf andere herunter – dieser

Verlust des Gefühls der Verhältnisse ist ebenso bei den körperlichen Sinnen vorhanden – Dinge um sie herum erscheinen kleiner. Oft hat sie ein Verlangen zu beleidigen sowohl körperlich als auch seelisch, und zwar diejenigen, die sie am meisten liebt. Dieses kann bei hysterischen Frauen durch Schreck, Schock, Kummer oder langanhaltende Aufregungen hervorgerufen werden. Die Patientin fühlt sich unter Umständen tief verletzt und fast paranoid. Es bestehen abwechselnde Extreme – Fröhlichkeit und Zorn, Nichtswürdigkeit und Erregung – eines folgt ziemlich rasch auf das andere.
Furcht vor dem Tod oder daß etwas passieren könnte.

Kopfschmerzen
Langsamer Beginn, verbunden mit Taubheitsgefühl an der Kopfhaut und Folgen von emotionalen Ursachen, insbesondere sexueller Erregung oder während der Periode.

Magen-Darm
Aufblähung, Koliken und Verstopfung. Der Stuhl ist lehmartig, klebt fest und läßt sich nur mühselig entleeren. Es besteht das Gefühl, daß der Bauch am Nabel zurückgezogen wird, ähnlich, wie es bei **Plumbum** der Fall ist.

Genitale
Die Symptome in diesem Gebiet sind sehr oft bei diesem Mittel betont. Es besteht außerordentliche Empfindlichkeit und Übererregbarkeit der Geschlechtsorgane. Vermehrtes Sexualverlangen, manchmal mit Masturbation und Nymphomanie verbunden.
Schmerzen am linken Ovar und schmerzhafte Perioden.

Andere Symptome
Die Schmerzen beginnen langsam und hören ebenso auf. Es besteht ein Gefühl von Taubheit, das den Schmerz begleitet.
Gefühl von Zusammenschnüren wie von einem Band um eine Gliedmaße.
Hauptsächlich *ein Frauenmittel,* aber nicht nur.

22.42 Plumbum

Dies Mittel hat bestimmte, charakteristische Indikationen.
ÜBEREMPFINDLICHKEIT, mit extremer Empfindlichkeit gegen Berührung und gleichzeitigem Kraftverlust. Dies passiert bei akuten Erkrankungen. Bei chronischer Lähmung und Schwäche ist auch die Empfindung selbst verloren gegangen.

ABMAGERUNG und MUSKELSCHWUND.
LÄHMUNG hauptsächlich der Extensoren, der oberen Gliedmaßen vom Zentrum zur Peripherie fortschreitend (Fallhand). Die Lähmungen sind zunächst lokal und dann allgemein, mit Schwierigkeit beim Artikulieren oder beim Harnlassen mit Kälte.
Ein wertvolles Mittel bei der progressiven Muskelatrophie (Hughes).
GEFÜHL VON ZURÜCKGEZOGENSEIN bei bestimmten Teilen.
Heftige Schmerzen im Abdomen mit Einziehung desselben und einem Schmerz, *als ob* der Nabel zur Wirbelsäule gezogen würde **(Platinum).**

Geist und Gemüt
Gleichgültigkeit, Depression, Schläfrigkeit und Melancholie.
Obwohl intelligent, ist der Intellekt verlangsamt – langsam, beim Erinnern langsam, beim Antworten langsam, bei der Reaktion auf Schmerzen langsam (bei chronischen Fällen).
Hysterisch, wechselhaft mit Neigung zu lügen – der Patient gibt unter Umständen ein völlig falsches Bild von seinen häuslichen Umständen.
Ängstliches Seufzen.
Enzephalopathie mit Kopfschmerzen, Sehstörungen und Anfällen.

Magen-Darm
Bauchschmerzen, wie oben beschrieben, mit Einziehen der Bauchdecke.
Darmverschlußsymptome mit Ohnmacht und kaltem Schweiß.
Verstopfung mit Kolik. Die Kolik wird durch harten Druck *gebessert.*
Starker Durst.
Blaue Linie am Zahnfleisch (Vergiftung).

Harnorgane
Chronische Infektionen mit Schleim und Albuminurie. Lähmung der Blase.
Spasmen. Neuralgische Krämpfe, Darmspasmen.
Gefühl eines festen Bandes um das Bein **(Platinum).**

22.43 Psorinum

(Eitrig-seröses Material aus einer Scabiesblase).
Das Mittel hat Ähnlichkeiten mit **Sulfur**, aber es wird durch seine starke Frostigkeit und seine Abneigung gegen frische Luft charakterisiert.
MANGEL AN VITALEN REAKTIONEN – Langsamkeit bei der Verdauung und bei Stuhl- oder Urinentleerung.
FAULIGKEIT DER ABSONDERUNGEN – übelriechend: Atmung, Stühle, Ausfluß, Ausschläge.

Allgemeines
Frostigkeit. *Allgemein schlimmer* durch frische Luft oder durch Zugluft.
Hautsymptome stehen *oft im Vordergrund*. Die Haut ist rauh und trocken, fischschuppenartig, mit Rissen, Sprüngen und Blutungen. Viele Arten von Hautausschlägen, aber gewöhnlich übelriechend, absondernd – Pickel, Furunkel, Krusten, Bläschen.
Ekzem – stark juckend und *schlimmer* durch Wärme.
Kratzt bis es wund ist. Nachts *schlimmer*. *Besser* durch kalte Luft. Das kontrastiert mit der *allgemeinen Verschlimmerung* durch Kälte oder frische Luft.

Geist und Gemüt
Hoffnungslos, Verzweiflung an der Genesung, denkt, daß seine Geschäfte mißlingen.
Reizbar, möchte allein sein. Starke Abneigung gegen Waschen. Gefühl von Schuld, *als ob* er eine große Sünde begangen hätte.

Kopfschmerzen
Heftig, klopfend, periodisch, an der Stirn, muß den Kopf bedecken **(Silicea)**. *Besser* nach dem Frühstück oder einer Mahlzeit. Muß nachts aufstehen, um zu essen.

Augen
Augenlider sind verdickt und rot.

Ohren
Ohren – Ekzem, Schuppen – auch bräunlicher übelriechender Eiter.

Atmung
Häufiger Schnupfen mit ständig laufender Nase – sehr nützlich bei Heuschnupfen, aber auch dicke, gelbe Absonderung.
Übler Hals mit Schleim.
Asthma – bekommt im Freien keine Luft, möchte nach Hause gehen und sich hinlegen. *Liegt platt auf dem Rücken, die Arme weit ausgebreitet.* Dies ist ungewöhnlich und ein wertvolles Symptom.

Magen-Darm
Hunger bei Übelkeit. Aufstoßen wie verfaulte Eier.
Die Stühle sind wäßrig, braun, übelriechend, eiliger Stuhldrang (wie **Sulfur**), Auftreibung (wie **Aloe**), Schwierigkeit beim Entleeren von weichem Stuhl **(Alumina, China, Nux moschata)**.

Weitere besondere Symptome
Kränkliche Säuglinge, verdrießlich, ärgerlich und schreien nachts.

Die Patienten fühlen sich manchmal ungewöhnlich wohl am Tag vor dem Ausbruch einer Krankheit (Asthma, Diarrhoe, oder Hautausschläge). Während des Fiebers ist der Patient sehr heiß und schwitzt reichlich. Er schwitzt ebenfalls mit etwas *Besserung* nach akuten Erkrankungen, aber er erholt sich nur langsam. Er kann es nicht ertragen, wenn sich die Gliedmaßen berühren (oft sogar die Finger nicht).

22.44 Pulsatilla

Oft denkt man bei der »Küchenschelle« daran, daß es ein Mittel für Mädchen und Frauen sein müsse. Dies trifft auch grundsätzlich zu. Es gibt aber dennoch etliche Männer, die gut in dieses Symptomenbild passen.
Häufig hellhaarig mit blauen Augen, mit einer Neigung zu Unförmigkeit.

Allgemein
Pulsatilla ist im *allgemeinen schlimmer* in warmer Atmosphäre, aber friert u. U. in einem warmen Zimmer.
Besser an der frischen Luft, durch kalte trockene Luft (*schlimmer feucht*), *besser* durch langsame Bewegung; *schlimmer abends*.
Wechselhaftigkeit – bei Temperament, Stuhl, rheumatischen Schmerzen.
Einseitiger Schweiß im Gesicht.

Geist und Gemüt
Langsam und phlegmatisch von mildem, nachgiebigem, tränenreichem Gemüt, bemitleiden sich selber. Sie lachen und weinen leicht. Sie mögen Zuneigung, aber geben sie nicht so leicht, wie **Phosphor**; sie sind auch mißtrauisch, eifersüchtig, reizbar und ärgerlich bis gewalttätig, leicht beleidigt, fühlen sich gering geschätzt. Bilden sich ein, daß bestimmte Nahrungsmittel ihnen nicht gut tun. Sie denken über religiöse Dinge nach und glauben, daß sie sündig seien. Sie sind leicht zu beeinflussen und werden von Dogmen und Kulten angezogen. Angst vor Dunkelheit, Alleinsein und Gespenstern; vor dem anderen Geschlecht; Abneigung gegen Heirat. Der Säugling weint zum Erbarmen – er möchte Zuwendung. (**Chamomilla** hat ein durchdringendes Geschrei, man möchte ihm einen Klaps geben).

Schwindel
Mit Übelkeit, *schlimmer* in einem warmen Zimmer, beim Gebrauch der Augen, beim Hinlegen.

Kopfschmerzen
Schlimmer in einem warmen Zimmer, beim Gebrauch der Augen, besser in kalter Luft und durch Bewegung. *Schlimmer* während der Periode.

Ohren
Otitis media mit milder Absonderung.

Gesicht
Die Augen sind wund, rot, jucken und haben Gerstenkörner. Riß in der Mitte der Unterlippe.

Atmung
Schnupfen jeglicher Art, gelb oder grün, mild, *besser* an der frischen Luft, Sinusitis, übler Geruch in der Nase mit Absonderungen, Krusten, Blutung. Verlust von Geschmack und Geruch. Heuschnupfen bei einem Pulsatillapatienten. Husten trocken abends und locker morgens.

Magen-Darm
Verlangen nach Süßem, mögen gewürzte Speisen, die nicht bekommen; fette und schwere Gebäcke bekommen nicht. Saures Erbrechen und Aufstoßen – morgens fauler Geschmack.
Durstlosigkeit, sogar bei trockenem Mund und während des Fiebers. *Verlangen nach* Speiseeis, welches jedoch nicht bekommt, wenn es dem Patienten warm ist. *Besser durch* kalte Speisen und Getränke.
Aufgebläht und aufgetrieben – langsame Verdauung.
Stühle wechselhaft, grün; Verstopfung mit Drang nach Stuhl.
Hämorrhoiden, *schlimmer* durch Stilliegen, *besser* durch leichte Bewegung.

Urogenital
Häufiger, spärlicher Urin mit Drang. Liegen auf dem Rücken verursacht Urindrang. Inkontinenz durch Husten, Lachen, Enuresis. Die Menses sind verspätet und fehlen ganz, sind spärlich, intermittieren und verlaufen wechselhaft mit wehenartigen Schmerzen – unterdrückt durch Naßwerden. Herabdrängendes Gefühl (ähnlich **Sepia**). Ausfluß kann milde sein wie andere Pulsatillaabsonderungen, aber kann auch wundmachend sein. Geschwollener Bauch, *besser* durch Menstrualfluß.
Starkes Sexualverlangen bei Männern und Frauen (das Gegenteil zur Furcht vor dem anderen Geschlecht).

Schlaf
Kann erst spät in der Nacht einschlafen; *Träume von Katzen*; schläft mit den Händen über dem Kopf.

Haut
Die Haut ist heiß, mag nur leichte Kleidung. Kleine, braune Flecken von Psoriasis oder masernartiger Ausschlag; ebenso purpurrote Flecken (wie **Lachesis**).

Gliedmaßen
Kongestion der Gliedmaßen, Krampfadern, Frostbeulen, heiße Füße im Bett.

Rheuma
Rheumatismus wandert von Gelenk zu Gelenk, immer wechselnd, aber *besser* durch Kälte.
Die Schmerzen sind *schlimmer* durch Herabhängen **(Vipera)**.
Oftmals bei Masern indiziert mit dem typischen Ausschlag, den schmerzhaften Augen, der Photophobie, dem Husten und Schnupfen und der Neigung zu Ohren- und Brustkomplikationen. Häufig bei Asthma nützlich oder bei rezidivierendem Husten der Kinder.
Mumps, insbesondere wenn sich bei Männern eine Orchitis entwikkelt.

22.45 Rhus toxicodendron

(Das große Rheumamittel, ebenso für Hautausschläge)
Rheumatische KOPFSCHMERZEN, Schmerzhaftigkeit der Muskeln, verursacht durch Zugluft oder FEUCHTIGKEIT, insbesondere am Hinterkopf, *schlimmer durch* Rückwärtsbiegen des Kopfes.
Rheumatische IRITIS, durch Einwirkung von NÄSSE – die Schmerzen schießen durch die Augen zum Hinterkopf, *schlimmer nachts*. Orbitalphlegmone.
Lähmung der Augenmuskeln durch Einwirkung von Kälte und NÄSSE.
Schmerzen in den Kiefergelenken und Knacken.
Steifigkeit und Schmerzen in Nacken und Rücken, RÜCKENSCHMERZEN in Höhe der Taille. Ziehen im linken Schultergelenk – Schmerzen in Gelenken und Armen, Schmerzhaftigkeit und Taubheit. Gelenkentzündung.
Schmerzen in Handgelenk und Händen.
Dumpfer Schmerz im rechten Ischias. Steifigkeit der Knie und Füße. Schmerzen in den Beinen, Unfähigkeit, sie auch nur einen Moment ruhig zu halten.
Anfallsartige Schmerzen durch Naßwerden.
Die Schmerzen von Rhus toxicodendron sind *schlimmer* am Beginn der

Bewegung, aber *gebessert* durch fortgesetzte Bewegung (**Rhododendron**-Schmerzen sind durch Bewegung sofort gebessert). Steifigkeit der Teile bei der ERSTEN BEWEGUNG.
Verschlimmerung durch Zugluft, bei BEGINN DER BEWEGUNG, durch Kälte, Nässe und in Ruhe.
Besserung durch Wärme und durch Warmwerden bei Bewegung.
RUHELOSIGKEIT. Muß die Teile bewegen. Die Schmerzen sind *schlimmer* NACHTS.
Taubheit und Zucken der Extremitäten; traumatische Paralyse.
Abwechselnd mit **Bryonia** bei Symptomenwechsel.
FIEBER – mit Ruhelosigkeit, Delirium und dem Argwohn, vergiftet worden zu sein (Influenza, Paratyphus).
Trockenheit des Mundes mit großem Durst; rotes Dreieck der Zungenspitze. *Verlangen nach Milch*. Folgen von ÜBERANSTRENGUNG einer Muskelgruppe, oder Überanstrengung der Stimme, die anfangs heiser ist und dann durch die Bewegung wieder *gebessert* wird.

Geist und Gemüt
Unfähigkeit zu spontaner Wärme und Ausdrucksfähigkeit, unfähig sich zu entspannen, auch im Gemütsbereich steif. Angst, verletzt zu werden.

Haut
Hautausschläge von Bläschen oder Pusteln oder sogar Erysipel.
Ekzem der Handflächen und Finger, bläschenartige Ausschläge der Vulva und Gürtelrose.
Herpes der Lippen.

22.46 Sepia

Sepia kommt hauptsächlich bei *Frauen* vor, obwohl uns auch ab und zu ein Sepiapatient über den Weg läuft. Sie ist dünn, blaß mit Sommersprossen oder Pigmentflecken und hat oft einen schmetterlingsartigen Ausschlag über der Nase und auf den Wangen (wie Rosacea). Sie wirkt träge, langsam und dumm, aber trotzdem kann sie lebhaft, fröhlich und empfindlich sein, insbesondere nach körperlicher Anstrengung oder Tanz, den sie sehr liebt. Sie klagt über MÜDIGKEIT, Schwäche und ein Gefühl von ABWÄRTSDRÄNGEN, *als ob* ein Vorfall bevorstünde – sie muß sich dann hinsetzen und ihre Beine überkreuzen. Sie hat Rückenschmerzen im Bereich des Kreuzbeines, die sich durch Druck und körperliche Anstrengung *bessern*.

Allgemein
Frostig mit kalten Füßen, aber errötet leicht und schwitzt unter den Achseln, auf dem Rücken und im Genitalbereich. Neigung zu Ohnmacht beim Stehen oder Knien in einer warmen Umgebung.
Gewöhnlich *besser durch Schlaf* **(Phosphorus)**.

Geist und Gemüt
Charakteristisch für Sepia ist ein VERLUST AN INTERESSE und GLEICHGÜLTIGKEIT, insbesondere gegenüber den nächsten Angehörigen. Sie ist reizbar, weinerlich und kann nicht kämpfen – möchte sich zurückziehen. Abneigung gegen Mitleid und fürchtet doch die Einsamkeit, weint beim Berichten ihrer Symptome oder durch Musik und wird *gebessert* durch ein erlösendes Weinen. Sie ist gewöhnlich pünktlich und will nicht gestört sein; sie nimmt es Nachbarn übel, wenn sie versuchen ihr zu helfen. Sie ist empfindlich gegen Geräusche; Furcht vor einer unheilbaren Krankheit, Geisteskrankheit oder Armut. *Immer besser* durch körperliche Anstrengung oder Tanzen, was sie zum Leben erweckt.

Magen-Darm
Verlangen: schmackhafte, gewürzte Speisen, Essig.
Abneigung: Fett, Fleisch, Milch.
Leeregefühl durch Essen *gebessert*, aber Übelkeit bei Geruch von Speisen oder Tabak (Schwangerschaftsübelkeit). Verstopfung mit Völlegefühl oder dem Gefühl einer Kugel im Rektum – kann den Stuhl nicht entleeren und hat dabei einen Darmvorfall.

Kopf
Kopfschmerzen, oft verbunden mit Übelkeit, *gebessert* durch Schlaf, *besser durch* Wärme und Druck; *schlimmer durch* geistige Anstrengung.

Urogenital
Unregelmäßigkeit der Menses, zu früh und zu spät. Prämenstruelle Spannung, schmerzhafte Periode, durch den Fluß nur wenig gebessert. Brennender Ausfluß. Möglicherweise Sterilität. Dysmenorrhoe mit schwachem Fluß. Harninkontinenz, Bettnässen im ersten Schlaf.

Haut
Bläschenartige Ausschläge, Herpes, warzenartige Gebilde am Hals, unnatürlich blasses Aussehen und Neigung zu schmetterlingsförmigen Ausschlägen.

22.47 Silicea

Ein Mittel wertvoll bei SEPSIS, Reaktionsmangel, schlechter Heiltendenz; um Splitter oder Eiter bei chronischen Verletzungen abzustoßen; Verhärtung von Drüsen, insbesondere der Parotis, Fisteln. Tuberkulose.
Kleine, zierliche Personen mit stumpfem, leblosem Haar; Kinder haben einen großen Kopf und kleinen Körper.

Allgemein
Frostig – blasse, »abgestorbene Hände«, *gebessert durch* heißes Baden.
Rauhe, rissige Lipen, Risse an den Mundwinkeln, dicke und gelbe Nägel von schlechter Beschaffenheit.
Kalte, feuchte Füße und Hände, reichlicher, übelriechender Schweiß an Kopf und Füßen.
Die Symptome *verschlimmern* sich durch kaltfeuchtes Wetter.

Geist und Gemüt
Mangel an Kraft (nicht unbedingt an Mut), erschöpft durch Reden – deshalb schüchtern und abgeneigt, mit Menschen zu sprechen. Unterwürfig.
Empfindlich, übergewissenhaft, aber witzig und gut gelaunt, wenn er warm wird. Mangel an Selbstvertrauen. Furcht vor Versagen.
Reizbar, insbesondere morgens; das Kind ist schlecht gelaunt und weint, wenn man es anspricht. Erwartungsängste.

Kopfschmerzen
Besser durch Wärme, Einhüllen. Schmerzen vom Hinterkopf zum rechten Auge ausstrahlend.
Schlimmer durch Kälte und körperliche und geistige Anstrengung.

Augen
Entzündung der Augen, Wimpern fallen aus, verkrustete Lider, verstopfter Tränengang.

Atmung
Katarrh der Ohren, übelriechender Ausfluß, gelb. Chronisch rezidivierende Anginen. Erstickender, rasselnder Husten, *schlimmer* durch Kälte und Zugluft. Erkältungen setzen sich in der Brust fest.

Magen-Darm
Verlangen nach kalten Speisen und Getränken, *Abneigung gegen* und Verschlimmerung durch warme Getränke und Nahrung, die ihn zum Schwitzen bringen.

Milchunverträglichkeit (**Natrium carbonicum**). Wiederholtes Galleerbrechen.
Assimilationsschwierigkeiten (ähnlich **Gaertner**).
Verstopfung – Mangel an Druck – der Stuhl schlüpft zurück; übelriechende Stühle.

Schlaf
Schlaflosigkeit – wacht auf, denkt über kummervolle Dinge nach und schläft schließlich ein, aber fühlt sich *besser* nach einem kurzen Schlaf.

Silicea ist das **chronische Pulsatilla**.

22.48 Stannum metallicum

Menschen, die über längere Zeit immer schwächer werden, zunehmende SCHWÄCHE, Kachexie, katarrhalische Erkrankungen und Neuralgie. Empfindlich gegen Schmerzen, zunehmende Abneigung gegen Arbeit, sowohl im Geschäft als auch zu Hause; immer müde.
Blasses Aussehen.
Große Schwäche, Erschöpfung durch Reden, Schwäche des Kehlkopfes und der Brust. Die geringste Anstrengung erschöpft ihn.

Geist und Gemüt
Verzweifelt, entmutigt, wirkliche Hoffnungslosigkeit – gibt den Kampf auf.
Angst um die Zukunft. Leicht abgelenkt wechselt er von einem Ding zum nächsten.

Neuralgien
Langsamer Beginn, *langsame Verschlimmerung, langsame Besserung* (**Pulsatilla**: Langsamer Beginn und plötzliches Aufhören. **Belladonna**: Plötzlicher Beginn mit voller Heftigkeit, hört plötzlich auf.)
Gewöhnlich morgens, 5 Uhr.

Empfindlichkeit
Gegen Kälte und jeden Wetterwechsel.

Kopfschmerzen
Jeden Morgen über einem Auge, insbesonders links, sich über die Stirn ausbreitend, langsam zunehmend und langsam abnehmend, oft mit Erbrechen.

Atmung
Erkältungen gehen auf die Brust – Neigung zu Tuberkulose.
Quälender Husten mit Würgen; reichliches, dickes, grünes, süßliches

Sputum. Kann dieses leicht hochbringen, aber der größte Teil bleibt zurück.
Schwäche der Stimme; Heiserkeit; Sprechen verursacht ein Schwächegefühl. Leeregefühl in der Brust.

Atemnot
Rauhigkeit in der Trachea. Anfallsweiser Husten, *schlimmer durch* Sprechen, Singen, Lachen, Liegen auf der Seite und durch warme Getränke.

Magen-Darm
Verstopfung; harte, trockene Stühle mit Drang, ohne die Kraft, ihn entleeren zu können, obwohl er weich ist. Kolik, *besser durch* Zusammenkrümmen.

Genitale
In der Vorgeschichte von Frauen heftige Bauchneuralgien, aber sobald diese enden, hat sie einen dicken, gelblich-grünen Ausfluß.
Menses zu früh und reichlich; Gefühl von Vorfall.

22.49 Staphisagria

Diese Pflanze hat ihre hauptsächlichen Charakteristika im Gemütsbild. Beinahe alle Beschwerden sind die Folge von UNTERDRÜCKTER EMPÖRUNG, ZURÜCKGEHALTENEM ZORN UND TIEFEN SEELISCHEN VERLETZUNGEN. Der Patient ist sehr wütend, hält sich zurück, aber bei Gelegenheit läßt er sich gehen und wirft Dinge umher. Dieser Zorn kann zu Kopfschmerzen, Koliken und Rheumaschmerzen führen.
Er ist sehr leicht beleidigt. In der Pubertät Folgen von unglücklicher Liebe (wie **Natrium muriaticum**). Infolge seines Zorns zittert der Patient, verliert seine Stimme, kann nicht arbeiten oder sich konzentrieren, wird schlaflos und entwickelt Kopfschmerzen. Es entsteht große Gleichgültigkeit und Gedächtnisschwäche. Die Symptome können sich ebenso als Ergebnis sexueller Exzesse entwickeln und als Folge einer übermäßigen Beschäftigung mit sexuellen Gedanken. Es paßt auch gut auf Leute mit Spannung und Energie, die stolz und neidisch sind (wie **Platina**).
VITHOULKAS beschreibt diese Menschen als zartfühlend, empfindlich, leicht erregbar, rücksichtsvoll anderen gegenüber und daß sie in manchen Fällen ihre Empörung ohne Bitterkeit schlucken.
Unterdrückung von Gefühlen oft in Verbindung mit romantischen Beziehungen. Sie sind dem Arzt gegenüber zurückhaltend, aber sobald

sie fühlen, daß man sie versteht, öffnen sie sich. Sie nehmen Kummer mit freundlicher Entsagung auf sich, aber leiden trotzdem weiter – eher ein romantischer Kummer, und nicht so sehr eine Folge z. B. von Todesfällen oder finanziellen Problemen. Emotionale Wunden heilen nie.
Ein weiteres Charakteristikum ist EMPFINDLICHKEIT, insbesondere gegen Schmerzen mit deutlicher VERSCHLIMMERUNG DURCH BERÜHRUNG. Entzündete Teile sind sehr empfindlich (wie **Hepar sulfuris**), aber es besteht ebenso *Empfindlichkeit gegen* Geräusche, Geschmacksempfindungen, Gerüche. Kariöse Zähne bei Kindern sind außerordentlich empfindlich.
Es ist weiterhin indiziert bei Schmerzen von SCHNITTWUNDEN oder nach dehnenden Operationen (rektal oder gynäkologisch).

Kopfschmerzen
Taube, dumpfe Schmerzen im Hinterkopf oder an der Stirn mit einwärts und auswärts drückenden Schmerzen, insbesondere als Folge von Empörung, *verschlimmert durch Berührung.*

Augen
Ein Mittel für Blepharitis, Gerstenkörner, Knoten oder Zysten der Augenlider. Die Augen wirken oft eingesunken.

Magen-Darm
Kolik als Folge von Ärger (wie **Colocynthis** oder **Chamomilla**). Diarrhoe oder Koliken durch Essen oder Trinken.
Sehr empfindliche Hämorrhoiden.

Urogenital
Reizblase mit Harndrang, tagelang nach einem unterdrückten Ärger.
Ein eigentümliches Symptom ist Brennen beim Nicht-urinieren, *besser während* des Wasserlassens. Zystitis nach erstem Verkehr (Hochzeitsnachtzystitis infolge der Dehnung).
Gesteigertes Sexualverlangen bei beiden Geschlechtern mit Impotenz beim Mann, mit schießenden Schmerzen in den Ovarien und unregelmäßigen Menses bei Frauen.
Kondylomata und Warzen, insbesondere um Anus und Genitalien.

Haut
Krustige, nässende, juckende Hautausschläge der Kopfhaut, ebenfalls sehr *empfindlich gegen* Berührung.
Chronische Verhärtung von Drüsen.

Rheuma
Schmerzen bei Arthritis und Knotenbildungen (arthritisch oder gichtisch), mit Steifigkeit und einem Gefühl von Schwäche in allen Gelen-

ken, *schlimmer* durch Berührung; nächtliche Knochenschmerzen. Schmerzen, die insbesondere als Folge von Ärger, Empörung oder Beleidigung entstehen oder davon begleitet werden, wie man das häufig bei rheumatischer Arthritis findet.

22.50 Sulfur

Bei diesem Mittel denkt man meistens an Hauterkrankungen, aber es deckt auch viele Erkrankungen bei Patienten, die die charakteristischen Sulfur-Allgemeinsymptome haben.

Es ist HAHNEMANNS großes Antipsoricum

BRENNEN, RÖTE, STINKEN, DRECKIG.
Die Patienten haben oft eine rauhe, trockene, schuppige Haut, die aufbricht und eitert.
Hauterkrankungen aller Art, juckend, brennend, *schlimmer durch* Wärme oder Waschen.
Furunkel, Abszesse, schwere Akne, Ekzem, Dermatitis, Psoriasis.
BRENNEN an allen Organen, Händen und Füßen, *schlimmer durch Wärme*.
PERIODIZITÄT – alle 7 Tage.
RÖTE aller Öffnungen – Lippen, Nase, Anus, Vulva. Augenlider rot, krustig, juckend.
ÜBELRIECHENDE Absonderungen, die wund machen und brennen.
Stauung, Varizen und Ulcera.
Sulfurpatienten sind HEISS und *verschlimmern sich durch Wärme*, aber können auch kalt sein und haben eine Abneigung gegen Nässe und kaltnasses Wetter. Heiße Füße, die sie aus dem Bett strecken.
Schlimmer durch STEHEN, nach SCHLAF, nach dem Essen.
Der typische Sulfurpatient ist mager, schlaff, mit krummer Haltung, schmutzig und ungepflegt, (letzteres zeigt sich manchmal nur an einem einzigen Kleidungsstück, z. B. an der Krawatte oder an der Pulloverinnenseite), aber manche sind gedrungen, plethorisch und fröhlich. Kinder sehen oft schmutzig aus, haben rötliche, rauhe Haare – und eine Abneigung gegen Waschen (trotz ihrer Unordnung, abstoßenden Absonderungen und ihrem Geruch sind sie doch selbst sehr *empfindlich gegen* üble Gerüche – z. B. gegen den Geruch des eigenen Stuhls. Sie finden ganz gewöhnliche Sachen wunderschön).

Geist und Gemüt
Wir denken oft an Sulfur, wenn wir eine fröhliche, freundlichgesellige, ungepflegte Person vor uns haben, aber es gibt noch weitere, unangeneh-

mere Seiten dieser Persönlichkeit. Sie können grüblerisch, egoistisch (sie denken nur an sich selbst), nörglerisch sein, mit Abneigung gegen jegliche Arbeit. Sie theoretisieren, machen viele Pläne, haben viele Ideen, aber bringen nichts zum Abschluß (der Philosoph in Lumpen).
Sie haben Angst über ihr Heil, sie haben das Gefühl, sterben zu müssen, sie können fanatisch religiös werden, aber können auch ihren Glauben verlieren. Sie haben Angst, eine gut dotierte Stelle zu verlieren, Angst vor der Zukunft, oder daß sie krank werden könnten.
Wahnvorstellungen, krank zu sein, kein Glück zu haben, weder von Freunden noch Familie geliebt zu werden oder in Ungnade gefallen zu sein. Gleichgültigkeit gegen andere und gegen sein Äußeres, Abneigung gegen Reden oder angesprochen zu werden. Daraus können sich ungenügende geistige Funktionen entwickeln mit schwachem Konzentrationsvermögen und geistiger Abwesenheit. Aber es kann sich auch ein mehr aggressiver Zustand mit Wut, Erregung, Herumkritisieren, Feindlichkeit und Argwohn entwickeln, oder eine ungeduldige, eilige Ruhelosigkeit oder sogar die Wahnvorstellung von großer Bedeutung der eigenen Person (VITHOULKAS).

Kopfschmerzen
Stauungskopfschmerzen mit Zusammenschnürungsgefühl des Kopfes oder Druck und Hitze am Scheitel. *Schlimmer durch* Bücken, aber *besser durch* Wärme (ungewöhnlich bei Sulfur – entgegengesetzt **Arsenicum**).
Schwindel, insbesondere beim Stehen, oder beim Aufstehen morgens.

Atmung
Chronischer Katarrh mit ständigem Schnupfen und reizender Absonderung aus den Nasenlöchern, mit Röte derselben.
Der Ohrenausfluß ist juckend und es entsteht Taubheit durch Katarrh.
Pneumonie des linken Unterlappens. Sulfur hilft oft, eine zurückbleibende Hepatisation oder Stauung der Lunge in Ordnung zu bringen, nachdem die akuten Symptome vorbei sind, aber die Lösung nicht eintritt.

Magen-Darm
Verlangen nach Süßem, Fett, Butter, Stimulantien.
Hunger und Leeregefühl eine Stunde vor dem Essen (11 Uhr). Er hat Hunger, aber kaum sitzt er beim Essen, verliert er den Appetit, hat aber deutlichen Durst. Aufblähung mit Brennen und Kolik.
Frühe Morgendiarrhoe, die ihn aus dem Bett treibt, mit brennendem Stuhl, Röte und Wundsein um den After und gestauten Hämorrhoiden.

Übler Geschmack beim Erwachen, Geschwüre im Mund, chronische Halsschmerzen mit purpurrotem Aussehen.

Urogenital
Drängen und Brennen beim Urinieren, Ausschläge am Genitale, brennender Ausfluß. Bei Uterusblutungen oder Aborten folgt Sulfur oft nach **Aconitum, Belladonna** oder **Sabina** als den akuten Mitteln.
Dysmenorrhoe bei einer Sulfurpatientin. Hitzewallungen in der Menopause **(Lachesis, Sepia)**.

Rheuma
Rheumatische Erkrankungen, bei denen die Allgemeinsymptome passen, insbesondere wenn Hände und Füße brennen.
Kreuzbeinschmerzen beim sich Erheben und Umdrehen im Bett.
Neigung zum Wundwerden oder zu Hühneraugen und Frostbeulen bei leichtem Druck.

Schlaf
Ruhelos und gestört, wacht um drei Uhr auf und kann nicht wieder einschlafen, träumt, ihm ist zu warm im Bett und er deckt sich ab.
Allgemeine Verschlimmerung nachts

Weitere nützliche Indikationen
Komplementär zu **Aconitum**, dieses ist sein akutes Mittel.
Sulfur, Calcium carbonicum und **Lycopodium** folgen gut aufeinander, in der angegebenen Reihenfolge.
Masern mit einem deutlichen purpurfarbenen Ausschlag.
Symptome, die nach Unterdrückung von Hautausschlägen auftreten.
Wenn ein gut gewähltes Mittel nicht wirkt.
Wenn man nur wenige Symptome für eine gute Verordnung hat.

22.51 Syphilinum (Luesinum)

Eine Nosode, die aus einem syphilitischen Geschwür hergestellt wird. Es wurde bereits im Abschnitt über HAHNEMANNS *Miasmen* darüber gesprochen, zu denen die Syphilis zählt. Patienten können eine große Menge von Symptomen entwickeln, entweder nach einer früheren Infektion oder wenn möglicherweise in der Familienvorgeschichte eine Syphilis vorhanden war.

Es ist kein Mittel für eine akute Syphilis.

So wie das Mittel eine große Anzahl von Symptomen und Zeichen hat, so gibt es auch eine Anzahl körperlicher Charakteristika, die bei diesem Mittel zu finden sind.

Dünne, zwergenhaft gewachsene Personen mit vorstehender Stirn, Sattelnase, mit kleinwüchsigen oder stark vorstehenden Ohren oder wenn diese deformiert sind; Kahlheit, glänzende, trockene, ausgemergelte Haut, hängende Augenlider und farbig schillernde Drüsen.
Wertvoll, wenn sich vergrößerte Lymphdrüsen, Ulcera, Kontrakturen, Abszesse und Ovarialtumoren finden.
Unfallneigung, Neigung zu Epilepsie, Blutungen, Hemiplegie.
Große Schwäche und Erschöpfung morgens.
VERSCHLIMMERUNG aller Symptome NACHTS, AN DER SEE, IM WINTER; *besser durch* Bewegung und im Gebirge.
LANGSAMES Beginnen und Verschwinden von Symptomen.

Geist und Gemüt
Neigung zu Selbstmord, Depressionen. Hervorstechende Angst, Angst vor allem möglichen. Verlust des Selbstvertrauens, muß Dinge ständig überprüfen.
Ständiges Verlangen die Hände zu waschen, weil man glaubt, daß die Dinge, die man berührt, möglicherweise infiziert sind.
Schlaflosigkeit bei alten Menschen.

Augen
Ulcera der Cornea, Keratitis.

Magen-Darm
Verlangen nach Alkohol, kalten Speisen.
Speichelfluß, Längsrisse entlang der Mittellinie der Zunge.
Vorfall von Rektum und Hämorrhoiden.

Urogenital
Scharfe Leukorrhoe, scharfer Ausfluß, spärliche Menses.
Depressionen in der Menopause.

Andere Symptome
Schmerzen sind oft linear – auf oder abwärts.
Patienten sind nicht empfindlich gegen Schmerzen. Während einer Erkrankung wollen sie völlig zugedeckt sein.

22.52 Thuja

Es ist BURNETTS großes Mittel für die *Folgen von Impfung*, entweder nach einer üblen Reaktion oder bei gar keiner, oder wenn der Patient seit der Impfung krank ist.
HAHNEMANNS großes Mittel bei Sykosis oder für die Folgen von Gonorr-

hoe. Die Patienten sehen kränklich, blaß und wächsern aus; sie sind leicht erschöpft.
FROSTIG, empfindlich gegen Feuchtigkeit, haben CHRONISCHEN KATARRH oder WARZENBILDUNGEN. Wenn der Körper der Wärme ausgesetzt ist, so gehen Frostschauer über ihn, warme Luft fühlt sich kalt an.
Reichlicher SCHWEISS AN UNBEDECKTEN TEILEN; süßlich riechender Schweiß.

Geist und Gemüt

Reserviert, mißtrauisch, lügnerisch, manipulierend, zurückgezogen auf sich selbst – keinerlei tiefe Verbindung mit anderen. Reizbar, streitsüchtig, lernt seine niederen Instinkte zu kontrollieren und fühlt sich deshalb schuldig. Neigung, eilig zu handeln oder zu sprechen. Angst über Gesundheit oder Kleinigkeiten. Weint leicht, insbesondere bei Musik. Kann sich weiterentwickeln zu Trägheit, Vergeßlichkeit, mit Fehlern beim Lesen oder Schreiben. Spricht langsam, als ob ihm die Worte nicht einfallen würden.
Anhaltende Nachdenklichkeit bei Entscheidungen oder Antworten.
Fixe Ideen – *als ob* der Körper zerbrechlich wäre oder auseinanderbrechen würde, *als ob* die Beine aus Holz wären; *als ob* ein lebendes Tier im Abdomen wäre (VITHOULKAS).

Kopfschmerzen

Verbunden mit Schwindel, Neuralgien – dem Gefühl, *als ob* ein Nagel in die Schläfe eingeschlagen würde oder *als ob* ein enges Band um den Kopf wäre.
Kopfschmerzen beim Erwachen oder zur Schlafenszeit.
Schlimmer in der Wärme, *besser* an der frischen Luft.

Augen

Konjunktivitis – insbesondere gonorrhoeisch. Knötchen der Augenlider.

Atmung

Retronasaler Katarrh und Pharyngitis, Erkrankungen der Schleimhäute, faulriechende Absonderungen, Polypen.
Asthma *schlimmer durch* Feuchtigkeit. Folgt gut auf **Arsenicum album** nach dem akuten Anfall.

Magen-Darm

Kariöse Zahnwurzeln, Zahnfleischeiterungen, Zahnfleisch geschwollen und entzündet.
Die Zunge ist rot und schmerzhaft; süßlicher Geschmack im Mund.

Antidot bei übermäßigem Teegenuß.

Aufstoßen, Übelkeit und Blähungen.
Analfissuren, Hämorrhoiden und Warzen, schmerzhaft.

Urogenital
Ein irgendwo auftretender Schmerz verursacht häufiges Wasserlassen – blasser, wäßriger Urin.
Schweiß der Genitalien, abstoßend.
Gonorrhoe, warzenähnliche Gebilde, weich, empfindlich und brennend.
Periode früh mit heftigen, linksseitigen Ovarialschmerzen.
Bei Männern Urethritis, Prostatitis.

Haut
Schuppige Ausschläge, pustelartige Ausschläge, Herpes zoster, Warzen, zystische Akne. Folgen von Pocken oder Impfung.
Deformierte Nägel.

Schlaf
Wacht früh auf und kann dann nicht mehr weiterschlafen.
Träume von Fallen aus der Höhe.

Weitere Symptome
Rheumatismus und Arthritis, insbesondere infolge von Gonorrhoe, Ausfluß oder Beckensymptomen. Immer *schlimmer durch* feuchtes Wetter, faulriechende Schweiße.
Thuja ist oft das chronische Mittel nach **Arsenicum**, insbesondere bei Asthma. Verwandt mit anderen sykotischen Mitteln wie **Natrium sulfuricum, Nitricum acidum, Medorrhinum**.

22.53 Tuberculinum bovinum

Wird hergestellt aus einem tuberkulösen Abszeß oder aus Sputum des tuberkulösen Rindes. Dieses Mittel sollte immer in Betracht gezogen werden, wenn in der Familienvorgeschichte eine Tbc war, oder wenn der Patient selber an einer tuberkulösen Infektion gelitten hat.
Es ist ein Mittel bei Malariarückfallfieber.
Allgemein: wenn ein gut gewähltes Mittel wirkt, aber dann die Wirkung nicht anhält.
Immer wieder auftretende Erkältungen und Husten beim geringsten Anlaß. Scharfe Stiche in der linken, oberen Lunge.
Liebt Wind und frische Luft. Geschlossene Atmosphäre unerträglich; *empfindlich gegen* Feuchtigkeit.

Periodizität 7, 14, 21, 28 Tage – periodische, chronische Kopfschmerzen.
VERLANGEN NACH WECHSEL: Haus, Reise, Umgebung, niemals zufrieden an einem Platz; kosmopolitisch. Kinder rennen von zu Hause weg. Die Symptome wechseln – plötzlicher Beginn, plötzliches Ende.

Geist und Gemüt
Unvorhersehbare Launen.
Hoffnungslosigkeit, Abneigung gegen geistige Arbeit, Angst vor dem Abend, Angst vor Hunden und insbesondere Katzen.
Heftige Temperamentsausbrüche bei Kindern, destruktiv, trennend, tiefe Unzufriedenheit. Hat das Gefühl, das Leben sei zu kurz und rennt, um möglichst viel herauszuholen.

Magen-Darm
Verlangen – Salz, Schweinefleisch, Fett, kalte Milch, Alkohol; durstig.
Abmagerung trotz gutem Essen – ißt nachts, aber ebenso Appetitverlust.
Verstopfung oder chronische Diarrhoe morgens **(Sulfur).**

Genitale
Menses zu früh, zu lang und reichlich; ebenso Amenorrhoe, Dysmenorrhoe. Sexuell überaktiv. Gewaltige Liebesaffären.

Gliedmaßen
Wandernde Schmerzen der Gliedmaßen und Gelenke, Steifigkeit bei der ersten Bewegung, besser durch fortgesetzte Bewegung (**Rhus tox.**), schlimmer beim Stehen.

Schlaf
Träume, erwacht um 5 Uhr, klebrige Schweiße, insbesonders nachts.

22.53.1 Bacillinum

(Präparat von Heath und Burnett aus einer tuberkulösen Lunge, die Bazillen enthält).
Tiefsitzende, schwerste Kopfschmerzen.
Husten mit leichtem Auswurf; scharfe Schmerzen unter der linken Scapula. Schmerzen an den Halsdrüsen.
Zahnschmerzen – *Empfindlichkeit gegen* kalte Luft.
Entzündliche Erkrankungen der Augenlider.
Ruhelosigkeit, gestörter Schlaf.
Dyspepsie mit Blähungen.

22.54 Veratrum album

Neben Camphora und Cuprum war der »Weiße Germer« eines von HAHNEMANN's Choleramitteln.
Veratrum ist charakteristisch durch KOLLAPS mit Hinfälligkeit, KÄLTE, Blauverfärbung und REICHLICHEN ABSONDERUNGEN.
Es hat weiter deutliche Gemütssymptome.

Geist und Gemüt
Unaufhörliche Aktivität ohne Ziel, hyperaktives Kind. Ein heftiges Mittel bei Geisteskrankheiten. Delirium destruktiv – möchte zerreißen oder zerstören, zerreißt seine Kleider oder zieht sie aus (ähnlich **Hyoscyamus**). Religiöser Wahn, ermahnt die Menschen Buße zu tun, Verzweiflung am Heil. Weint mit obszönen Liedern, laszives oder verliebtes Benehmen, Angst vor dem Tod oder der ewigen Verdammnis.

Kälte
Sie ist deutlich mit Schaudern und Starrheit, kalter Schweiß auf der Stirn.
Haut kalt und blau, trotzdem *Verschlimmerung durch Wärme.*

Reichliche Absonderungen
Dabei kann es sich um Erbrechen, Durchfall, Schweiß, Urin oder Speichel handeln.
Dieser Verlust von Flüssigkeiten verursacht Kollaps, Ohnmacht, rasche Erschöpfung und Hinfälligkeit, die Haut wird kalt und blau, das Gesicht sieht eingefallen und krank aus. Danach entwickeln sich Krämpfe (das typische Cholerabild).

Ohnmacht
Entsteht durch geringfügige Anlässe, durch emotionale Anpassung oder Anstrengung.
Der Puls ist langsam und schwach und der Blutdruck niedrig.
Bei Herzerkrankungen hilfreich.
Es kann Verstopfung bestehen mit großen, harten Stühlen, mit Kolik, Drängen und wiederum kaltem Schweiß und Ohnmacht.

Schmerzen
Neuralgien aller Art, Kopfschmerzen und Dysmenorrhoe, bei der Hinfälligkeit besteht, kalte Schweiße und Erbrechen. *Wärme verschlimmert immer* und der Patient ist ruhelos.

22.55 Zincum metallicum

Ein antipsorisches Mittel bei schwachen Konstitutionen.
Nervös, erregbar, *empfindlich gegen* Geräusche und Sprechen. Mit Zittern, Zucken und Werfen der Muskeln.
Unaufhörliche, heftige Unruhe der Füße oder der unteren Gliedmaßen.
Trotzdem besteht ein Mangel an Vitalität, »Hirnschwäche«, Langsamkeit des Geistes – muß eine Frage wiederholen, bevor er antworten kann.
Anämie.

Allgemein
Frostig – *empfindlich gegen* Kälte.
Symptome entstehen, wenn irgendetwas nicht herauskommt.
Beispiele: Wo Absonderungen oder Ausschläge nicht auftreten oder durch Behandlung unterdrückt worden sind; das Kind ist dann ruhelos, schreit im Schlaf und rollt den Kopf von einer Seite zur anderen – und wenn der Ausschlag herauskommt, tritt eine deutliche *Besserung* ein; oder wenn ein Patient den Auswurf nicht herausbringt und sich dann sehr viel *besser* fühlt, wenn ihm das gelingt; wenn die Periode zu spät anfängt und der Fluß sehr erleichtert (wie bei **Lachesis**).

Magen-Darm
Hunger zwischen 11 und 12 Uhr **(Sulfur)** – gierig.
Verschlimmerung durch Wein oder Stimulantien.
Darm und Blase träge.

Rheuma
Schmerzhafte Schwäche im Nacken, in der dorsalen oder lumbalen Wirbelsäule, *schlimmer* beim Sitzen, beim ersten Aufstehen, *besser durch* Bewegung (**Rhus toxicodendron** hat es meistens in der Sakralregion).
Brennendes Gefühl entlang der Wirbelsäule.

IV.
Margaret Tyler: Das Studium von Kents Repertorium

1. Geleitwort

Für diesen genehmigten Nachdruck danke ich Dr. Douglas Borland, Dr. Gibson Miller und Sir John Weir, aus deren Vorlesungen dieser Beitrag hauptsächlich stammt.
Ich hoffe, daß man es hilfreich finden wird, hier Margaret Tylers Studie zu Kent's Repertory als Ergänzung abgedruckt zu finden, und zwar im Hinblick auf die wertvollen Einsichten, die sie für den Gebrauch dieses zentral wichtigen Werkes enthält.
Tyler veröffentlichte ihre Studie im Juni 1914 in einer Ausgabe der »Homeopathic World« und der Leser, der das Original anschaut, wird sehen, daß ich den Sprachstil verändert habe, um ihn mehr dem modernen Gebrauch anzupassen. Der homöopatische Inhalt ist aber in keiner Weise verändert worden.

Hamish Boyd

2. Repertorisieren mit Kent

2.1 Labyrinth und Roter Faden

Wenn man an die Verwirrung und die Hoffnungslosigkeit des Uneingeweihten denkt, der sich zum erstenmal im Kampf mit Kents gewaltigem Repertorium befindet, so denkt man an die Geschichte eines Mannes von großem Ansehen aus Äthiopien, der in seiner Kutsche las und an den sich ein Fremder wandte »Verstehst Du auch, was Du liest?«; und die prompte Antwort war: »Wie sollte ich, außer jemand würde mich anleiten?«
»Wie sollte ich, außer jemand würde mich anleiten?«
Das ist wirklich ein Labyrinth, welches einen Ariadnefaden benötigt . . . Kent's Repertorium ist so ein Labyrinth. Aber wenn man den Faden in der Hand hat, so kann man sehr leicht bis in seine tiefsten Winkel vordringen. Aber ohne den Faden ist man verloren.
Es ist fraglich, ob Leute, die von Beginn ihrer homöopathischen Ausbildung an trainiert worden sind, die Schwierigkeiten derer nachvollziehen können, die niemals trainiert wurden, sondern die alles mit eigenen Kräften herausfinden mußten. Sie können sich kaum die Schwierigkeiten vorstellen, denen diejenigen gegenüberstehen, die den Faden des Systems, nach dem das Repertorium aufgebaut ist, nicht haben.
Wenn man das System gemeistert hat, so ist es die Einfachheit selbst. Man kann im Augenblick aufschlagen, was man will.
Aber – was man will? . . . Das muß man auch noch lernen! Denn ohne die Kenntnis dessen, was man will – wenn man nicht die überaus bedeutende Gewichtung der Symptome hat, d. h. die Feststellung ihres verhältnismäßigen Wertes, – ein Leben wäre zu kurz, das Repertorium als einen alltäglichen Führer bei der Verordnung zu benutzen, auch wenn der Anwender die Konstruktion beherrscht. Aber wenn man es nicht auf diese Weise macht und ständig seine Fälle in dieser Weise ausarbeitet, wird man auch nicht in der Lage sein, es in Notfällen zu gebrauchen und ihm dann zu vertrauen.
Ich für meinen Teil kann es gut nachempfinden und habe ein großes Verständnis für die Probleme, weil ich mich gut an meine eigenen Schwierigkeiten erinnere. Bevor ich zum erstenmal Weir's Vorlesung über diesen Gegenstand hörte – nachdem ich mit einer ganzen Reihe von Repertorien über Jahre gearbeitet hatte, indem ich sie verglich und mich bemühte, aus ihnen etwas Einfacheres und Handhabbares ableiten zu können – muß ich sagen, daß ich hoffnungslos im Kent herumtappte,

insbesondere in den Schmerzkapiteln. Rubrik für Rubrik schien nach nur einigen Seiten beinahe die gleichen Überschriften zu haben und enthielt trotzdem eine völlig unterschiedliche Liste von Mitteln. Der gleiche Grund erbrachte immer wieder die verschiedensten Resultate. Wie sollte ich da die genaue Rubrik herausfinden und mir meines Mittels sicher sein?

Wenn ich an meine eigenen Erfahrungen denke und an die Erleuchtung, die in einer der wichtigsten einer bedeutenden Serie von Vorlesungen bei mir auftrat, so habe ich das Gefühl, daß ich versuchen muß, wenigstens ausschnittweise die Hauptsache dieser Vorlesung wiederzugeben, so daß andere ebenfalls die Idee begreifen, damit sie endlich das Repertorium freier handhaben können. Deshalb biete ich diesen Versuch als Hilfe für die nicht Eingeweihten an und vertraue darauf, daß Kritiker und Experten in der Lage sind, mögliche Irrtümer oder Fehler aufzuzeigen.

2.2 Der Patient und sein Mittel

Bevor wir dazu übergehen, die Stellen zu suchen, wo wir das finden, was wir wollen, wollen wir uns damit befassen, das zu betrachten, *was wir eigentlich finden möchten*. Wenn wir wissen, was wir finden möchten, wird das unsere Arbeit vereinfachen und unsere Bemühungen deutlich verringern.

Wir gehen ins Repertorium, *um das homöopathische Mittel herauszufinden*.

Was ist das homöopathische Mittel? Das homöopathische Mittel ist immer das Mittel, welches in seiner Pathogenese die *Krankheitssymptome des momentanen Patienten*, den wir heilen wollen, *aufzeigt*.

Der jetzige Patient, mit dem fangen wir an. Es sind die Symptome des Patienten – nicht unbedingt die Symptome der Erkrankung, deretwegen uns der Patient aufgesucht hat.

HAHNEMANN sagt, der Arzt möge zur Kenntnis nehmen, daß er es nicht mit Erkrankungen zu tun hat, sondern mit kranken Menschen. In einem Patienten haben wir einen Menschen vor uns, *der leidet*; ein Individuum, welches von der Norm seiner Mitmenschen abweicht und ebenso von seiner eigenen Norm; ein Sterblicher bis zu einem gewissen Grad nicht in Übereinstimmung mit seiner Umgebung, sowohl körperlich, als auch gemütsmäßig und deshalb unglücklich.

Wenn Sie lediglich einen Fall einer bestimmten Erkrankung behandeln und die Absicht haben, diese Erkrankung durch das Repertorium und die Materia medica zu jagen, werden Sie das heilende Mittel bestimmt

nicht entdecken. Zunächst einmal müssen wir feststellen, daß Mittel selten so lange geprüft worden sind, bis sie wirklich pathologische Veränderungen entwickeln konnten; und wenn Ihre Arbeit sich nur auf pathologische Veränderungen aufbaut, so sind Sie verloren. Aber auch dann, wenn wir annehmen, daß viele Mittel so weit geprüft wurden, daß sie in der Lage gewesen sind, z. B. eine Pneumonie zu entwickeln, so wird doch jedes nicht nur eine Pneumonie mit ihren spezifischen Symptomen entwickelt, sondern ebenso Symptome verursacht haben, die spezifisch für die individuellen Prüfer waren. Man müßte also trotzdem individualisieren, um heilen zu können.
Pathologen wissen, daß es Mittel gibt, die Pneumonie oder Ischias hervorrufen können; aber was sie nicht wissen ist, daß sie *modifizierte* Pneumonien oder Ischias hervorrufen.
Was man entdecken muß, ist das Mittel, welches *vom Patienten selbst benötigt* wird; das Mittel, welches ihm entspricht, sowohl körperlich als auch seelisch (und besonders seelisch). Sie benötigen sein individuelles Mittel; das Mittel nämlich, *nach dem die Symptome rufen*, die in ihm selbst liegen – nicht diejenigen, die auf der pathologischen Veränderung beruhen.

2.3 Der Patient und sein Symptom

Sie werden viele Symptome finden, die den Patienten sehr drücken, die Sie sofort weglegen können, da sie Ihnen keinesfalls hilfreich bei Ihrer Suche nach dem Mittel sind. Ein Patient mit Ankylose ist selbstverständlich versteift. Die Versteifung beschwert ihn; wegen dieser Versteifung beschwert er sich bei Ihnen, da sie seine Bewegungen einschränkt und seine Aktivitäten lähmt. Aber die Versteifung hilft Ihnen nicht bei der Suche nach dem Mittel für diesen Patienten. Es ist ein gewöhnliches und unvermeidbares Symptom bei Ankylose, hervorgerufen durch die pathologischen Veränderungen.
Atemnot mit einer vergrößerten Schilddrüse, die teilweise hinter dem Sternum eingeklemmt ist, macht dem Patienten erhebliche Beschwerden; aber es ist keinesfalls ein wichtiges Symptom, da es keine Qualifikation im Hinblick auf die Repertoriumsarbeit hat. Es ist ein »gewöhnliches« Symptom, abhängig von mechanischen Gründen. Das Mittel braucht keinesfalls Dyspnoe im hohen Grad in seinem Mittelbild haben, auch wenn es dazu geführt hat, solch eine Veränderung hervorzurufen. Auf der anderen Seite wird aber Atemnot, bei der man keinerlei deutlicher mechanischer Veränderung die Schuld geben kann, bestimmte Mittel in Betracht ziehen lassen, insbesondere wenn sie

außerdem noch durch *bestimmte Modalitäten* qualifiziert wird, z. B. »schlimmer durch nasses Wetter – beim Erwachen – während des Schlafes«. Oder weiter: Häufigkeit von Wasserlassen bei einem bösartigen Gewächs, welches das Becken ausfüllt, hilft einem nicht bei der Wahl des Mittels. Es ist ein Symptom, hervorgerufen durch eine große pathologische Veränderung; *kein Symptom, das den Patienten selbst zur Geltung* bringt, sondern das abhängig von mechanischem Druck ist und sich sofort nach Entfernung des Tumors bessert.
Symptome, die von *mechanischen Veränderungen abhängig* sind, drükken nicht den Patienten aus und sind für die homöopathische Verordnung nutzlos. Sie können höchstens zu einem mehr oder weniger palliativen Mittel führen – palliativ im Hinblick auf die Druckbeschwerden – aber haben keinerlei Wert beim Aufsuchen des heilenden Mittels.

> Bevor man also sein Repertorium öffnet, kann man alle Symptome weglassen, die von starken Veränderungen abhängig sind und so kann man seine Arbeit etwas verringern.

Das heißt – man soll einen Patienten zunächst einmal sorgfältig untersuchen, bevor man mit dem Repertorium anfängt. Versichern Sie sich, daß die Symptome, die Sie als für den Patienten sonderlich und charakteristisch ansehen nicht nur eine Folge der Erkrankung sind. Aber denken Sie daran, daß Sie keine Symptome, die von einer Erkrankung abhängig sind, eliminieren können, wenn Sie die Krankheit nicht vorher diagnostiziert haben!

2.3.1 Gewöhnliche Symptome

Neben den pathologischen Symptomen gibt es gewöhnliche Symptome. Auch diese werden uns nicht helfen, wenn sie nicht durch irgendetwas qualifiziert werden. Aber sie werden Ihnen ungeheure Arbeit machen, wenn Sie sich entscheiden, mit diesen anzufangen.
Gewöhnliche Symptome gibt es in zwei Arten. Es gibt die gewöhnlichen Symptome der *Erkrankung selbst*, die lediglich Diagnosewert haben und nicht zeigen, wie der Patient auf das besondere »krankmachende Agens«, wie HAHNEMANN es nennt, reagiert; dann gibt es Symptome, die bei einer *enormen Anzahl von Mitteln* auftreten und deshalb für die Wahl des Mittels selbst wertlos sind – z. B. Durchfall, Erbrechen, starkes Schwitzen, Kopfschmerzen. Gewöhnliche Symptome unterscheiden nicht – und wir müssen unterscheiden können – wenn wir das Mittel herausfinden wollen.

Nehmen wir die Frage des Durstes: Ihr Patient hat Fieber und ist außerordentlich durstig. Dies ist in zweifacher Weise ein gewöhnliches Symptom – Durst ist gewöhnlich bei vielen Mitteln und bei den meisten Fiebern. Man muß etwas Besseres haben – etwas, das unterscheidet und qualifiziert, um das Symptom für uns wertvoll zu machen; und das, obwohl das Symptom ein Allgemeinsymptom und vom Standpunkt des Patienten aus gesehen auch dringlich ist. Forschen Sie also weiter und sehen Sie nach, ob Sie es nicht *brauchbar machen können*:

Zum Beispiel finden Sie, daß der Durst zu einer ganz bestimmten Zeit auftritt; oder nur während des Kältestadiums, oder davor; oder daß es ein Durst auf eine große Menge ist, oder auf eine kleine; oder, daß da eine Durstlosigkeit nur während des Stadiums der sehr hohen Temperatur besteht; oder ein starker Durst ohne ein Verlangen zu Trinken. Das sind Dinge, die *an dem Individuum spezifisch sind* und ebenso spezifisch für eine geringere Anzahl von Mitteln und aus diesem Grunde unterscheidend. So etwas unterstreichen Sie. Sie werden sehen, daß Sie mit diesen dann das Mittel finden. Sie sehen, wie man ein gewöhnliches und nutzloses Symptom möglicherweise in eines überführen kann, das KENT (HAHNEMANN!) **»sonderlich, ungewöhnlich und eigenheitlich«** bezeichnet – und deshalb müssen »Allgemeinsymptome« – wenn sie sonderlich, ungewöhnlich und eigenheitlich sind, dem Patienten selbst angehören.

Das gilt gleichfalls für alle gewöhnlichen Symptome, ob sie nun allgemein für den Patienten oder spezifisch für seine Körperregionen sind – Diarrhoe, Erbrechen, örtliche Schmerzen, Kopfschmerzen – alle die Beschwerden, deretwegen er Ihre Hilfe beansprucht. Schauen Sie nur, wie groß diese Rubriken sind, fast jedes Mittel findet sich dort! *Fangen Sie niemals mit denen an*. Sie sind wertlos, wenn man nicht irgendetwas findet, das sie qualifiziert oder unterscheidet, was eigenheitlich bei diesem besonderen Patienten mit Diarrhoe oder Kopfschmerzen ist. Wenn das zutrifft, kann Ihnen auch ein gewöhnliches Symptom, welches qualifiziert ist, helfen.

Aber wenn wir nun nicht die Beschwerden, unter denen der Patient leidet, nehmen dürfen, und auch nicht die dringlichen und quälenden Symptome, die von einer Veränderung herrühren, was sollen wir denn dann nehmen? Welches sind die Symptome, die den Patienten wirklich bezeichnen und mit denen wir etwas anfangen können? Und wie sehen Symptome aus, die man – bezugnehmend auf ihre relative Wichtigkeit – höher einstufen kann?

2.3.2 Geist- und Gemütssymptome

KENT (der HAHNEMANN in diesen Dingen und auch sonst eng folgt) ist sehr entschieden im Hinblick auf die *Symptome höchsten Grades* – solche von der höchsten Wichtigkeit im vorliegenden Fall und die, die den Patienten selbst am absolutesten zum Ausdruck bringen. Dieses sind die Geist- und Gemütssymptome. Wenn sie deutlich sind, so beherrschen sie den Fall.

So finden Sie vielleicht, daß ein Patient außerordentlich eifersüchtig ist oder mißtrauisch oder tränenreich oder gleichgültig gegen seine Angehörigen oder zurückgezogen mit Abneigung gegen Mitleid und Trost. Während einer Krankheit treten solche Dinge auf. Bei einer Krankheit scheint sich das ganze Wesen zu ändern. Der Schnelle und Tollkühne wird furchtsam um sich selbst und andere; der Gutgelaunte wird bissig; der Reizbare und Ruhelose wird geduldig. Wenn ein Gemütszug besonders hervortritt und insbesondere, wenn er einen Wechsel der normalen Erscheinung des Patienten bedeutet, so ist das von großer Wichtigkeit für den Fall. Dieser Gemütszug muß im selben Grad in den Rubriken als auch beim Patienten auftreten, was bedeutet, daß nur Mittel in höherem Grad ähnlich genug sind, um für den Fall zu passen.

Wenn das Symptom nicht sehr deutlich ist, müssen Sie darauf achten, wie Sie es bei der Mittelwahl verwenden; wenn die Rubrik sehr klein ist, so können sie es nehmen, aber fügen Sie noch eine größere Rubrik hinzu, welche mehr oder weniger diesen Zug auch beinhaltet. Riskieren Sie keinesfalls, daß Sie Ihr Mittel durch ein schlecht markiertes Gemütssymptom oder durch eine sehr kleine Rubrik verfehlen. Aber wenn das Symptom sehr deutlich ist, so wissen Sie, daß das Mittel, welches Sie suchen, unter den Mitteln in dieser Rubrik sein muß, und auf diese Weise können Sie auch wiederum Ihre Arbeit vereinfachen.

> KENT sagt: »Wenn Sie einen Fall niederschreiben, so müssen Sie auf die Symptome setzen, die bei dem betreffenden Individuum nicht weggelassen werden können.«

So ein hervorragendes Gemütssymptom – Gemütssymptome sind vom höchsten Grad – kann dann eines der Symptome sein, die man bei diesem Individuum nicht auslassen darf; Ihr Mittel muß hier zu finden sein. Sie können es deshalb als *eliminierendes Symptom* ansehen, Sie können es mit all den folgenden Rubriken, die Sie auch noch in Betracht ziehen, vergleichen; auf diese Weise können Sie häufig alle die Mittel fallen lassen, die nicht in dieser ersten essentiellen Rubrik auftauchen. Mit

diesem stark eliminierenden Symptom, direkt aus dem Zentrum des Zentrums des Patienten, können Sie durch die Rubriken der Patientensymptome in ihre Ordnung gehen.
Das heißt, zuerst die Geist- und Gemütssymptome, dann die Allgemeinsymptome, dann die sonderlichen mit Modalitäten, indem wir aus der Rubrik nur die Mittel nehmen, die in der ersten Rubrik (krankhafte Eifersucht, oder was immer es sein mag) auftreten, also, man nimmt alle diese Eifersuchtsmittel auch aus jeder der nachfolgenden Liste. Auf diese Weise kann man rasch vorankommen, bis man sicher ist, daß man das Mittel gefunden hat, das dem Patienten als Ganzem ähnelt.
Um mit Sicherheit zu eliminieren, muß man die Symptome sehr ernsthaft studieren und nicht oberflächlich. Man muß sich absolut sicher sein, daß die Symptome wirklich vorhanden und deutlich sind; daß sie auch wirklich den aktuellen Zustand des Patienten zum Ausdruck bringen. Sie werden viele Fragen stellen müssen, um einige wenige wirklich zählende Symptome herauszufinden, und Sie müssen sich sicher sein, daß Sie und Ihr Patient das gleiche Ding meinen. Da gibt es viele verdeckte Fallgruben. Sogar die Gemütssymptome sind gewertet.

Am höchsten werten wir Symptome, die sich auf den **Willen** beziehen, mit Liebe und Haß, Mißtrauen und Ängsten.

Bspl.: Mutter haßt ihr Kind, ist eifersüchtig, Angst vor Erkrankung und vor Einsamkeit.

Vom zweiten Grad sind Symptome, die das **Verstehen** betreffen.

Bspl.: Wahnvorstellungen, Delirium, Verlust des Gefühls für Größen, Übertreibung von Kleinigkeiten, Wahnvorstellungen von Größe und Verfolgung.

Vom dritten und untersten Gemütsgrad sind die Symptome, die eine Beziehung zum **Gedächtnis** haben.

Um Kent (Hahnemann) weiter zu folgen, sind die sonderlichen, ungewöhnlichen und eigenheitlichen Symptome bei den Allgemeinsymptomen von höchstem Grad; und zwar deshalb, weil die sonderlichen, ungewöhnlichen und eigenheitlichen Symptome dem Patienten selbst angehören. Diese haben einen hohen Stellenwert bei der Suche nach dem Mittel, allerdings eine Stelle, die von ihrem Grad abhängig ist, da ein *sonderliches Gemütssymptom* einen höheren Rang einnimmt als ein lediglich *sonderliches Lokalsymptom*. Viele von ihnen weisen nur auf ein oder zwei Mittel hin. Stellen Sie diese hoch in Ihre Liste, aber verwenden Sie sie mit Vorsicht.

KENT sagt: »Das große Problem mit den Schlüsselsymptomen ist, daß sie mißbraucht werden. Die Schlüsselsymptome sind oft charakteristische Symptome. Aber wenn man die Schlüsselsymptome als absolut nimmt und wenn die Allgemeinsymptome nicht dazu passen, so wird man Mißerfolge erleben.«

Ein Symptom wegwischen und einen Patienten heilen sind zwei verschiedene Dinge.

Bei den Prüfungen kann ein Mittel in jedem Fall lediglich das ansprechen, was bereits *vorher* in dem Prüfling latent vorhanden ist – ebenso wie eine Krankheit nur die Schwachpunkte herausbringt – und deshalb erkranken keine zwei Patienten genau auf die gleiche Weise. Es müssen viele Prüfer der verschiedensten Typen und der verschiedensten Abwehrschwächen aufgeboten werden, um das vollständige Bild der Mittelwirkung herauszubringen. Wenn mehr Mittel gründlicher geprüft wären, so hätten mehr sonderliche, ungewöhnliche und eigenheitliche Symptome das Licht des Tages erblickt. Ein individuelles, patienteneigentümliches Mittel, verordnet aufgrund von Gemüts- und Allgemeinsymptomen, wird häufig sonderliche Symptome eliminieren, die niemals bei einer Prüfung durch dasselbe Mittel hervorgerufen wurden und die möglicherweise deutliche Schlüsselsymptome einiger anderer Mittel sind.

Seien Sie deshalb vorsichtig, wenn Sie seltene und sonderliche Symptome als eliminierende Symptome verwenden, wenn sie nur ein oder zwei Mittel enthalten. Man kann das leicht machen, aber häufig ist das fatal. Sie können einen direkt zu Ihrem Mittel hinführen (wenn der Rest des Falles dazu paßt), aber sie können einen genausogut vollständig davon wegführen. Man darf sie keinesfalls dazu benutzen, um irgendein Mittel hinauszuwerfen; trotzdem liefern sie einen deutlichen Grund für die Hervorhebung eines Mittels, von dem man weiß, daß es sie sowohl hervorruft als auch heilt, aber nur bei Fällen, wo nichts von den Allgemeinsymptomen dem entgegen steht. Sie sind oft unschätzbar, um die endgültige Entscheidung zu fällen.

Es kann aber auch vorkommen, daß keine deutlichen Gemütssymptome vorhanden sind, aber der Patient z. B. sehr verfroren ist und Kälte in keiner Weise verträgt. In so einem Falle kann man seine Arbeit insofern reduzieren, indem man aus jeder Rubrik die warmen Mittel eliminiert,

solche, die keine Wärme vertragen, wenn man seine Liste zusammenstellt. Umgekehrt, wenn der Patient eine warme Person ist und Hitze in jeder Form nicht verträgt, so sieht man in jeder Rubrik nur nach den warmen Mitteln; man kann die kalten Mittel dann vernachlässigen. Aber um sicher zu sein, müssen solche Symptome den Patienten als Ganzes betreffen und nicht nur einzelne Teile (da allgemeine und besondere Symptome oft widersprüchlich sind), und sie müssen sehr deutlich sein. Wenn man diese Methode zu leichtfertig anwendet, so hat man immer das Risiko, daß man schon am Anfang das richtige Mittel verwirft. *Es ist diese Furcht, das richtige Mittel zu verpassen*, die manchem von uns solche Mühe bei unseren Fällen macht, indem man Methoden verwendet, die KENT folgendermaßen beschreibt: »Hart und schwierig, die eine viel größere Menge Arbeit verursachen, als er sie bei seinen eigenen Fällen benötigt«. Er brandmarkt diese als »Arbeit gegen den Strom«.
KENT hat eine kleinere Zusatzrubrik von Mitteln, die sowohl von Wärme als auch Kälte verschlechtert werden, nützlich bei Patienten, für die beide Extreme der Temperatur unverträglich sind. In dieser Liste sind sowohl warme als auch kalte Mittel enthalten.

2.3.3 Die relative Wichtigkeit

Ich füge hier eine Liste der Graduierungen ein, so wie wir sie mehr oder weniger verstehen; denn KENT sagt: »Der Student und Arzt müssen sich anstrengen, die Allgemeinsymptome, die gewöhnlichen Symptome und die sonderlichen Symptome in ihrem ganzen Ausmaß zu erfassen, wenn sie Arbeit sparen wollen«. Und die Kenntnis der relativen Wichtigkeit der hervorstechenden Symptome eines Falles ist grundlegend für die beste und rascheste Arbeit.

Geist und Gemüt
- Wille; zusammen mit Liebe, Haß, Ängsten.
- Verständnis; mit Wahnvorstellungen (Täuschungen), Delirien.
- Gedächtnis.

Sonderlich, ungewöhnlich und eigenheitlich
Diese können bei den Geist- und Gemütssymptomen auftreten, aber auch bei Allgemein- und Lokalsymptomen und sind deshalb von wechselnder Bedeutung und Rangstelle.

Körperlich
- Sexuelle Perversionen (Liebe und Haß physisch).
- Symptome in Bezug auf den Magen (z. B. Verlangen und Abneigung von Nahrungsmitteln; warme und kalte Speisen und Getränke; Appetit; Durst).

Körperliche Allgemeinsymptome – Reaktionen auf
- Wärme und Kälte
- Zeit
- Feucht und trocken
- Elektrizität
- Sauerstoff und Kohlensäure
- Menstruation
- Körperlage, Schwerkraft
- Druck, Bewegung, Fahrkrankheit, etc.
- Nahrungsmittelverschlimmerung und -besserung

Der Charakter der Absonderungen (bsplw. Farbe, Geruch).

2.3.4 Lokalsymptome

Diese beziehen sich auf einen Teil und nicht auf das Ganze und *sind immer qualifiziert*. KENT sagt von ihnen:
»Erwarten Sie nicht, daß ein Mittel, welches Allgemeinsymptome enthält auch die kleinen Symptome enthalten muß. Es ist eine Zeitverschwendung, alle die kleinen Symptome aufzusuchen, wenn das Mittel die Allgemeinsymptome deckt. Nichts stört mich so sehr, als die langen Briefe, die ich von anderen Ärzten bekomme, die zeigen, wie sie ihre Zeit mit nutzlosen Einzelheiten verschwendet haben. Finden Sie jedoch deutliche, eigentümliche und sonderliche Symptome, dann muß man sie beachten und sehen, daß sie nicht den Allgemeinsymptomen des Falles entgegenstehen oder sogar widersprechen.«
Er sagt außerdem noch: »Wenn Sie sich die Liste Ihrer Symptome ansehen, so suchen Sie erst einmal drei, vier oder fünf oder sechs (oder wie viele auch immer vorhanden sein mögen) Symptome, die sonderlich, ungewöhnlich und eigenheitlich sind und werten Sie diese *als erste* aus. Das werden die *höchstrangigen Allgemeinsymptome* sein, weil die sonderlichen, ungewöhnlichen und eigenheitlichen dem Patienten selbst angehören. Wenn Sie dann drei, fünf oder sechs Mittel gefunden haben, die diese erstrangigen Allgemeinsymptome enthalten, dann suchen Sie dasjenige heraus, welches dem Rest der Symptome – ob allgemein oder lokal – am ähnlichsten ist.«
»Wenn man den Fall aufgezeichnet hat, muß man zunächst die Symptome nehmen, die bei dem jeweiligen Individuum nicht weggelassen werden können. Wenn eine Verschlimmerung durch Bewegung besteht, so darf man das nicht weglassen – außer es handelt sich um ein gewöhnliches Symptom z. B. wenn die Bewegungsverschlimmerung die Folge einer Entzündung ist. (Jedes entzündete, geschwollene Gelenk wird durch Bewegung verschlimmert und in diesem Fall ist die Verschlimme-

rung durch Bewegung nicht viel wert). Sie ist schlimmer durch Trost, haßt ihre Mutter, haßt ihre Kinder, ist schlimmer durch Musik, ist traurig vor der Menses, ist frostig während der Menses, während des Stuhlgangs und während des Wasserlassens. Oder sie ist immer zu warm, schlimmer in einem warmen Raum, Verlangen nach kalter Luft, und alle Symptome treten auf, wenn sie zu warm angezogen ist. Dann muß man sehen, wie viele Mittel man dabei hat; möglicherweise nur drei oder vier oder auch nur eines. Dann stelle man fest, ob es irgendetwas in diesem Fall gibt, das diesem einen Mittel entgegensteht. Wenn es da nichts gibt, dann kann man es verabreichen. Wenn man die Schlüsselsymptome von **Arsenicum** sieht und sich überzeugt hat, daß der Patient frostig ist und empfindlich gegen Luft, ängstlich, ruhelos, schwach, blaß und die Bilder an der Wand ganz genau hängen müssen, dann wird Arsenicum ihn heilen.«

Wenn die Schlüsselsymptome wie **Pulsatilla** aussehen, so muß man sich überzeugen, daß sie nicht frostig ist, daß sie die Fenster gerne offen hat, daß sie gerne spazieren geht, besser durch Bewegung ist, tränenreich, freundlich ... um es zu wiederholen: Das größte Problem mit den Schlüsselsymptomen ist, daß sie mißbraucht werden. Die Schlüsselsymptome sind oft charakteristische Symptome; aber wenn man die Schlüsselsymptome für die endgültige Lösung nimmt und die Allgemeinsymptome nicht dazu passen, dann hat man Mißerfolge.«

2.4 Suchen und Finden im Repertorium

Jetzt zum Repertorium. Wir wissen also, was wir wollen; nun laßt uns sehen, ob wir es auch finden. (Die folgenden Ausführungen beziehen sich auf die Ordnung von »KENT's Repertory«, die im »Repertorium Generale« von KÜNZLI beibehalten wurde, ebenso im Computer-Repertorium »MacRepertory«. Die Ordnung findet sich auch in der Übersetzung von ERBE. In der Übersetzung von KELLER/KÜNZLI ist diese Ordnung teilweise verändert, ebenso in KENTS Praktikum von EICHELBERGER. Anmerkung des Übersetzers).

Zunächst handelt es sich beim Repertorium um die Frage des Anfangs und des Endes – die Geist- und Gemütssymptome stehen im ersten Kapitel des Buches und die Allgemeinsymptome finden wir im letzten Kapitel. Diese sind die wichtigsten für uns. Viele chronische Fälle kann man lediglich mit den Geist- und Gemütssymptomen und den Allgemeinsymptomen lösen und dann werden sich die Lokalsymptome auf wundersame Weise einordnen.

Man beachte, daß es immer die gleiche Ordnung ist, die sich bei den

Geist und Gemütssymptomen am Anfang des Repertoriums findet, genau wie bei den Allgemeinsymptomen am Ende und ebenso in allen dazwischenliegenden Kapiteln. So können wir es ein für allemal bewältigen.

ZUERST → DIE ZEIT

DANN → KRANKHEITSZUSTÄNDE IN ALPHABETISCHER ORDNUNG

DANN → Bslpw. Schmerz
ORT, CHARAKTER (ART), ERSTRECKUNG

Beispiel: Man nehme ein Geist- und Gemütssymptom aus dem ersten Kapitel des Buches = Angst.
Zuerst immer: Zeit: ... Angst; morgens, nachmittags, nachts; zu einer bestimmten Zeit.
Dann: Krankheitszustände, bei denen Angst beobachtet worden ist in alphabetischer Ordnung: ... Angst; an der frischen Luft, im Bett, als ob eines Verbrechens schuldig, während des Fiebers, um andere, vor den Menses, um das Seelenheil, beim Erwachen, usw.
Nun wendet man sich zum letzten Kapitel des Repertoriums – zu den Allgemein-Symptomen. Hier haben wir Verschlimmerungen, Besserungen und Reaktionen des Patienten als Ganzes auf seine physische Umgebung; und hier findet sich nun genau die gleiche Anordnung.
Zuerst im Hinblick auf die Zeit. Der Patient ist im allgemeinen schlimmer morgens, mittags, nachts oder zu der und der Zeit (wenn keine besondere Modalität genannt ist, so handelt es sich jeweils um eine Verschlimmerung.
»Beim Erwachen« bedeutet »schlimmer beim Erwachen«. Normal ist es, daß man durch Schlaf gebessert wird. Wir repertorisieren nicht das Normale).

Allgemeinbeschwerden – Allgemeinsymptome

Nach der Zeit kommen die Allgemeinbeschwerden als Ganzes in alphabetischer Ordnung. Sie betreffen immer den Patienten allgemein (die Verschlimmerung der einzelnen Teile: Kopf, Haut, Magen, Gliedmaßen stehen weiter *vorne im Buch*, jedes in seinem eigenen Kapitel).
Unter den Allgemeinsymptomen am *Ende des Buches* finden sich Verschlimmerung und Besserung durch Baden und Waschen; durch Kälte; durch Feuchtigkeit und Trockenheit; durch Lage, Bewegung, Druck, Essen, Schlaf usw.
Hier findet man auch – alphabetisch eingeordnet zwischen allem übrigen

– nahezu alles, was an *klinischen Diagnosen* in diesem Buch enthalten ist, und das ist nicht sehr viel. Ebenso finden sich bestimmte Erkrankungen an ihrem alphabetischen Platz z.B. Ohnmacht, Krämpfe, Völle, Schmerzen im allgemeinen, ihr Beginn langsam oder plötzlich, und ihr Verschwinden in der gleichen Weise, ihre Kombinationen, ihr Charakter: Brennen, Pressen, Schießen usw.; und ihre Richtung: Schmerzen, die nach oben schießen, nach unten, nach innen, nach außen oder quer rüber. (Weiterhin finden wir unter den verschiedenen Überschriften in ihren verschiedenen Kapiteln die verschiedenen lokalen Schmerzen, die sich in Kopf, Gliedmaßen, Gelenken und Organen zeigen).

Unter diesen größeren Überschriften, z.B. Ohnmacht oder Krämpfe finden wir erneut bestimmte *Qualifikationen, Verschlimmerungen* und *Besserungen*; und in allen diesen bis hin zu den kleinsten Unterkapiteln finden wir dieselbe Ordnung. Zuerst die Zeit, dann die Erkrankung, alles alphabetisch (z.B. Ohnmacht morgens, nach Mitternacht, zu einer bestimmten Zeit, während des Fiebers, vor oder nach dem Essen, bei Anstrengung, nach den Menses, beim Stehen, und eine Menge anderer).

Aber es gibt auch noch einige wenige Allgemeinsymptome, die in den vorangehenden Kapiteln des Buches verstreut sind, und wir müssen wissen, wo man sie findet.

Verlangen und *Abneigung* im Hinblick auf Nahrungsmittel finden sich unter »Magen«, mit Hunger und Durst – die letzteren wiederum mit ihren Modifikationen, Qualifikationen im Hinblick auf Zeit zuerst und die anderen Beschwerden dann in alphabetischer Ordnung. Man beachte bitte, daß Hunger und Durst, Verlangen und Abneigung gegen bestimmte Nahrungsmittel im Kapitel »Magen« angeordnet sind, und daß sich Verschlimmerungen und Besserungen durch Essen und Trinken und durch die verschiedenen Nahrungsmittel und Getränke (die meisten von ihnen unter der Überschrift »Nahrungsmittel«) bei den Allgemeinsymptomen am Ende des Buches entnehmen lassen.

(Im Synthetischen Repertorium von BARTHEL/KLUNKER werden diese eigentlich zu den Allgemeinsymptomen zu rechnenden Rubriken aus dem Kapitel »Magen« herausgenommen und zu einem besonderen Kapitel »Nahrungsmittel« unter den Allgemeinsymptomen geführt).

In der gleichen Weise finden sich die allgemeinen Verschlimmerungen und Besserungen in Bezug auf die Menses bei den Allgemeinsymptomen, während alle wichtigen Menstrualbeschwerden sich im Kapitel »Genitalien – weibliche« finden. Trotzdem finden sich Lokalsymptome mit Menstrualmodalitäten von Anfang bis Ende des Buches. Beispiel: Zahlreiche Geist- und Gemütssymptome werden durch die Menses modifiziert und finden sich somit unter den jeweiligen Überschriften im

Geist- und Gemütkapitel. Zahlreiche Kopfschmerzformen werden durch die Menses im Kapitel »Kopf« modifiziert. Magen- und Bauchbeschwerden modifiziert durch die Menses finden sich im Kapitel »Magen« oder »Abdomen«.

> So wird überall und alles in der gleichen Ordnung aufgeführt. Die Besserung und Verschlimmerung des Patienten als Ganzes findet sich immer unter den Allgemeinsymptomen. Die Verbesserung und Verschlimmerung im Hinblick auf ein Teil oder ein Organ (das Lokalsymptom) findet sich immer an seinem zugehörigen Platz z. B. unter Kopf, Magen, Brust, Extremitäten.

Die Lokalsymptome

Zwischen den Geist- und Gemütssymptomen am Anfang und den Allgemeinsymptomen am Ende findet sich der Zwischenteil des Buches, der sich – abgesehen von einigen wenigen Ausnahmen – mit den Lokalsymptomen beschäftigt, d. h. nicht mit dem Patienten als Ganzem, sondern mit seinen verschiedenen Teilen.

Schauen wir uns jetzt »Schmerzen in den Extremitäten« an, das erschrekkendste und verwirrendste aller Kapitel. Es füllt mehr als 120 Seiten des Buches und man kann es unmöglich ohne Kenntnis der Ordnung anwenden.

Es beginnt wie gewöhnlich mit dem, was mehr allgemein ist: ... »Schmerzen allgemein in den Extremitäten«. Zuerst im Hinblick auf die *Zeit*, dann die gewöhnlichermaßen modifizierenden *Beschwerden in alphabetischer Ordnung* z. B. während Frost, beim Liegen, während Menses, rheumatisch, abwechselnd mit den verschiedensten Beschwerden, wandernd und wechselnd, bei nassem Wetter, usw.

Dann danach Schmerzen, wo sie allgemein lokalisiert sind: In Knochen, Beugemuskeln, Gelenken, Nägeln, Sehnen – immer qualifiziert im Hinblick auf die verschiedensten Beschwerden, zuerst wieder im Hinblick auf die Zeit und danach der Rest in alphabetischer Reihenfolge.

Dann die Schmerzen lokalisiert in den oberen Gliedmaßen allgemein: *rechts, links*, mit den gleichen Beschwerden folgend, zuerst im Hinblick auf die Zeit und dann der Rest wieder *alphabetisch*, dann die *Erstrekkung*.

Nachdem er die oberen Gliedmaßen als Ganzes beendet hat, geht KENT nun in die Teile:

Schulter, Oberarm, Ellbogen, Unterarm, Handgelenk, Hand, Finger mit allen Einzelheiten, zu den einzelnen Fingern, mit den Gelenken, Nägeln, Fingerspitzen; jedesmal mit den Beschwerden in der gleichen

Ordnung: Zeit → andere Beschwerden alphabetisch → dann die Erstrekkung.
Wenn auf diese Weise die oberen Gliedmaßen behandelt sind, werden dann die unteren Gliedmaßen in genau der gleichen Weise vorgenommen, mit den gleichen Einzelheiten und der gleichen Ordnung. Damit werden die Lokalsymptome allgemein beendet. Als nächste betrachtet KENT dann die Art der Schmerzen: Unter den verschiedensten Überschriften wie *bohrend, brechend, brennend, drückend, gebrochen,* usw., und jedesmal wird es dann wieder genauso gemacht. Z. B. Brennend: allgemein mit seinen Zeiten und den weiteren Umständen.
Brennen in den Gelenken, Nägeln.
Brennen in den Armen mit Seiten, Zeiten und den weiteren Bedingungen und Erstreckungen.
Brennen in allen Orten, in der Ordnung: zuerst die oberen Gliedmaßen, dann die unteren, in jedem Fall mit den üblichen Modalitäten, zuerst die Zeit, dann der Rest in alphabetischer Ordnung und dann wieder die Erstreckung.
So durch all die verschiedenen Arten von Schmerzen wie *brennend, drückend, schießend, ziehend* usw. Jede Art wird durch alle Lokalisationen geführt, immer vom *Größeren und Allgemeineren* zum *Kleineren und Besonderen*. Und wie immer mit den Zeiten der Verschlimmerung und mit den anderen Verschlimmerungsbedingungen und dann wieder der Erstreckung. Wirklich ein bewundernswertes Werk.
Auf diese Weise finden wir uns immer im Repertorium zurecht: Welcher Schmerz auch immer einem begegnet, ob in Kopf, Blase oder Rücken, die Anordnung ist immer dieselbe:
Zuerst Schmerz allgemein, dann im Hinblick auf die Zeit und die anderen Modalitäten, und dies jeweils wieder in alphabetischer Ordnung.
Danach: Die Schmerzen lokalisiert in Hinblick auf die Zeit, die anderen Modalitäten, Erstreckung.
Dann der Charakter des Schmerzes allgemein mit Zeit, anderen Modalitäten und Erstreckung, dann der Charakter des Schmerzes in Bezug auf den jeweiligen Ort, in der gewöhnlichen Abfolge jeweils im Hinblick auf die Zeit, die anderen Modalitäten, in alphabetischer Ordnung, und dann wieder die Erstreckung.

Das KENT'sche Ordnungsschema

Der Homöopath kennt bereits die grundsätzliche Anordnung des Repertoriums, weil es die gleiche Ordnung wie die der Materia medica ist. Trotzdem wollen wir noch einen Gang durch dasselbe unternehmen, denn es gibt noch einige schwierige Punkte, wenn wir suchen, »was wir wollen«. Nehmen wir uns die Kapitel der Reihe nach vor:

Geist- und Gemüt

Hier insbesondere müssen wir ständig lesen und vergleichen. Oft wird es so sein, daß wir zunächst die Idee haben und gehen dann zu den Synonymen, um das zu finden, was wir wirklich brauchen. Manchmal müssen wir auch Rubriken kombinieren. Unter den Geist- und Gemütssymptomen sind die Unterrubriken oft wichtiger als die Rubriken unter den großen und mehr allgemeinen Überschriften.

»Weinen« ist eine sehr große Rubrik und enthält sehr viele Mittel. Aber es wird z. B. dadurch qualifiziert, daß man nur zu einer bestimmten Stunde weint; oder abwechselnd mit Fröhlichkeit; grundlos; Trost verschlimmert; beim Berichten der Symptome; durch Musik. Diese Umstände individualisieren und bringen uns dem Mittel näher. Es macht sich bezahlt, ständig die Geist- und Gemütssymptome zu studieren; genau zu wissen, was man genau da finden kann, oder unter welchem genauen Wortlaut. Man bemerke z. B., daß hier die Empfindlichkeit gegen Licht, Geräusch usw. steht, währenddessen die Empfindlichkeit gegen Gerüche unter »Geruch, empfindlich« im Kapitel »Nase« zu finden ist.

Schwindel

Hier gibt es verschiedene Überschriften, die folgendes bezeichnen: Leichtigkeitsgefühl; Empfinden von Herabsinken; Neigung nach rechts zu fallen, nach links, usw.

Kopf

Enthält Haare. Hier finden sich alle Kopfempfindungen und -schmerzen. Und hier finden wir dann das für den Kopf alleine, was wir oben schon bei den Allgemeinsymptomen bei den Schmerzen generell gefunden haben, d. h. zunehmend und abnehmend, plötzlich oder langsam und ihre Kombinationen.

Auge

Mit verschiedenen Kapiteln, und dann »Sehen«.

Ohr

Mit Absonderungen und Schmerzen mit einem Unterkapitel: »Hören«.

Nase

Ihre Funktionen enthaltend, »Geruch«.

Gesicht

Mund

Enthaltend die Zunge, die zwischen den übrigen Abteilungen eingebettet ist; aber es gibt ein Extrakapitel für »Zähne« (die belegte Zunge findet sich unter »Mund, Verfärbung«).
Vom Mund geht es dann weg in den Verdauungstrakt: zuerst Hals mit Tonsillen, Uvula, Ösophagus. KENT schiebt da noch »Äußeren Hals« mit Zervikaldrüsen und Thyreoidea ein. Dieses Kapitel ist oft schwer zu finden.

Magen

Mit den wichtigen Allgemeinsymptomen – Verlangen und Abneigung im Hinblick auf die Nahrung, Hunger und Durst. (Wie schon oben bemerkt, besser und schlimmer durch Essen und Trinken und durch verschiedene Speisen findet sich unter »Allgemein«).

Abdomen

Hier finden sich die meisten Menstrualschmerzen. Da es manchmal schwierig ist, zwischen Magen- und Abdominalschmerzen zu unterscheiden, empfiehlt es sich, beide Kapitel zu nehmen.

Rektum

Mit einem Extrakapitel für »Stuhl«. Diarrhoe, Verstopfung und Stuhldrang finden sich unter »Rektum«, wohingegen sich der Charakter des Stuhls – weich, hart, groß, spritzend, heftig, Farbe, Geruch usw. unter »Stuhl« findet.

»Harnorgane«

Unter »Harnorgane« finden sich nicht weniger als 5 Kapitel. Zunächst ist dies hier etwas schwierig, da Blase und Urin fein voneinander getrennt sind und man zunächst nicht weiß, was man in welchem Kapitel suchen soll. Die Kapitel sind: »Blase«, »Nieren«, »Prostata«, »Urethra«, »Urin«. »Drang«, »Verhaltung«, etc., erscheinen bei »Blase«, wohingegen der Charakter des Urins, sein Geruch und sein Sediment unter »Urin« erscheint. Hier findet sich auch Urin »reichlich« und »spärlich«.

Genitalien

In zwei Kapiteln für »Männlich« und »Weiblich«. Im letzteren sind die Allgemeinsymptome im Zusammenhang mit der Menstruation, wohingegen die allgemeine Verschlimmerung und Besserung in Verbindung mit den Menses sich unter »Allgemein« findet, am Ende des Buches.

Dann gehen wir noch einmal zurück zum Hals und gehen diesmal den Respirationstrakt abwärts. KENTS Ordnung beim Aufstellen des Repertoriums war immer: von **oben** nach **unten,** vom **wichtigeren** zum **weniger wichtigen,** vom mehr **Allgemeinen** zum minutiös **Genauen Örtlichen:**

Kehlkopf und Trachea

Atmung

Husten

Auswurf

Brust

In deren Kapitel sind Lungen, Herz und Mammae eingebunden.

Rücken

Extremitäten

Schlaf

Mit Träumen. Ein wirklich wichtiges Allgemeinsymptom. Es enthält auch die Schlaflage. Dagegen finden sich »besser und schlimmer durch Schlaf« und durch verschiedene Schlaflagen wieder am Ende des Buches unter »Allgemein«.

Fieber

Es gibt auch ein »Fieberkapitel« mit Frost, Fieber, Schweiß. (Unter »Fieber« finden wir die Abfolge oder die Stadien, die möglicherweise wichtig sind).

Haut

Letztere, es sei daran erinnert, stellt lediglich ein Lokalsymptom dar, also ein Organ, obwohl wichtig im Hinblick auf seine Absonderungsfunktion.

Zum Schluß endet das Repertorium mit dem über alles wichtigen Kapitel »Allgemeines«.

V.
Anhang

1. Wichtige homöopathische Fachausdrücke von A–Z

Arzneimittelbild
Die Summe der Symptome, des Gemütszustandes und der pathologischen Veränderungen, die eine Substanz bei Menschen verursachen (und heilen) kann.

Bewährte Indikation
Dies ist eine Verschreibungsmethode, die, obwohl sie auf dem Prinzip der Ähnlichkeit beruht, mehr Aufmerksamkeit dem lokalen besonderen Symptom oder der Erkrankung selber widmet und nicht so sehr dem allgemeinen Bild, welches vom Individuum geprägt wird; z. B. **Arnica**, welches beinahe das spezifische Mittel für Quetschungen ist. Bestimmte Mittel haben auch organische Spezialbezüge und werden deshalb auch aufgrund pathologischer Veränderungen verschrieben.

Erstverschlimmerung
Eine vorübergehende Verschlimmerung der Symptome, die nach Einnahme des Mittels erfolgt, gewöhnlich gefolgt von einer deutlichen Besserung der Erkrankung.

Homöopathie
Das medizinische System, das von Samuel Hahnemann entwickelt wurde, beruht auf dem Prinzip, daß es eine wirksame und nicht toxische Behandlung gibt, indem man Substanzen verabreicht, die bei Gesunden ähnliche Symptome hervorrufen, an denen der Patient leidet. Dieses wird zusammengefaßt in dem Satz »Similia similibus curentur« oder »Ähnliches wird durch Ähnliches geheilt«. Homoios = ähnlich, pathos = Leiden griechisch).

Konstitutionelles Mittel
Ein Mittel, welches sowohl aufgrund von Temperament, Charakter und allgemeinen Reaktionen des Patienten (seines konstitutionellen Types) als auch aufgrund der lokalen Symptome der Erkrankung verordnet wird.

Lebenskraft oder Dynamis
Dieser Ausdruck wurde von Hahnemann benutzt, um die angeborene Heilkraft im menschlichen Körper zu beschreiben oder zu bezeichnen, von der er annahm, daß sie durch das homöopathische Mittel stimuliert

werden könne. In der Erkrankung ist die Lebenskraft verstimmt und das Mittel hilft, diese Verstimmung aufzuheben.

Materia Medica
Die homöopathische Pharmakopoe; eine Liste der Mittel mit ihren Symptomen und Anwendungen.

Miasmen
Veranlagungen, die sowohl erworben, als auch vererbt sein können und von denen gesagt wird, daß sie chronischen und immer wieder auftretenden Erkrankungen zugrunde liegen. HAHNEMANN z. B. betrachtete alle chronischen Krankheiten als Manifestationen der drei Miasmen **Syphilis, Sykosis** und **Psora,** die entweder einzeln oder in Kombinationen wirken und die durch die entsprechenden Mittel einer Behandlung zugänglich sind.

Modalitäten
Die Faktoren, die ein besonderes Symptom bestimmen, z. B. Schmerzen, *schlimmer durch* Bewegung, *besser durch* lokale Wärme. Verschlimmernde Faktoren sind oft abgekürzt als < = Verschlimmerung und > = Besserungszeichen. Z. B. Schmerzen, < Bewegung, > Wärme.

Nosoden
Mittel, die aus Krankheitsprodukten hergestellt sind (Sputum, Eiter, etc.), erkrankten Geweben oder Krankheitserregern.
Die Darmnosoden sind aus Kulturen von Darmbakterien gewonnen.

Polychreste
Bestimmte Mittel, die sehr gut bekannt sind, die bei zahlreichen klinischen Erkrankungen angewendet und die den Patienten oft aufgrund des konstitutionellen Typs verschrieben werden.

Potenz
Die meisten homöopathischen Mittel werden als Potenz verwendet; mit anderen Worten: die Substanzen sind durch den Prozeß **mehrfacher Verdünnung mit Verschüttelung** gegangen (oder Triturationen bei unlöslichen Substanzen). Dies wird als **Potenzierung** bezeichnet und kann sowohl im Verhältnis 1 : 10 (Dezimalskala) oder 1 : 100 (Centesimalskala) durchgeführt werden. Eine Potenz, die sechsmal nach der Dezimalskala potenziert worden ist, wird als »D6« bezeichnet (6× im englischsprachigen Bereich und 6DH in Frankreich), währenddessen die 6. Potenz bei der Centesimalskala als »C6« (6C im englischsprachigen Bereich oder 6CH in Frankreich) bezeichnet werden.

Niedrige Potenzen:
Von D1 bis D12 (C6).
Hohe Potenzen: C30, C200, 1M (C1000), 10M.

Prüfung
Das Prüfen von Substanzen an Gesunden (freiwilligen Prüfern), die wiederholt das Mittel einnehmen und dann die Symptome, die sie produziert haben, genauestens aufschreiben.

Repertorium
Ein Inhaltsverzeichnis der Mittelsymptome, wobei bei jedem Symptom oder in jeder Rubrik alle Mittel aufgelistet sind, die dieses Symptom hervorrufen können. Die Mittel sind da oft in verschiedenen Schrifttypen gedruckt, um die Wertigkeit des Mittels bei diesem Symptom sowohl bei Prüfungen, als auch in der klinischen Erfahrung zu dokumentieren; **fett gedruckt**, wenn das Symptom sehr häufig bei dem Mittel auftritt, *schräg gedruckt*, wenn es nicht so häufig auftritt und gewöhnlicher Druck, wenn das Symptom bisher nur bei Prüfungen aufgetreten ist.

Simillimum
Das Einzelmittel, welches das Symptomenbild des Patienten am besten deckt.

Tinktur
Mittel in flüssiger Form, normalerweise eine Mischung von Alkohol und Wasser als Lösungsmittel. Das Mittel ist in seiner konzentriertesten Form bekannt als **Urtinktur**, bezeichnet mit O, und aus diesem werden dann die Potenzen hergestellt durch aufeinanderfolgende, reihenweise Verdünnung und Verschüttelung.

Trituratio
Langanhaltendes **Verreiben** mit einem neutralen Basismittel, gewöhnlich Milchzucker, bei der Herstellung einer Potenz aus einer unlöslichen Substanz.

Verschüttelung
Kräftiges Schütteln bei jedem Verdünnungsschritt eines Mittels bei der Potenzierung.
Traditionellerweise wird das Gefäß gegen den Lederrücken eines Buches oder gegen die Handfläche geschlagen, währenddessen heute gewöhnlich eine mechanische Verschüttelung erfolgt.

2. Fragenkatalog zum Lernen, Nachdenken und Diskutieren

Prinzipien und Philosophie

Welches ist das grundlegende Prinzip der homöopathischen Verordnung?

Woher stammen die homöopathischen Mittel und wie werden sie hergestellt?

Was ist eine Potenz? Kannst Du die normalerweise gebrauchten Potenzen bezeichnen und wann sie angewendet werden?

Bezeichne die hauptsächlichen Schritte, die man tun muß, um die homöopathische Vorgeschichte bei einem chronischen Fall aufzunehmen!

Wie sieht das Konzept eines homöopathischen Arztes bei chronischen Krankheiten aus, in Bezug auf ihren Ursprung und ihr Fortschreiten, und was meint er, wenn er von der »Richtung der Heilung« spricht?

Was ist mit »Prüfung« gemeint?

Welche weiteren Informationsquellen werden herangezogen, um die homöopathische Materia medica zusammenzustellen?

Es wird oft gesagt, daß die zweite Verschreibung schwieriger sei als die erste. Was muß man bei der zweiten Beratung fragen und welche Möglichkeiten haben wir für die nächste Verordnung?

Was ist mit der Verordnung nach Ähnlichkeit gemeint?

Gibt es irgendwelche Dinge in der konventionellen Medizin, die dieses Prinzip ebenfalls aufweisen?

In welcher Form werden homöopathische Mittel abgegeben? Wie würdest Du wählen und wie würdest Du dem Patienten das Mittel geben – in welcher Dosis und wie oft?

Beschreibe Deine Ideen über die möglichen Forschungsgebiete der Homöopathie und habe dabei die Schwierigkeit der individuellen Verschreibung auch im Hinblick auf den Doppelblindversuch im Auge.

Beschreibe kurz die folgenden Ausdrücke: a) Allgemeinsymptom b) eigentümliches Symptom c) Polychrest d) Verschlimmerung e) Zeitmodalität.

Was meint eine Verordnung aufgrund der »Pathologie« oder des »Organs«?
Nenne 5 Beispiele!

Worin besteht die Wichtigkeit der Vorgeschichte und der Familienvorgeschichte beim Verordnen eines homöopathischen Mittels?
Nenne Beispiele!

Die persönliche Reaktion eines Patienten auf seine Umgebung und auf Ereignisse (z. B. Kummer, Schreck, Beleidigung) kann durch ein homöopathisches Mittel verändert werden. Nenne 5 Mittel, die bei diesen Zuständen gebraucht werden, und sage, was Du dadurch zu erreichen hoffst:

Das Erscheinungsbild und Benehmen eines Patienten ist oft hilfreich bei der Mittelwahl. Illustriere dieses bei 5 häufigen Mitteln!

Materia medica

Beschreibe die gewöhnlichen Unfall- und Verletzungsmittel und die Indikationen ihrer Anwendungen!

Silicea und **Calcium carbonicum** sind beides frostige Mittel – vergleiche sie und stelle ihre Symptomenbilder gegenüber!

Nenne die Indikationen zur Wahl von drei Grippemitteln!

Ein Kind kommt mit Fieber. Welche Symptome und Zeichen muß man bei der Mittelwahl in akuten Fällen beachten? Nenne drei Akutmittel.

Welche Züge unterscheiden **Sepia** und **Natrium muriaticum**?

Wie gehst Du bei einem Asthmafall vom homöopathischen Standpunkt aus vor, sowohl im akuten Zustand als auch im Hinblick auf die längere Behandlung. Illustriere das mit einigen Mittelbeispielen!

Nenne Einzelheiten von 6 Mitteln, die bei akuten Halsschmerzen oder bei Laryngitis angezeigt sind!

Vergleiche **Pulsatilla** und **Phosphor** und stelle sie gegenüber!

Der Patient kommt mit den Symptomen eines peptischen Magengeschwürs. Beschreibe, wie Du die Vorgeschichte mit den unterscheidenden Modalitäten aufnimmst, und illustriere Deine Antwort mit Mitteln!

Beschreibe einen typischen Lycopodiumpatienten mit seinem Symptomenkomplex!

In welcher Weise unterscheidet sich das Bild von **Nux vomica** von dem von **Lycopodium**?

Ein Patient kommt mit Diarrhoe und Kolik. Beschreibe einige passende Mittel für diesen Zustand mit ihren Modalitäten!

Beschreibe das Symptomenbild, welches Du mit **Acidum phosphoricum** verbindest!

Beschreibe Dein Vorgehen bei einem Ekzemkind und nenne Einzelheiten der möglichen Mittel, die man dabei verschreiben kann!

Beschreibe das Symptomenbild, welches Du mit **Sulfur** und **Graphites** verbindest. Vergleiche die Ähnlichkeit und die Unterschiede!

An welche Mittel denkst Du bei akuter Zystitis? Nenne Details der Symptomenbilder dieser Mittel!

Sepia und **Lilium tigrinum** haben einige gemeinsame Ähnlichkeiten. Welche sind diese und wie kann man sie am besten unterscheiden?

Was weißt Du über den Wert von **Causticum** bei Atemwegs- und Harnerkrankungen?

Es gibt drei Mittel, die häufig bei Patientinnen mit Ausfluß gebraucht werden, nämlich **Acidum nitricum, Kreosotum** und **Hydrastis**. Kannst Du die führenden Indikationen unterscheiden?

Beschreibe die Modalitäten, die Dir dabei helfen, zwischen vier Mitteln bei Angina zu unterscheiden!

Beschreibe die Bilder, die **Carbo vegetabilis, Kalium carbonicum** und **Apis** bei Herzerkrankungen vermuten lassen!

Wie ist das Bild von **Lachesis**?

Beschreibe und vergleiche vier Mittel, die bei akuten Kopfschmerzen gebräuchlich sind!

Wie gehst Du bei einem Migränefall vom homöopathischen Gesichtspunkt aus vor?

Beschreibe zwei Mittel, die bei der vorbeugenden Behandlung von Migräne oder Kopfschmerzen von Wert sind!

Rezidivierende Sinusitis ist ein häufiges Problem in der Praxis. Welche Mittel kann man während der akuten Phase anwenden, die auch den katarrhalischen Zustand vermindern? Nenne die Symptome von vier Mitteln, die einem in einem solchen Fall durch ihre Verordnung hilfreich sein können!

Vergleiche und stelle **Rhus toxicodendron, Bryonia** und **Causticum** bei der Behandlung der rheumatischen Erkrankungen gegenüber!

Modalitäten sind oft sehr wertvoll bei der Behandlung von Arthritis und Rheumatismus. Nenne einige von ihnen mit den dabei indizierten Mitteln!

Welche Symptome verbindest Du mit **Ferrum metallicum** und **Rhododendron** bei Rheumatismus?

NASH beschreibt vier ruhelose und heftige Mittel. Kannst Du diese beschreiben und beschreibe auch ihre hauptsächlichen Züge?!

Aurum metallicum und **Natrium sulfuricum** sind beides Mittel bei Depression. Beschreibe ihre führenden Symptome und Indikationen!

Alten Menschen kann man mit homöopathischen Mitteln helfen. Welche Symptome lassen uns an **Anacardium, Conium** und **Barium carbonicum** denken?

Gebe eine zusammengefaßte Beschreibung der Kindertypen und ihrer hauptsächlichen Symptome, die einen **Calcium carbonicum, Silicea** und **Phosphorus** verschreiben lassen!

Ein Kind kommt mit einer Vorgeschichte von immer wiederkehrendem Husten, Erkältungen und Giemen. Welche Frage stellst Du an die Mutter und welche drei Mittel können helfen? Nenne ihre Symptomenbilder!

Unterscheide zwischen zwei Mitteln, die bei Kindern gebräuchlich und die durch Brennen charakterisiert sind – **Sulfur** und **Arsenicum album**!

Welches sind die Indikationen für die Anwendung der Darmnosoden **Morgan Co.** und **Sycotic Co.**?

Beschreibe die führenden Züge der zwei Nosoden **Medorrhinum** und **Syphilinum**!

3. Arzneimittelverzeichnis

4. Sachregister